北京市"三农"网络舆情报告 2019

北京市城乡经济信息中心　编

中国农业出版社

北　京

图书在版编目（CIP）数据

北京市"三农"网络舆情报告. 2019 / 北京市城乡
经济信息中心编. —北京：中国农业出版社，2020.8
  ISBN 978-7-109-27247-7

  Ⅰ.①北⋯ Ⅱ.①北⋯ Ⅲ.①三农问题－互联网络－
舆论－研究报告－北京 Ⅳ.①F327.1

  中国版本图书馆 CIP 数据核字（2020）第 163217 号

中国农业出版社出版
地址：北京市朝阳区麦子店街 18 号楼
邮编：100125
责任编辑：魏兆猛   文字编辑：丁晓六
版式设计：杜　然   责任校对：吴丽婷
印刷：化学工业出版社印刷厂
版次：2020 年 8 月第 1 版
印次：2020 年 8 月北京第 1 次印刷
发行：新华书店北京发行所
开本：700mm×1000mm 1/16
印张：12.75
字数：220 千字
定价：80.00 元

编 委 会

主 编 刘军萍

副 主 编 白 晨 朱 林

参编人员 王晓丽 韩 姣 张 珊

蔺育华 张 琳 刘文硕

刘海潮 张文静 马 妍

前　言

习近平总书记指出，做好网上舆论工作是一项长期任务，要创新改进网上宣传，运用网络传播规律，弘扬主旋律，激发正能量，大力培育和践行社会主义核心价值观，把握好网上舆论引导的时、度、效，使网络空间清朗起来。随着"三农"网络舆情对农村经济社会发展带来的影响不断扩大，把握"三农"舆论引导的时、度、效显得愈加重要。2019年，北京市城乡经济信息中心依托专业的全媒体网络舆情监测系统，进一步丰富舆情产品，提升监测分析能力，高效开展北京市"三农"舆情监测与分析工作。

2019年是中华人民共和国成立70周年，也是全面建成小康社会的关键时期，做好首都"三农"工作具有特殊重要的意义。一年来，北京市扎实实施乡村振兴战略，努力做好乡村改革、乡村发展、乡村建设、乡村文化、乡村治理"五篇文章"，坚持稳中求进的工作总基调，坚持首善标准，落实高质量发展要求，对标全面建成小康社会"三农"工作必须完成的硬任务，抓重点、补短板、强基础，努力走出一条具有首都特点的乡村振兴之路，相关工作推进及成效成为社会关注热点。

2019年，北京市"三农"网络舆情总体走势较为平稳，但总量同比大幅增长，3月舆情量达到年度峰值。微信、微博、新闻媒体仍是舆情传播主力，客户端渠道影响力大幅攀升，已占据相当比重。北京市乡村振兴战略实施、庆祝第二个"中国农民丰收节"、70年"三农"发展成就、美丽乡村建设、都市型现代农业发展成绩等被舆论积极关注。全年共监测到都市型现代农业、农产品市场、乡村振兴战略实施、产业扶贫、生态环境、农产品质量安全等18类北京"三农"舆情信息累计25.28万条，并按要求编发日报、月报、季报、周报、专题报告、7×16 小时敏感信息推送等，为各级领导及时掌握舆情动态、准确研判舆情走势、果断有效处理突发事件、推动"三农"重点工作有序开展提供了有力支撑。

本书分为三章：第一章为 2019 年北京市"三农"舆情分析及 2020 年热点展望；第二章为 2019 年 1～12 月月度分析报告；第三章为北京世园会百蔬园、"北京市农民丰收节"重点舆情专题分析报告。

编 者

2019 年 12 月

目　录

前言

第一章　年度报告

2019 年北京市"三农"
舆情分析及 2020 年热点展望

摘　要：2019 年北京市"三农"舆情信息量同比大幅增长，3 月舆情信息量达到年度峰值，微信、微博信息占比近六成。北京乡村振兴战略实施、庆祝第二个"中国农民丰收节"、北京"三农"70 年发展成就、美丽乡村建设、都市型现代农业发展成绩等被舆论积极关注。

关键词：乡村振兴　美丽乡村　都市型现代农业　农业嘉年华　北京"三农"70 年

2019 年是中华人民共和国成立 70 周年，也是全面建成小康社会的关键时期，做好首都"三农"工作具有特殊重要的意义。一年来，北京市扎实实施乡村振兴战略，努力做好乡村改革、乡村发展、乡村建设、乡村文化培育、乡村治理五篇文章，坚持稳中求进的工作总基调，坚持首善标准，落实高质量发展要求，对标全面建成小康社会"三农"工作必须完成的硬任务，抓重点、补短板、强基础，努力走出一条具有首都特点的乡村振兴之路，相关工作推进及成效成为社会关注热点。

一、舆情概况

（一）舆情总量概要分析

2019 年，共监测到北京"三农"舆情信息 25.28 万条（含转载），同比增长 54.15%。其中，微信 7.75 万条，占舆情总量的 30.67%；微博 6.97 万条，占 27.59%；新闻舆情 5.10 万条，占 20.17%；客户端 4.39 万条，占 17.35%；论坛和博客分别为 1.02 万条、469 条，合计占 4.22%（图 1）。

从传播特点看，微信、微博、新闻媒体是舆情传播的主力，新闻媒体凭借其专业性和权威性成为优质和原创内容的主要信源，对相关话题进行议程设置，引导舆论走向；微博、微信等社交媒体成为传播涉农舆情的重要平台，推动北京"三农"舆论声势不断壮大。从传播趋势看，2019 年北京市"三农"舆情整体保持平稳，3月，在第七届北京农业嘉年华活动、密云突发森林火灾等事件影响下，舆情信息量升至 29 532 条，达到年度舆情峰值（图2）。

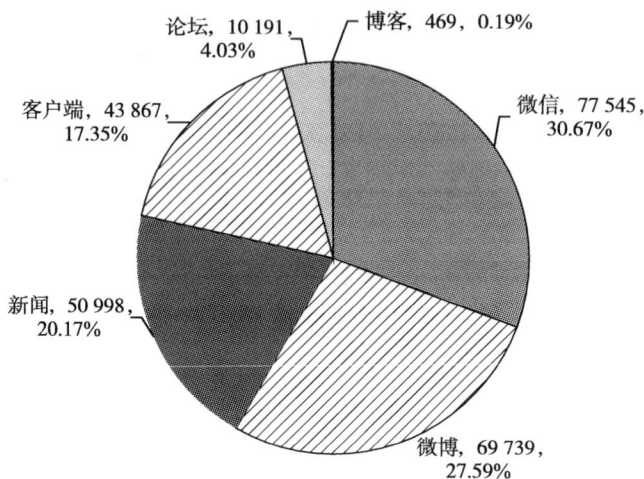

图 1 2019 年北京市"三农"舆情传播渠道分布（单位：条，含转载）

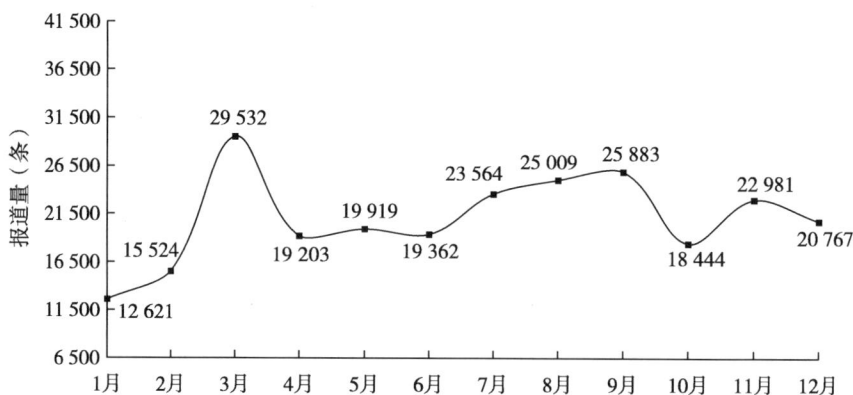

图 2 2019 年北京市"三农"舆情传播走势

（二）舆情内容概要分析

从舆情话题分类看，全年舆论关注的核心话题是都市型现代农业，舆情信息量居于首位，占比 25.81%；其次为农产品市场，占比 18.29%，其中北京特色农产品产销活动是舆论关注焦点；乡村振兴战略实施话题占比 11.69%；此外，产业扶贫、生态环境、农产品质量安全等话题的舆论关注度也较高，信息量占比均在 5% 以上（图 3）。

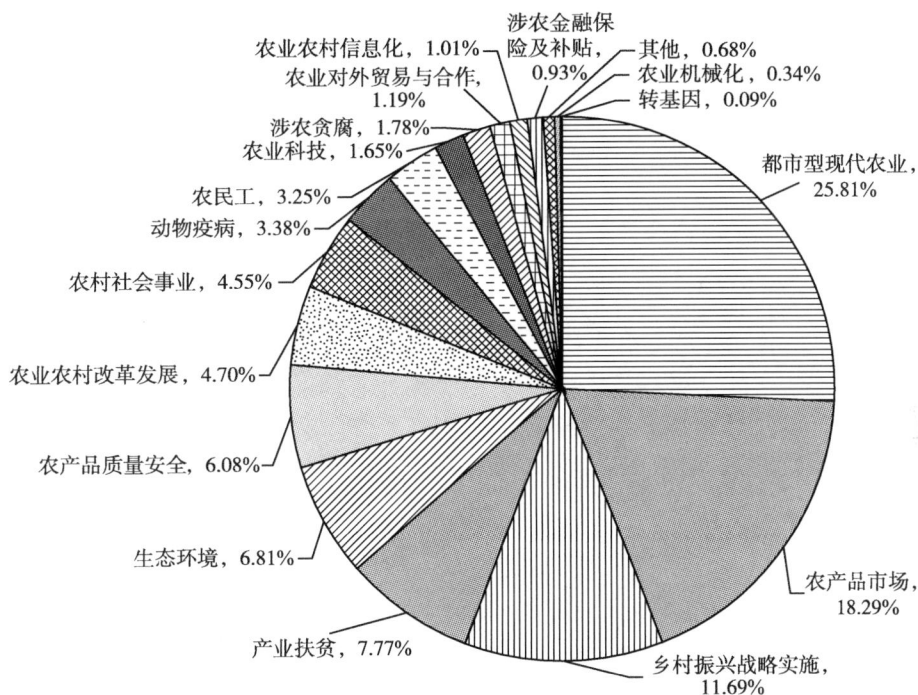

图 3 2019 年北京市"三农"舆情话题分类

（三）2019 年北京"三农"舆情热点事件排行

在对 2019 年 1～12 月北京"三农"舆情热点事件的新闻、帖文进行监测和统计的基础上，通过加权计算得出热点事件的舆情热度，进而整理出 TOP20（排名居前 20 位）的热点事件（表 1）。

表 1 2019 年北京市"三农"舆情热点事件 TOP20

序号	事件主题	月份	首发媒体	舆情热度
1	世园会史上首个以蔬菜为景观的展园亮相北京	4 月	新华网	11 357.45
2	北京密云突发森林火灾	3 月	新浪微博"@法治进行时 V"	7 746.75
3	北京庆祝第二个农民丰收节	9 月	《农民日报》	6 126.35
4	北京市确诊 1 例人感染 H5N6 禽流感病毒病例	8 月	北京市疾病预防控制中心	3 648.5

（续）

序号	事件主题	月份	首发媒体	舆情热度
5	第七届北京农业嘉年华开幕	3 月	新华网	3 109.45
6	北京印发《关于促进乡村民宿发展的指导意见》《京郊精品酒店建设试点工作推进方案》	12 月	首都之窗网站	1 818.2
7	《北京市乡村振兴战略规划（2018—2022年）》正式发布	1 月	首都之窗网站	1 321.25
8	第三届中国（北京）休闲大会开幕	10 月	首都之窗网站	1 215.85
9	2019"畅游京郊"金秋旅游季开幕	9 月	《北京日报》	677
10	"乡村的荣耀"2019 年第三届北方民宿大会在北京延庆举办	9 月	首都之窗网站	509.85
11	2020 年京郊旅游重点投融资项目推介会举办	12 月	《中国证券报》	506.4
12	北京举办首届牛奶文化节	5 月	《北京晚报》	438.1
13	第二十七届北京种子大会和第二届种业扶贫大会在河北省廊坊市开幕	10 月	微信公众号"北京市丰台区种子协会"	406.6
14	北京·昌平第十六届苹果文化节开幕	10 月	北京昌平广播电视网	383.8
15	朝阳区首批 10 个美丽乡村落成	8 月	北京朝阳文明网	367.5
16	北京精品民宿推介会在门头沟区举行	12 月	北京时间	293.5
17	第二届北京市扶贫协作论坛举行	10 月	千龙网	262.5
18	2019 全国科技活动周暨第九届北京（通州）国际都市农业科技节开幕	5 月	中国新闻网	230.35
19	首个标准化"美丽乡村"——房山区张坊镇大峪沟村通过考核验收	11 月	北青网	201.3
20	北京名优农产品农交会上受追捧	11 月	中央广播电视总台国际在线	188.7

注：北京"三农"舆情话题热度＝新闻量×0.6＋微信量×0.2＋微博量×0.1＋论坛量×0.05＋博客量×0.05。

根据统计分析结果，全年有 8 个事件的舆情热度超过 1 000。其中，媒体对世园会（世界园艺博览会）的百蔬园高度关注，相关报道持续数月，舆情热度达 11 357.45；3 月，北京密云因农事生产疏漏造成山火，引发舆论关注，舆情热度达 7 746.75，居排行榜第二位；9 月，北京庆祝第二个农民丰收节，相关活动被媒体大量报道，舆情热度达 6 126.35，较 2018 年有所下降；8 月，北京确诊 1 例人感染 H5N6 禽流感病毒病例，官方及时科普，稳定民心，舆情热度达 3 648.5；第七届北京农业嘉年华保持较高热度，较 2018 年有所上升；北京印发《关于促进乡村民宿发展的指导意见》《京郊精品酒店建设试点工作推进方案》《北京市乡村振兴战略规划（2018—2022 年)》等文件也是舆论关注的热点，舆情热度分别位列第六位、第七位；休闲大会、"畅游京郊"金秋旅游季、北方民宿大会、京郊旅游重点投融资项目推介会、精品民宿推介会等休闲农业相关活动吸引舆论目光；苹果文化节、农交会（农产品交易会）等多个农产品展销活动均上榜；北京美丽乡村建设受到舆论持续关注，2019 年，朝阳区首批 10 个美丽乡村落成、"美丽乡村"——房山区张坊镇大峪沟村通过考核验收两大成果获舆论点赞，舆情热度分别位列第十五位、十九位；第二十七届北京种子大会、北京市扶贫协作论坛的举办也被舆论积极关注。

二、2019 年北京市"三农"网络舆情传播特点

总体来看，本文整理的排行前 20 的北京市"三农"舆情热点事件涵盖了 2019 年北京"三农"网络舆情的各个领域。结合以上热点事件，可以总结出 2019 年北京"三农"网络舆情传播的以下 3 个特点。

（一）都市型现代农业成为舆论关注热点话题

在 2019 年北京市"三农"舆情热点事件 TOP20 中，有 8 个事件为都市型现代农业话题，包括世园会百蔬园、北京农业嘉年华、休闲大会等活动，会展农业、休闲农业等相关舆情引发高度聚焦，成为推动北京全年"三农"舆情热度上涨的重要因素。舆论称，北京都市型现代农业正在呈现出越来越强的国际范，推动北京农业实现社会和经济效益"双赢"。

（二）主流媒体助力打造首都"三农"舆论良性生态圈，社交媒体功能性逐渐显现

2019 年，主流媒体继续保持着对北京"三农"领域的高度关注，在北京"三农"舆情传播和舆论生态圈塑造中举足轻重。其中，新闻媒体仍旧扮演着北京"三农"新闻舆论中坚力量的角色。在 2019 年北京"三农"舆情热度排行前 20 的热点事件中，由新闻媒体首发的有 13 个，占首发媒体总量的 65％（图 4）。主流媒体作为北京"三农"故事的忠实记录者和传播者，

积极宣传报道北京世园会、农业嘉年华等活动。微博、微信等社交媒体凭借其传播的便捷和众创特点，也逐渐成为北京发布"三农"信息的重要源头。密云突发森林火灾、北京种子大会等活动在微博、微信平台进行大量快速转载。

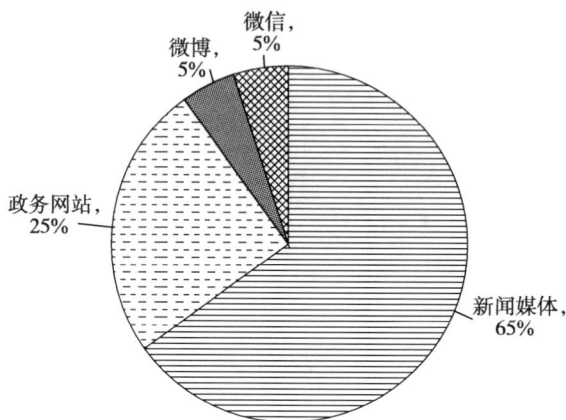

图 4 2019 年北京市"三农"舆情热点话题（TOP20）首发媒体分布

（三）政府部门善引导、敢回应，积极发出"三农"权威声音

2019 年，政府部门主动适应新媒体舆论生态，积极创新舆论引导理念、丰富舆论引导内容，持续强化发布、互动、服务等功能，全力推进政务信息公开，北京"三农"权威声音的传播力、引导力、影响力、公信力得以彰显。在2019 年北京"三农"舆情热度排行前 20 的热点事件中，由政务媒体首发的有5 个，占首发媒体总量的 25％（图 4）。首都之窗网站首发《关于促进乡村民宿发展的指导意见》《京郊精品酒店建设试点工作推进方案》《北京市乡村振兴战略规划（2018—2022 年)》等文件，吸引舆论关注的目光。

三、热点话题舆情分析

（一）北京开启乡村振兴新征程，第二个农民丰收节"京"彩纷呈

2019 年，北京乡村振兴战略鼓足风帆，全面启航。1 月 12～20 日，在北京"两会"上，代表委员对北京乡村振兴战略实施提出多个建议，"北京的乡村振兴在做好乡村规划的基础上要守好'五个关键'""制订国有企业参与乡村

振兴三年行动计划""吸引本地外出青年农民回乡创业""推动农业高质量发展,助力乡村振兴"等建议被媒体大量报道。《北京日报》称,委员纷纷贡献亮眼的"金点子",助力北京走出一条有首都特色的乡村振兴之路。振兴之路,起于规划。1月24日,《北京市乡村振兴战略规划(2018—2022年)》(以下简称《规划》)对外发布。《农民日报》、人民网、新华网等多家中央媒体予以报道。舆论纷纷以数读、图解等多种方式解读《规划》内容,"1个指标体系""2个工程""3个计划""4个行动""42项重点任务"等数字信息成为媒体报道的高频词句。微博账号"@北京发布"以"一幅田园画,读懂乡村振兴'施工图'"对《规划》内容进行解读。"2020年消除低收入村""2019年北京将创建百个乡村振兴示范村""北京将探索建立统一的集体承包土地流转平台""北京实施农业高质量发展行动"等内容被舆论集中关注。舆论称,这是一份以首善为标准、具有首都特点的乡村振兴蓝图;也有舆论将其称作民生"大礼包"。2019年3月4日,北京市农村工作会议、北京市委农村工作领导小组第一次会议相继召开。舆论表示,北京市召开农村工作会议,对今年首都"三农"工作全面论述,"三农"工作在这个春天再次迎来新的希望。农业农村优先、有首都特点的乡村振兴之路等一系列表述,是前景、是方向、更是希望。在全面建成小康社会的关键时期,首都"三农"工作即将展翅高飞、宏图大展。市委农村工作领导小组是这次机构改革中新成立的议事协调机构,舆论指出,这是北京市加强和完善党对"三农"工作全面领导的重要举措,是落实"五级书记"抓乡村振兴的具体行动。5月25日,北京市委、市政府印发了《关于落实农业农村优先发展　扎实推进乡村振兴战略实施的工作方案》(以下简称《方案》)的通知,人民网、中国政府网、《北京日报》、首都之窗网站等多家媒体全文刊登。舆论重点关注《方案》对今后两年全市农村人居环境整治、农业高质量发展、精准施策、农村改革、乡村治理等多个方面内容的部署安排。"北京'三个加强'完善乡村治理机制""2020年北京将创建100个美丽乡村示范引领村""持续深化农业'调转节'""不断强化农业科技创新推广""不折不扣完成低收入村、低收入农户帮扶任务"等内容被舆论广泛报道。《经济日报》称,北京积极培育具有京韵农味的乡村文化,扎实推进乡村振兴。此外,北京与中国邮政集团公司北京市分公司举行乡村振兴、助农发展合作签约仪式以及启动"千名干部科技人员进千村入万户"活动等举措也被舆论报道。舆论认为,这是助力乡村振兴的重要内容。

9月23日正值农历秋分,迎来了一年一度的"中国农民丰收节",北京市以"礼赞丰收、致敬农民、祝福祖国"为主题,共庆第二个"中国农民丰收节",引发舆论广泛关注。23 日,《北京日报》《北京晚报》设立丰收节专版,介绍北京市系列庆祝活动。央视《新闻直播间》《晚间新闻》《午夜新闻》及北京卫视《北京您早》《特别关注》等栏目对丰收节活动予以播报。新浪微博设置的微话题"丰收节话丰收"阅读 14.4 万次,讨论 7 495 次。丰收节相关舆情达到了隆重、积极、热烈的传播效果,致敬农民、礼赞丰收、鼓舞奋斗成为舆论主调。从内容上看,舆论关注点主要集中在以下 3 个方面。一是关注国务院副总理胡春华赴北京市出席"中国农民丰收节"庆祝活动。胡春华副总理所强调的"充分调动亿万农民重农务农的积极性、主动性、创造性"大量出现在报道标题中,他提出的"要坚持以农民为主体""要大力弘扬中华农耕文明"等要求也被舆论积极转载。二是关注北京各区举办的庆祝活动。"33 项活动庆贺农民丰收节""40 余场活动喜迎'农民丰收节'""庆祝活动将持续至 10 月 7 日"等数字信息被舆论大量提及。媒体积极报道中国农民丰收文化展、金色大市集、世园会百蔬园主题活动、农民艺术节、特色农产品展销、休闲农事体验、赛舞蹈庆丰收、舞龙舞狮等多项丰收节活动。舆论点赞北京农民丰收节活动是一场"农业盛宴""'京'彩纷呈"。三是关注北京"三农"发展的丰硕成果。"密云黄土坎鸭梨丰收 510 万千克""魏各庄 30 多种葡萄成熟""延庆领先三产融合特色化""延庆'妫水农耕'品牌正式发布"等各区"三农"丰收的喜讯获得舆论广泛传播。舆论称,丰收的锣,敲响了!

(二)北京"三农"70 年实现跨越式发展,五大成就吸引舆论目光

北京"三农"70 年,与新中国同呼吸共命运,与新时代同奋进共复兴,不断取得新的发展成就。北京市人民政府新闻办公室举行北京市庆祝中华人民共和国成立 70 周年系列主题新闻发布会,介绍北京"三农"情况,并回答记者提问。新华网、《北京日报》《北京晚报》、千龙网等多家媒体发文总结北京"三农"70 年所取得的成就。"农林牧渔业总产值从 2.5 亿元增长到 296.8 亿元""农村居民人均可支配收入相比 1956 年年均增长 8.9%""粮食作物平均单产从 1949 年的 855 千克/公顷提高到 6 137 千克/公顷"等数字信息被舆论集中报道。舆论称,70 年农业生产由传统走向现代,村里生活比肩城市社区。《北京日报》称,中华人民共和国成立 70 年来,北京农业从"传统生产"走向"现代生态",城乡从"二元结构"走向"深度融合",农民从"温饱不足"走向"全面小康",农业更精了、农村更美了、农民更富了,乡村全面振兴的美

丽画卷已经在京郊大地上铺展开来①。综合各媒体报道,北京"三农"成就主要有以下5个方面。一是农业更加绿色高效。北京制定实施农业"调转节"政策,深化农业供给侧结构性改革,促进了农业高质量发展,呈现出减量发展、绿色发展、创新发展、融合发展、协同发展5个明显的发展特征。二是农民获得感、幸福感、安全感更加充实。北京持续推进低收入农户帮扶工作,农民的腰包更殷实;改革开放以来,农村居民恩格尔系数从63.2%降至23.8%,农民消费形态从单一物质生活需求向多样化服务需求转变,农民的生活更多彩;2019年城乡居民基础养老金和福利养老金分别比2012年提高了124%和158%,农民的保障更充分;圆满完成村"两委"换届选举,广泛开展乡风评议,创建55个全国文明村镇、875个首都文明村镇,乡村治理更加有效。三是农村更加生态宜居。北京助力蓝天保卫战,大力度实施农村地区"煤改清洁能源";实施美丽乡村建设三年行动计划,启动"百村示范、千村整治"工程,全面开展"清脏、治乱、增绿、控污",部署了农村"厕所革命"、生活垃圾治理、生活污水治理、绿化美化、"四好农村路"建设等系列专项行动,打造干净、整洁、有序的农村人居环境。四是城乡实现较高程度的融合发展。据北京市统计局发布的报告显示,2018年北京城乡融合发展进程综合实现程度达到86.6%,在社会发展、生态文明、社会治理、公共服务和民生质量方面均实现较高程度的融合发展。千龙网称,70年来,北京城乡融合发展,融出了越来越多的风景,融出了越来越多的惊喜。五是集体土地建设租赁住房项目完成率高。从2018年度情况看,全市实现集体土地租赁住房用地供应209.2公顷,完成率105%。截至目前,全市已开工21个集体土地租赁住房试点项目。

(三)都市型现代农业提质增效,休闲农业受到舆论聚焦

2019年,北京在都市型现代农业发展中,紧紧围绕首都功能定位推进,放在京津冀世界级城市群的大框架中定位谋划,立足资源禀赋,走"高端、高质、高新"路线,打造好城乡融合发展、美丽乡村建设的北京样本。据北京市统计局信息,2019年,北京农林牧渔业总产值同比下降5.1%,传统种养业产量继续下降,都市农业质量效益有所提升。设施农业中高效益品种占比增加,

---

① 《丰收的锣,敲响了!》,《北京日报》2019年9月26日第4版,http://bjrb.bjd.com.cn/html/2019-09/26/content_12420310.htm。

观光园与民俗旅游人均消费实现增长①。种植业方面,京郊小麦集中收获,昌平草莓、平谷大桃等特色农产品成熟被舆论广泛关注,同时举办的大兴采育葡萄旅游文化节、昌平第十六届苹果文化节、北京大兴西瓜节、北寨红杏采摘节等活动吸引舆论目光。《北京日报》、中国青年网、北青网等多家媒体以图文并茂的方式对丰收场景予以播报。7月,北京投入亿元补贴农作物绿色防控的消息引发舆论关注。"享受补贴政策的农户遍布 13 个涉农区""补贴覆盖面积已达 43.07 万亩*""实现绿色防控覆盖率达到 60%"等数字信息被媒体集中报道。舆论称,《北京市推广应用绿色防控产品工作方案(试行)》的出台,标志着北京率先在全国实现绿控(绿色防控)产品补贴政策正式落地。畜牧业方面,北京加大财政资金投入力度,出台一系列措施促进北京市生猪产业稳产保供,舆论对此积极关注。"向规模猪场发 8.5 亿元'红包'""计划三年安排 8.5 亿元支持生猪产业""拟投 8.5 亿元支持养猪场升级改造"等信息广泛出现在报道标题中。舆论称其是"硬措施",有利于稳"猪"保供。农业科技方面,第七届北京国际智慧农业装备与技术博览会上的科技农业智能装备、智慧农业高新技术、智能灌溉、温室园艺、农业物联网、植物工厂、智慧水务等各方面农业高新技术受到舆论聚焦。舆论称,北京智慧农业展为传统农业插上技术羽翼。

北京市拥有独特的自然资源生态环境优势,休闲农业和乡村旅游取得长足发展。2019 年,全市观光园 948 个,实现收入 23.2 亿元,同比下降 12.7%。部分观光园的违规设施被拆除,观光园数量减少,但是大部分观光园注重提质升级,创新发展模式,平均每个观光园实现收入 244.9 万元,同比增长 3.8%。全市民俗旅游接待游客 1 920.1 万人次,同比下降 3.8%,实现收入 14.4 亿元,同比增长 5.4%②。3 月 16 日,第七届北京农业嘉年华在昌平区草莓博览园拉开序幕,人民网、新华网等多家央级媒体对此予以关注,央视《朝闻天下》、北京卫视《北京新闻》《北京您早》等栏目对此进行播报。《北京晚报》开通"北京农业嘉年华"专栏,详解其主题构思,并找寻农业嘉年华办展背后的故事。新浪微博设置的"北京农业嘉年华"等 4 个微话题合计阅读量达

---

① 《2019 年北京农林牧渔业总产值同比下降 5.1%》,北京市统计局网站,http://tjj.beijing.gov.cn/zxfbu/202002/t20200216_1633147.html。

② 《2019 年北京农林牧渔业总产值同比下降 5.1%》,北京市统计局网站,http://tjj.beijing.gov.cn/zxfbu/202002/t20200216_1633147.html。

* 亩为非法定计量单位,1 亩=1/15 公顷。——编者注

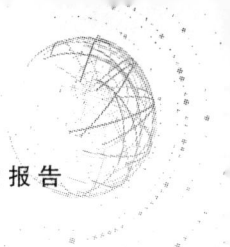

4 776.5万次。"采用5G信号直播开幕式""'一带一路'元素融入农业嘉年华""围绕昌平区草莓产业打造微型'草莓世界'场景""开设以'携手筑梦、共同富裕'为主题的'扶贫攻坚'展馆"等多重亮点被媒体积极报道。"两月迎客110万""累计实现总收入4 333.39万元""累计带动周边农户及区域民俗游实现总收入2.47亿元""周边各草莓采摘园接待游客量达253万人次""销售草莓195万千克,实现收入1.004亿元""昌平区民俗旅游接待游客55.72万人次,实现收入1.03亿元"等成果信息被舆论集中关注。舆论称,农业嘉年华的举办将带动当地生态观光和旅游休闲产业的发展,促进山区农民增收致富。2019年中国北京世界园艺博览会上,首次将蔬菜独立成园的百蔬园备受舆论关注。央视《新闻直播间》《朝闻天下》、北京卫视《北京新闻》《北京您早》等栏目对此予以播报;人民网、新华网等中央媒体发文表示关注;《北京日报》4月28日设立魅力世园会特刊《创艺农场 乐享家园》百蔬园专版;北京美丽乡村网设立《走进百蔬园》专题报道;新浪微博设立的"世园会'百蔬园'""2019北京世园会百蔬园"等6个微话题合计阅读量达30.5万次。媒体积极关注百蔬园的多重亮点。百蔬园的占地面积、展区分布、设计理念及先进的农业科技等内容获得舆论广泛传播。"森林与沼泽、荒漠与草原、田园庭院、乐享家园四个展区""26万盆世园蔬菜""70多类、130多个品种""包括蔬菜主题日、蔬菜花艺等103场活动""八大亮点"等数字信息被舆论集中关注。新华网称,百蔬园演绎了人类从多样性的自然环境中发现和认知蔬菜的历程,堪称一部"万年蔬菜史"。此外,第三届中国(北京)休闲大会、"畅游京郊"金秋旅游季、"不猫冬——2019京郊冬季乡村休闲项目"推介活动等也受到舆论关注。

(四)北京多轮驱动助力低收入农户增收,对外扶贫交出亮眼成绩单

低收入农户帮扶是北京市"三农"工作的重点,也是北京全面建成小康社会的标志性任务之一。2019年,该项工作取得重要进展。据北京市统计局数据,2019年全市低收入农户人均可支配收入15 057元,同比增长20.2%,比2018年增速提高3.1个百分点[①]。"工资性收入稳定增长""经营净收入增速由负转正""财产净收入持续增长""转移净收入快速增长"等特点被媒体积极报

---

① 《2019年低收入农户增收提速明显》,北京市统计局网站,http://tjj.beijing.gov.cn/zxfbu/202002/t20200216_1633122.html。

道。北京帮扶市内低收入村增收的工作举措、案例、成绩等内容被舆论重点关注，相关报道贯穿全年。舆论集中关注了"60 余家企业助力门头沟发展民宿""市农业技术推广站指导珍珠泉乡村民发展黑木耳菌种""全市 16 区精诚协作低收入帮扶""海淀延庆两区结对协作研究确定低收入帮扶项目""怀柔区雁栖镇 20 个项目助力'脱低'工作""北京全市第一书记帮扶低收入村招商引资 9.12 亿元""科技特派员制度推动京郊 234 个低收入村农民增收致富"等内容。《农民日报》将相关实践总结为"一二三四五六"工作体系，点赞北京低收入帮扶工作成效显著。11 月，北京市委农工委（北京市委农村工作委员会）、北京市农业农村局还举办了"'在那里'北京低收入特色农产品推介会"，为低收入地区搭建产销对接平台，展示低收入产业帮扶成果。新华网、《新京报》等媒体对活动帮扶成果积极关注。此外，《北京日报》还总结了北京当前低收入农户帮扶工作中存在的"低收入农户增收难度较大""收入结构有待优化""产业帮扶效果不明显""社会保障力度还需加大""调动社会力量参与还有提升空间""精准帮扶责任落实不够"六大问题和难点，提出促增收、兴产业、强保障、抓培训、聚合力、建队伍、严落实七大建议①。

北京从领导体制、政策支撑等方面加强顶层设计，以精准扶贫、精准脱贫为靶子，把扶贫协作作为光荣的政治任务，取得了可喜的成绩。《北京日报》报道称，2019 年北京投入扶贫支援资金 81.74 亿元，安排脱贫攻坚项目 1 839个，销售扶贫产品总额 177 亿元。在援受双方共同努力下，有 39 个县级贫困地区摘帽、50.6 万贫困人口脱贫②。北京建立政府引导推动、市场主体运作、社会广泛参与、援受双方协同的机制，建成北京消费扶贫双创中心、发布《北京市消费扶贫产品名录》，共建园区、支持特色产业发展、强化企业带贫益贫，建立省际协同就业帮扶模式，在受援地建立现代农业技术转移体系等具有北京特色的扶贫协作模式成为舆论关注的热点。"河南 360 余种农特优产品进京推介""北京援疆今年 21 亿资金一次性全部到位""北京 16 区将建消费扶贫分中心""北京年内在 100 家门店开设扶贫产品专柜"等信息广泛出现在报道标题中。"成效明显""效果显著"等成为舆论报道的核心表述。有舆论称北京开办"不落幕"的扶贫产品展销会；有舆论点赞北京扶贫线上线下联动挖潜；也有

---

① 《扎实做好低收入农户精准帮扶》，《北京日报》2019 年 7 月 11 日第 8 版，http：// bjrb. bjd. com. cn/html/2019 - 07/11/content _ 11895061. htm。

② 《北京对口帮扶地区 120 余万人脱贫》，《北京日报》2020 年 2 月 6 日第 6 版，http：// bjrb. bjd. com. cn/html/2020 - 02/06/content _ 12445223. htm。

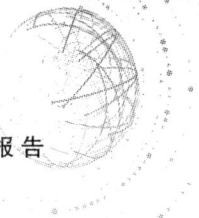

舆论赞扬北京一批批优秀干部人才奔赴脱贫攻坚一线，形成了前方冲锋陷阵、后方鼎力支援的帮扶工作格局，展现出了"大爱北京"的家国情怀。《北京日报》称，北京书写扶贫支援首善答卷。

（五）标准化美丽乡村建设打造北京样本，农村人居环境整治绘就乡村新画卷

2019年，北京继续将美丽乡村建设作为实施乡村振兴战略的主要抓手，努力打造美丽乡村建设的北京样本。"顺义区强化基层治理建设美丽乡村'样板间'""京浙四村牵手共建美丽乡村""房山区举办美丽乡村建设研讨会""通州92村美丽乡村建设实施方案完成联审""平谷首批9个美丽乡村试点村全部通过验收"等北京美丽乡村建设举措、成就等内容被舆论集中关注。舆论点赞美丽成为京郊乡村的符号和招牌。2019年，首个标准化"美丽乡村"——房山区张坊镇大峪沟村通过考核验收、朝阳区首批10个美丽乡村落成成为舆论关注的焦点，《农民日报》、人民网、光明网等多家中央媒体，以及《北京日报》《北京青年报》《新京报》等北京市属媒体发文关注。舆论对大峪沟村3年来在农村基础设施建设、农村生活环境治理、产业化经营等各方面的美丽乡村标准化建设成果，以及10个美丽乡村产生的翻天覆地的变化进行报道。"完善1000亩特色采摘区""改造水冲式厕所达700余户""安装太阳能路灯60盏"等数字信息被多家媒体报道。舆论称，这标志着北京市首个符合农村综合改革标准化试点建设要求的"美丽乡村"诞生，对促进都市型现代农业、推动绿色经济发展、提高农民收入等方面都起到了积极作用。《北京晚报》称，10个美丽乡村生态宜居，绿色生态与舒适民居交相呼应。中国文明网称，美丽乡村落成，绽放"乡风文明"之花。8月6日，北京市委农工委、首都文明办、北京市农业农村局、北京广播电视台联合13个涉农区，在密云区蔡家洼村启动发现"美丽乡村风景线"之旅，通过媒体融合联动、全媒体宣传推介等形式，陆续挖掘发现、宣传推介52条"美丽乡村风景线"，受到《北京日报》《新京报》等媒体的积极关注。活动的背景、主题、形式等内容被媒体广泛报道，活动现场发布的首条"美丽乡村风景线"——密云区巨各庄镇"美丽乡村风景线"受到舆论聚焦。北京卫视《北京新闻》对此予以播报。北京卫视《北京您早》栏目还连续发布《发现"美丽乡村风景线"》系列报道，关注昌平长陵村、怀柔九渡河镇、房山赵各庄村、房山霞云岭乡等地的美丽乡村风景。新华社发布《"看美丽乡村 庆70华诞"》系列视频报道，关注延庆区大庄科乡沙塘沟村、怀柔区渤海镇北沟村的美丽乡村建设情况。

为加快补齐全市农村人居环境短板，营造乡村新面貌，北京高度重视农村环境整治工作。2019 年，市委书记蔡奇、市长陈吉宁等主要领导多次到北京农村地区调研人居环境整治情况，蔡奇提出的"要保护好古村落肌理""农村垃圾分类要因地制宜""要支持生态涵养区生态保护和绿色发展"等要求被媒体积极报道。北京多措并举改善农村人居环境是舆论关注的重点。"集中推进 1 000 个左右村庄人居环境整治和美丽乡村建设工作""丰台区建立多重机制推进农村人居环境整治""密云 76 个美丽乡村污水治理及供水工程陆续开工""延庆区将 360 余个村庄纳入整治范围""大兴 373 个村庄提升人居环境""门头沟 80 个村年内完成环境整治""北京 839 座农村公厕达标改造任务已全部完成""农村无害化卫生户厕覆盖率达到 96.2%"等亮眼成绩被舆论积极报道。"扮靓""展新颜""美丽'蝶变'""乡村更靓丽""村庄新貌秀出来""村民获'福利'"等语句彰显舆论对北京农村人居环境整治成果的肯定。央广网以《江苏、北京农村人居环境整治形成行之有效的办法机制》为题对北京农村人居环境整治成果进行报道。《北京日报》称，北京农村人居环境发生了由表及里、由量到质的变化，绿了、美了、颜值提升了，百姓的生活品质显著提高了。北京在全市 500 个行政村开展垃圾分类工作也是舆论关注的亮点。"顺义启动农村厨余垃圾清运""平谷设置专职环境网格员精准管控四类污染源""延庆开启'垃圾分类'文明实践""密云创新'二次五分'垃圾分类模式"等农村垃圾分类的有益探索吸引舆论目光。《北京日报》称，京郊广大农村地区已有不少村庄领先一步，探索出了独具特点的分类模式，实现了"垃圾不落地"①。

四、2020 年北京市"三农"热点舆情展望

2020 年是具有里程碑意义的一年，是全面建成小康社会的实现之年，也是实现第一个百年奋斗目标的决胜之年。2020 年初，中央 1 号文件聚焦"三农"补短板，立"军令状"确保实现全面小康；2020 年北京"两会"期间"三农"也成为热议话题。展望 2020 年，北京市"三农"网络舆情热点或将来自以下 3 个方面。

---

① 《京郊探索"垃圾不落地"见实效》，《北京日报》2019 年 7 月 16 日第 10 版，http：//bjrb.bjd.com.cn/html/2019 - 07/16/content_11896083.htm。

（一）推进首都乡村振兴战略实施将继续成为舆论关注核心

实施乡村振兴战略是中国特色社会主义进入新时代做好"三农"工作的总抓手，各媒体平台长期关注北京"三农"，营造了乡村振兴的良好舆论氛围。北京乡村振兴战略规划要求，到 2020 年，乡村振兴取得重要进展，制度框架和政策体系基本形成，率先全面建成小康社会的目标如期实现，党的农村工作领导体制机制进一步健全，乡村振兴战略领导责任制全面落实。北京多措并举推进乡村振兴战略实施将成为 2020 年舆论关注的核心。

（二）北京农村人居环境整治和美丽乡村建设将被舆论关注

村庄作为农村居民生活和生产的聚集点，是乡村振兴中重点考虑与提升的对象。近年来，北京加强农村人居环境整治力度，加强村庄规划编制和实施，集中力量建设美丽乡村，一直是舆论关注的重点。2020 年是北京美丽乡村建设三年专项行动的收官之年，北京市将基本完成所有村庄美丽乡村建设，相关政策举措和示范标杆将被重点关注。

（三）低收入农户帮扶工作将保持较高热度

2020 年是全面打赢脱贫攻坚战收官之年，北京计划完成 6.8 万户低收入农户家庭人均可支配收入超过现行标准线，234 个低收入村全部"脱低"的目标。政府部门、社会力量等多方面将继续发挥合力，帮扶低收入农户发展产业、增收致富，相关帮扶举措、典型案例出现高热舆情的概率较大。

执笔人：王晓丽　韩姣　蔺育华　张琳　张珊　张文静

第二章　月度分析报告

1~2月"三农"网络舆情分析报告

【舆情概况】

据监测，2019 年 1~2 月北京"三农"网络舆情信息量共计 28 145 条。其中，新闻媒体舆情信息量 8 802 条，占舆情总量的 31.27%，涉及的网络媒体有人民网、新华网、央广网等，涉及的报刊媒体包括《农民日报》《北京日报》《新京报》等，涉及的电视媒体包括北京卫视《北京新闻》《特别关注》等；微信舆情信息量 8 687 条，占 30.87%，涉及的微信公众号有通州小兵、通州八通网、家住昌平等；微博消息 5 767 条，占 20.49%，涉及的主要微博账号有千龙网·中国首都网、北京人北京事儿、北京发布等；客户端文章 3 918 条，占 13.92%；论坛帖文 859 条，占 3.05%；博客帖文 112 条，占 0.40%（图 1）。

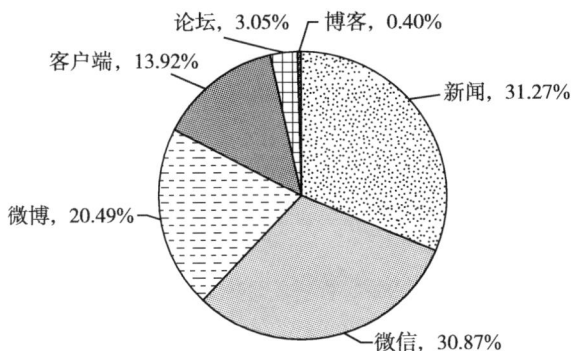

论坛，3.05%　博客，0.40%
客户端，13.92%
新闻，31.27%
微博，20.49%
微信，30.87%

图 1　1~2 月北京"三农"舆情传播渠道

新闻舆情方面，1~2 月整体走势起伏明显。1 月 16 日新闻舆情信息量达366 条，出现前两个月新闻舆情峰值（图 2）。当日热点新闻有：《中国纪检监察报》发文《对拖欠农民工工资问题不担当不作为，问责！》，人民网、中国新闻网等媒体转载 182 次；中国证券网 15 日发文《北京市发改委：北京市乡村振兴战略规划近期将出台》，中国经济新闻网等媒体 16 日转载 21 次。在各大主题领域中，有关"农牧渔生产与粮食安全"的新闻数量最多，占比达14.10%（图 3）。从全月新闻媒体报道内容看，舆论关注点较为广泛，其中 3

条非洲猪瘟疫区解除封锁相关信息位列新闻排行榜 TOP10（前 10 位）。此外，美丽乡村建设、"大棚房"问题、农村环境整治等信息也被媒体关注（表 1）。

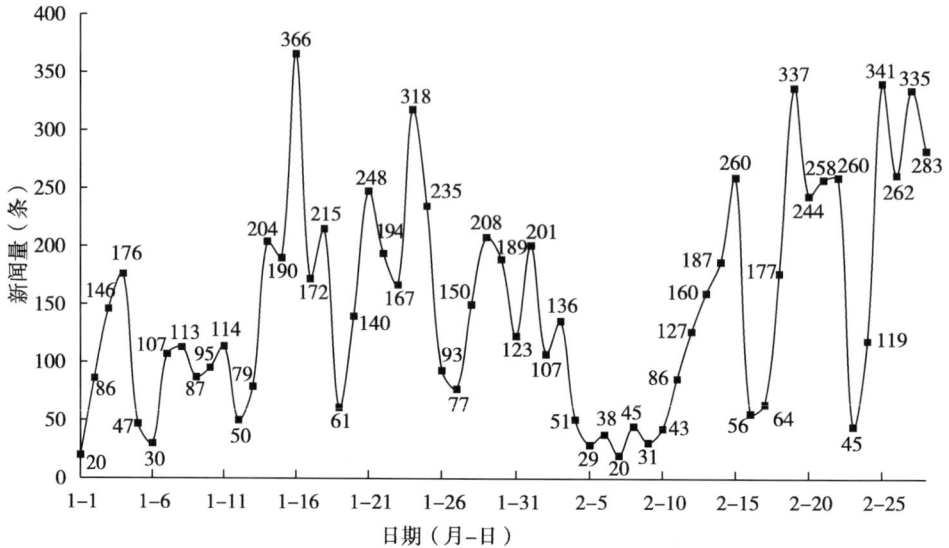

图 2　1～2 月北京"三农"新闻舆情走势

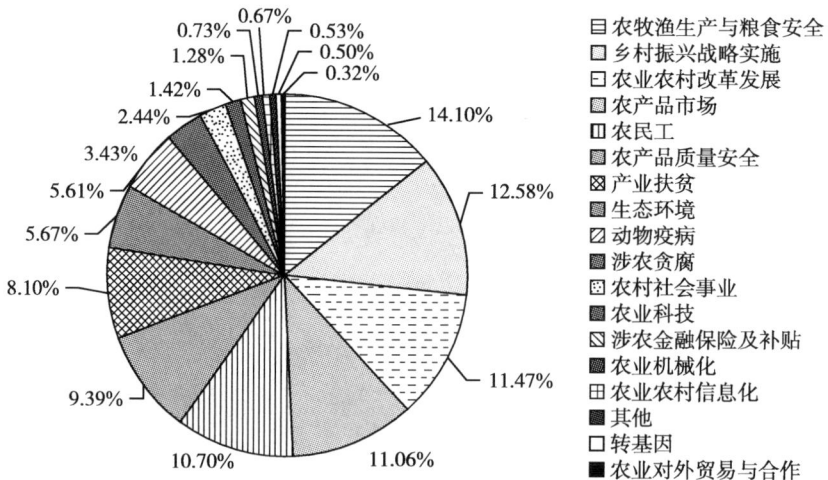

图 3　1～2 月北京"三农"新闻舆情话题分类

　　微博方面，1～2 月舆情走势整体平稳，2 月 11 日信息量陡升至 766 条，出现本月微博舆情峰值（图 4）。当日主要帖文有：《北京实施农业高质量发展行动》《春天想去怀柔玩一玩，看看景色，吃吃板栗》《北京这两天的菜价怎么回事……吃不起了!》《北京市法援中心为农民工开绿色通道》等。各大主题领域中,"农产品质量安全"领域微博数量最多,占比达 20.79% (图 5),内容包括《北京整治农村假冒伪劣食品,重点查"三无""山寨"》《北京整治农村假冒伪劣食品 将打掉一批"黑窝点"》《北京捣毁农村假冒伪劣食品窝点 85个》等。微博排行榜 TOP10 中涉及农产品质量安全、农民工、乡村振兴、美丽乡村建设等各个方面(表 2)。

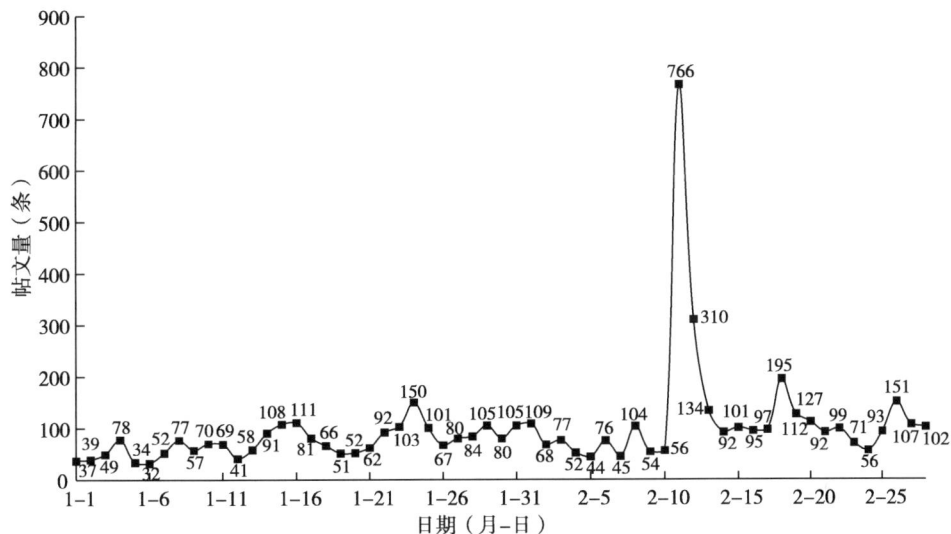

图 4　1～2 月北京"三农"微博舆情走势

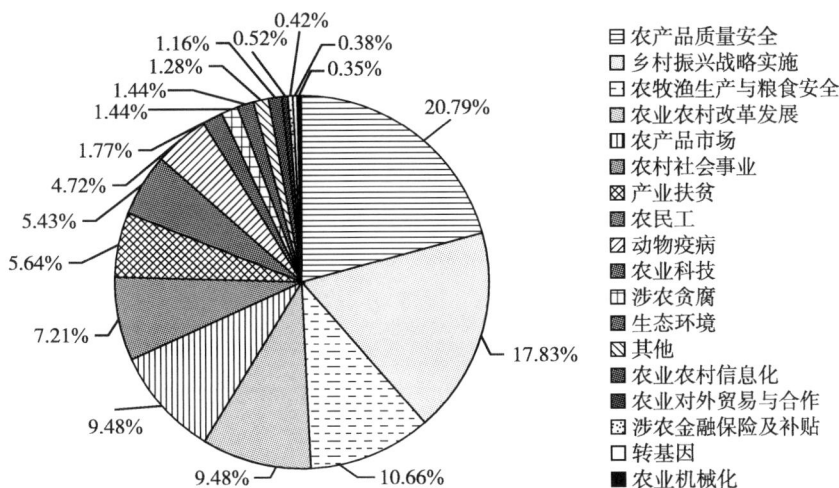

图 5　1～2 月北京"三农"微博舆情话题分类

　　微信方面，网民关注点主要集中在拆迁、棚改等话题，排行榜 TOP10 中有 6 条信息都与之相关。此外，美丽乡村建设等话题也被关注（表3）。论坛方面，网民关注点较为广泛，涉及非洲猪瘟疫区解除封锁、农村煤改电补贴、"大棚房"问题等各个方面（表4）。

【热点排行】

表1　1～2月北京"三农"热点新闻 TOP10

排名	标题	来源	时间（月-日）	转载
1	对拖欠农民工工资问题不担当不作为，问责！	《中国纪检监察报》	1-16	182
2	北京市通州区非洲猪瘟疫区解除封锁	农业农村部新闻办公室	1-14	83
3	本市污水处理率年底达 94%	《北京日报》	2-13	67
4	北京市顺义区非洲猪瘟疫区解除封锁	农业农村部新闻办公室	1-20	59
5	北京市今年将建成 600 余个美丽乡村	《北京日报》	1-14	54
6	1月北京 CPI 同比上涨 1.9% 春节催高菜价	中国新闻网	2-18	50
7	北京市房山区琉璃河镇非洲猪瘟疫区解除封锁	农业农村部新闻办公室	1-12	45
8	北京累计新建 1 487 公里污水管线	《北京青年报》	2-12	40
9	密云乡村菜农获"北京市新型职业农民科技之星"称号	千龙网	1-22	39
10	北京市纪委市监委对"大棚房"等违法占地建设问题全面整治持续问责	《北京日报》	2-22	34

表2　1～2月北京"三农"热点微博 TOP10

排名	标题	账号	时间（月-日）	转发	评论
1	"阳光服务中心"项目在北京市房山区十渡镇马安村正式启动啦！	新浪公益/智惠乡村志愿服务中心等	1-30	267	9
2	让农民工过好年！北京检察机关为 202 名农民工追回欠薪	最高人民检察院	2-1	216	34
3	北京：乡村闹"花会" 快乐迎新春！	北京人北京事儿	1-31	111	2
4	丧良心！北京东三旗黑心商家公开售卖病猪肉，良心何在	创业家传媒	1-20	96	38

（续）

排名	标题	账号	时间（月-日）	转发	评论
5	2019年首趟南方年货班列抵京，满载生鲜水果蔬菜	互联网的一些事	1-14	84	2
6	乡村小规模学校也要"标准化"	北京市教委	2-19	30	14
7	北京市顺义区非洲猪瘟疫区解除封锁	lesliesay	1-20	20	4
8	北京"食药警察"剑指农村假劣食品 捣毁36处制贩假酒窝点	平安北京	1-23	19	20
9	北京市农业农村局：对标对表总体规划 扎实推进乡村振兴	北京发布	1-15	14	5
10	政协委员眼中的美丽乡村该怎么建？	千龙网·中国首都网	1-17	11	0

表3　1～2月北京"三农"热点微信 TOP10

排名	标题	公众号	时间（月-日）	阅读量	点赞
1	必拆！关于违建整治通州这个镇发布了公告，力度令人咋舌！	通州小兵	2-27	42 979	169
2	拆拆拆！通州8个乡镇齐发力，占地25 000多亩项目启动招标，涉多村！	通州八通网	2-16	40 750	43
3	定了！2019年通州计划完成拆迁改造150户！	通州小兵	2-19	31 749	14
4	棚改＋腾退！昌平这个市场拆除进入倒计时！这个镇还要跟马云搞大事？	家住昌平	2-10	30 745	38
5	通州这3个镇要征地拆迁！这些村周边要建成这样！	通州八通网	1-20	29 012	20
6	水屯市场将这么改！另外，昌平这4个美丽乡村规划批复了！	昌平圈	1-21	27 826	42
7	补偿款约3亿！通州这个镇征地800多亩，涉及这4个村！	通州小兵	1-29	27 300	18
8	顺义河东这5个镇，将全部"变身"特色小镇	北青社区报顺义版	2-23	19 632	15
9	延庆区两名村干部因破坏选举秩序被开除党籍！	延庆在线	1-28	18 024	9
10	重磅官宣！咱昌平的农村户口可要值大钱了！	家住昌平	2-20	18 007	45

表4　1～2月北京"三农"热点网帖TOP10

排名	标题	来源	时间（月-日）	点击	回帖
1	明年，顺义所有村庄都将成为美丽乡村	顺义在线	1-17	35 917	67
2	密云上万平方米农地被承包建厂堆煤　二人非法占用农用地获刑	京华论坛	2-22	30 577	0
3	"世园人家"高端乡村民宿首次分红	京华论坛	2-24	27 997	0
4	区人大常委会副主任张书远到九渡河镇调研低收入农户帮扶工作	京华论坛	2-28	22 880	0
5	北京通报"大棚房"问责情况：23人被立案审查	京华论坛	2-22	21 739	0
6	北京2019继续推进煤改电，农村冬季采暖还选空气源热泵	京华论坛	2-22	18 505	0
7	尊敬的领导您好，想问下煤改电补贴的事	京华论坛	2-28	15 985	0
8	最新：顺义非洲猪瘟疫区解除封锁啦！	顺义在线	1-21	9 950	6
9	拆！农用大棚里"种"出房子？北京5个党组织被点名通报	宜宾零距离	2-19	6 765	1
10	北京市顺义区非洲猪瘟疫区解除封锁	决策主力股票论坛	1-20	6 206	0

【热点分析】

北京"两会"聚焦乡村振兴战略　规划发布吸引舆论目光

1月12～20日，北京进入"两会"时间，"三农"成为热议话题。据千龙网报道，北京市十五届人大二次会议共收到代表提出的议案151件，其中属于农业、农村和农民方面的19件，统筹规划着力改善人居环境，扎实推进美丽乡村建设共12件。从内容上看，代表委员对北京乡村振兴战略、美丽乡村建设等多个方面提出建议，被舆论大量报道。北京市副市长卢彦建议，北京的乡村振兴在做好乡村规划的基础上要守好"五个关键"。第一关键是领导重视，第二关键是好支部，第三关键是农用地、农村集体经营性建设用地、宅基地这"三块地"改革，第四关键是人才带动，第五关键是农村民生。北京市政协委员黄宝荣建议，制定国有企业参与乡村振兴三年行动计划，同时引导金融资本、

社会资本参与到乡村振兴工作中，成立基金或产业投资公司，参与乡村振兴重大项目，破解资金短缺和投融资创新难题。李玉立委员建议，出台更多倾斜政策，吸引本地外出的青年农民回乡创业，培养本地青年农民直接参与市场经营活动。政府推出专家向下专项行动计划，吸引更多城里的规划师、品牌专家、营销专家下乡，用他们的眼光、智慧改变农村的落后面貌，介绍优势资源，以吸引更多的社会产业机构。北京市政协委员王衍生建议，要推动农业高质量发展，助力乡村振兴。《北京日报》称，委员纷纷贡献亮眼的"金点子"，助力北京走出一条有首都特色的乡村振兴之路。舆论称，乡村振兴的北京答卷奋人心。

1月24日，《北京市乡村振兴战略规划（2018—2022年）》（以下简称《规划》）正式发布，同日，北京市农业农村局、市委农村工作委员会、市发展和改革委员会共同组织召开《规划》新闻发布会，并回答记者提问，舆论对此高度关注。人民网、新华网、《农民日报》等多家中央媒体予以报道。舆论纷纷以数读、图解等方式解读《规划》内容，"1个指标体系""2个工程""3个计划""4个行动""42项重点任务"等数字信息被舆论广泛报道，微博账号"@北京发布"以《一幅田园画，读懂乡村振兴"施工图"》对《规划》内容进行解读。"2020年消除低收入村""2019年北京将创建百个乡村振兴示范村""北京将探索建立统一的集体承包土地流转平台""北京实施农业高质量发展行动""每个乡镇将有1所公办中心幼儿园"等内容被舆论集中关注。《新京报》《北京青年报》等多家媒体及专家学者发表文章肯定《规划》的重要意义并建言献策。舆论称，北京乡村振兴战略规划"出炉"，送出民生大礼包。《劳动午报》称，根据《规划》，未来5年，将给广大农民送去一系列民生"大礼包"，通过实施一系列的重点任务和项目，促进人居环境质量提升。北京联合大学旅游学院教授刘敏表示，《规划》对于乡村旅游的发展具有重要意义。通过规划可以全面了解和系统分析乡村旅游的资源基础，实现本地居民、管理者、规划者、产业从业者等多方利益相关者的观点表达和发展思考碰撞，实现乡村地区资源与市场的对接、宣传与营销的对接、项目与功能的统筹，从而促进乡村区域的全面振兴。奇创全域旅游与乡村振兴事业部助理总经理王岩说，《规划》对农民增收和就业方面都有了指导部署。这一规划任务的提出，将从根本上解决农村低收入群体的脱贫问题。通过乡村振兴，产业兴旺，对有劳动能力的低收入农户强化产业和就业帮扶，让百姓能够共享产业发展的实惠，有效帮助他们增加收入。王岩建议，乡村旅游的相关规划从蓝图变为现实，要在规划时想好战略层面的3个关键问题：一是资金保障，即资本市场、金融机构与乡村振兴的战略结合；二是用地保障，即释放农村土地制度改革的红利，深化农村土地制度改革，建立健全土地要素城乡平等交换机制，加快释放农村土地制度改革的红利；三是组织保障，即既强调政府组织保障，也强调市场化的智力、技术、管理下乡通道畅通。

此外，《北京日报》还对京郊村民对全面推进乡村振兴的"五盼"予以关注：一盼产业发展促增收，二盼生态宜居继续全面推进，三盼乡风文明建设形式多样，四盼乡村治理能力提升，五盼养老就业医疗保障水平提高。

舆论关注北京农村人居环境整治

2018年，北京市农村人居环境整治工作成绩颇丰。《农民日报》、千龙网等多家媒体报道称，2018年全市农村地区全面开展"清脏、治乱、增绿、控污"活动，已有1 081个村庄完成人居环境整治任务。各区累计清理积存垃圾29万余处，拆除违建3.5万余处，新增绿化面积800万米^2。北京市在农村深入开展"厕所革命"，新改建公厕500座，将5 200余座公厕纳入统一管护。北京市推进231个村的生活污水治理，94%的行政村生活垃圾得到处理。农村"煤改清洁能源"方面，全市450个村年度改造任务圆满完成，累计完成2 963个村庄约111万户农户改造，实现平原地区村庄无煤化目标，供暖季减少散煤燃烧约330万吨，为首都大气污染防治做出贡献。国家统计局北京调查总队近期在全市涉农区范围内开展了"实施乡村振兴战略建设美丽乡村"专项调查。调查以全市13个涉农区为总体，对118个村及1 180个村民进行了问卷调查。调查显示，90.7%的村庄道路整洁完好并能定期维护；89%的村有公共厕所、64.4%的村进行了农村厕所改造；84.7%的村对生活垃圾全部集中处理；超70%的村进行了取暖方式改造及煤改气、煤改电等清洁能源的推广应用。通过基础设施建设及提升改造、农村人居环境综合整治，村民对村内生态宜居的满意度高。调查显示，被访村民对村内环境优美、设施齐全、生活便利的满意度分别达到94.3%、89.2%和92.7%。

2019年，北京市将再推进1 000个村的人居环境整治工作，并在这1 000个村推行简易版的乡村规划。到2020年，完成全市所有3 930个村庄的人居环境整治工作，美丽乡村建设取得阶段性成果。为此，北京市各区积极推进农村人居环境整治。综合媒体报道称，朝阳区农村10余处公园将开工和亮相，生态建设增绿提速；通州区推进黑臭水体和农村污水治理工程，整治环境脏乱死角；怀柔区推进"厕所革命"，93座污水处理厂升级改造完成；顺义区升级改造农村公厕，加大农村垃圾治理力度。1月7日，北京市制定并发布《农村

生活污水处理设施水污染物排放标准》，标准以改善水环境质量为核心，以"用生态的方法解决生态的问题"理念为指导，充分体现了对农村生活污水"因地制宜、鼓励回用、生态处理、宽严相济"的原则。舆论对此予以关注。

此外，舆论还关注了北京有待解决的农村人居环境问题。《北京日报》1月30日报道称，朝阳区拆迁地区只剩个别农户，但方圆百米新建6座公厕，新建公厕密度过大，造成不必要的浪费。《北京日报》2月22日报道称，通州董村西北角排水沟变成垃圾沟，存在一定火灾隐患。

北京持续推进美丽乡村建设获舆论关注

2019年，北京继续将美丽乡村建设作为实施乡村振兴战略的主要抓手，努力打造美丽乡村建设的北京样本。舆论对此积极关注。《北京日报》1月14日报道称，2018年北京市3930个村庄中有1081个完成了人居环境整治，并完成了村庄规划。在此基础上，2019年，这1081个村庄中将有60%左右建成美丽乡村。千龙网1月8日报道称，2019年怀柔区继续深化向纵深发展，加强农村基础设施和公共服务设施建设，完成剩余村庄建设规划编制和新一批美丽乡村建设，计划启动79个村庄。至2020年年底，将建设249个美丽乡村。《农民日报》1月15日发表文章《为"北京画卷"打好乡村底色》，对北京近年来推进美丽乡村建设的工作举措、成效等内容予以报道。报道称，经过十余年不懈努力，一批批村庄呈现出崭新的面貌，美丽成为京郊乡村的符号和招牌。

在关注2019年北京美丽乡村建设的目标外，舆论还对北京美丽乡村建设的好经验、好做法予以关注。《农民日报》1月7日报道《党建引领北小营镇前鲁村美丽乡村建设》称，北京顺义区北小营镇前鲁村党支部坚持党建引领先行，坚持把支部建在网络上，环境整治无"盲区"。《经济日报》1月24日报道《看南庄头村如何破解乡村整治难题》称，顺义区李桥镇南庄头村借助美丽乡村建设东风，以整村为单位，整合政策资金，以规划为引领、以镇政府为纽带、以村集体为主体、以村庄环境整治为手段，提升人居环境、培育村庄文化，根据村庄特点和经济条件，分步骤、分层次地实施村庄环境综合整治，如今的南庄头村已建成"人在花中走，车在绿中行"的美丽乡村。《北京晚报》1月18日报道《创"十个好"机制 建好美丽乡村》称，门头沟创新推出并大力落实选好带头人、建好支部、编好规划、育好产业等"十个好"美丽乡村建设机制，努力绘就京西绿水青山图。此外，丰台区卢沟桥乡、房山区良乡镇、大兴区魏善庄半壁店村、通州区漷县镇等地的美丽乡村建设也被舆论关注。

2018 年北京帮扶工作成效显著 2019 年工作实现开门红

2018 年，北京市低收入农户帮扶工作成效明显，多家媒体对此予以报道。据北京市统计局、国家统计局北京调查总队消息，2018 年北京市低收入农户人均可支配收入 12 524 元，总体水平超过低收入农户认定标准线 11 160 元。千龙网 2 月 4 日报道称，2018 年北京市实施"六个一批"精准帮扶措施，通过 582 个产业帮扶项目，增强全市低收入村内生发展动力，带动 1.8 万低收入农户长期稳定增收。北京市各区县的帮扶成效也被舆论关注。如报道称延庆区 2018 年有 9 712 户低收入农户的收入超过现行标准线，低收入农户人均可支配收入实现 1.18 万元，同比增长 18.1%，增幅位列全市第二。

舆论还关注了 2018 年北京对外援助贫困地区所取得的成绩。《北京晚报》2 月 26 日报道称，2018 年北京 16 个区与西藏、新疆、青海、河北、内蒙古等省区的 89 个县级地区签订了"携手奔小康"行动协议，安排 65.16 亿元 928 个扶贫项目，动员社会帮扶资金 4.8 亿元，98.79% 以上的资金聚焦精准扶贫，助力受援地 25 个县摘帽，69 万贫困人口脱贫，其中拉萨市还实现了整体脱贫。《光明日报》2 月 26 日报道称，北京从领导体制、政策支撑等方面加强顶层设计，以精准扶贫、精准脱贫为靶子，把扶贫协作作为光荣的政治任务。四大班子一把手先后赴内蒙古、河北、新疆、西藏、青海等 8 个省区调研对接，召开高层座谈会 18 次，签署扶贫协作协议，深入贫困村、贫困户调研慰问。舆论称，北京构建扶贫协作"四梁八柱"，"一县一策"精准帮扶，积极整合教育、医疗、科技、市场等优势资源，形成了具有北京特点的扶贫协作模式。

2019 年，北京继续加大扶贫力度，被舆论积极报道。2 月 21 日，市纪委（纪律检查委员会）、市监委（监察委员会）召开扶贫协作领域落实全面从严治党主体责任座谈会；25 日，市扶贫协作和支援合作工作领导小组召开会议，研究部署 2019 年工作。市委书记蔡奇强调，要不断增强打赢脱贫攻坚战的责任感和使命感，高质量完成 2019 年扶贫协作任务。《北京日报》、中国共产党新闻网等媒体以《市纪委市监委召开扶贫协作领域落实全面从严治党主体责任座谈会》《以决战决胜的精神状态高质量完成今年扶贫协作任务》等为题予以报道。1~2 月，北京畅通贫困地区农产品进京销售渠道被舆论广泛关注，"河南 360 余种农特优产品进京推介""涞水 100 多个合作社蔬菜直供北京""和田特色农产品进京""河北优质农产品进京年货节开幕"等内容被舆论集中关注。此外，1 月 22 日，北京消费扶贫产业双创中心开业，来自北京扶贫协作的

7 省区 89 个县级地区的 2 000 多种原生态特色产品进京。据初步统计，线上线下入驻企业直接或间接带动受援地区建档立卡贫困人口近 10 万人脱贫致富。舆论称，线上线下联动挖潜，北京开办"不落幕"的扶贫产品展销会。

北京整治农村假冒伪劣食品
北京一公司非法占用农地责任人被判刑

2018 年 12 月至 2019 年 2 月，北京市农业农村局等部门对昌平区百善镇孟祖村、沙河镇南一村等农村集市食品开展为期 3 个月的联合执法行动，重点查"三无"食品、"山寨"食品，打击假冒伪劣产品。新华网、《新京报》、千龙网等多家媒体对此予以关注。"打掉一批'黑窝点'""重点查'三无''山寨'""捣毁农村假冒伪劣食品窝点 85 个"等信息广泛出现在报道标题中。《新京报》2 月 2 日报道称，专项整治工作开展以来，累计出动执法人员 4.8 万余人次，检查生产经营主体 2.6 万余个，捣毁制假售假窝点 85 个，查处假冒伪劣食品案件 68 件。北京市将以此次专项整治行动为契机，逐步推动农村食品长效治理机制，全面规范农村食品市场秩序，不断提升农村食品安全水平和保障能力。此外，北京市大兴区、朝阳区、房山区、门头沟区、密云区等各区积极开展农村假冒伪劣食品专项整治工作也被舆论关注。

2 月 20 日，北京市昌平区人民法院依法对北京六合成农业有限公司原法定代表人胡某、直接责任人马某非法占用农用地一案做出一审宣判。人民网、央视网、《新京报》、中国法院网等多家媒体对此予以关注。北京卫视《北京新闻》《特别关注》等栏目对此予以播报。媒体报道的主要标题有《北京六合成农业有限公司胡某、马某非法占用农用地案一审宣判》《非法占农用地　北京六合成公司法定代表人及承租人被判刑》《非法占农用地！昌平这家公司 2 人被判刑》《北京这家公司居然把农业用地变成私家庄园？法院判刑》等。

【全国热点】

表5　1~2月热点新闻TOP10

排名	标题	来源	时间（月-日）	转载
1	决胜全面建成小康社会推进乡村全面振兴（社论）	《人民日报》	2-20	695
2	中央农办、农业农村部等 18 部门联合开展村庄清洁行动	新华网	1-21	578

（续）

排名	标题	来源	时间（月-日）	转载
3	央行等多部门联合发文推进金融服务乡村振兴	新华网	2-11	564
4	2019年中央1号文件公布　提出坚持农业农村优先发展总方针	新华网	2-19	539
5	重农固本！习近平对"三农"的深深牵挂	央视网	2-22	406
6	农业农村部：今年将深入推进种植结构调整　增加紧缺产品供给	央广网	2-14	383
7	土地经营权入股发展农业产业化经营　小农户按股分红增收入	《人民日报》	2-12	375
8	今年将从三方面持续整治群众身边腐败和作风问题	《中国纪检监察报》	2-22	344
9	农业农村部：坚持"四个最严"保障"舌尖上的安全"	新华网	1-22	326
10	黑龙江省绥化市明水县发生非洲猪瘟疫情	农业农村部新闻办公室	1-2	306

中央1号文件布局农业农村优先发展
乡村全面振兴开启新篇章

2月19日，新华社受权发布2019年中央1号文件《中共中央　国务院关于坚持农业农村优先发展　做好"三农"工作的若干意见》。20日，中央农村工作领导小组副组长、办公室主任，农业农村部部长韩长赋，农业农村部党组成员、中央农村工作领导小组办公室秘书局局长吴宏耀在国新办新闻发布会上对中央1号文件进行解读。相关情况引发国内外舆论强烈聚焦。据监测，截至21日9时，2 300余家新闻媒体发出了1.1万余篇相关报道和评论，其中包括《人民日报》、新华社等境内媒体，香港大公网、台湾《联合报》以及美国《侨报》、英国路透社等港澳台媒体和国外媒体。中央1号文件在社交媒体中也被高度关注，新浪微博中出现了"2019年中央1号文件"等12个微话题，阅读量共计2.5亿次；@新华视点微博直播新闻发布会，网民在线观看量达到18万次；抖音号"中国网直播"关于新闻发布会的短视频播放量累计超过1 200万次。另据今日头条统计，2019年中央1号文件发布后该平台24小时内的阅读量达1 057万次，较2018年增长40％。从关注形式看，"数说图解"继续成为各类媒体对中央1号文件划重点式的解读方式，中央1号文件的"两个战

略""四个锦囊""五个硬任务""六个突出""八个工程""九个行动""十大关键词"等一系列数读形式的文章引发积极传播。

从关注内容看，中央1号文件提出的"坚持农业农村优先发展总方针"引发广泛共鸣。舆论表示，推进农业农村发展重在"优先"，要把"优先发展"扛在肩上、抓在手上，既要"真刀真枪干，又要真金白银投"。中央1号文件提出的到2020年如期脱贫、实施重要农产品保障战略、抓好农村人居环境整治三年行动、深化农村土地制度改革等，备受期待。《人民日报》指出，粮食生产不能松劲、农村改革不能懈怠、农民增收不能停步、脱贫攻坚不打折扣，中央1号文件重锤响鼓，奏响乡村全面振兴强音。还有舆论表示，如果说2018年的中央1号文件是"管全面、管长远"的文件，2019年的中央1号文件则把重心聚焦到了"抓重点、补短板、强基础"上，这体现了乡村振兴战略部署渐趋深化细化，也意味着相关政策框架渐臻完善成熟。

从舆论反馈看，中央1号文件引发热烈反响。有专家学者汇总了中央1号文件中的"抓实""落实""夯实""扎实"等强调词，称中央1号文件中涉及"实"字近百次，彰显了文件"实"之底色，其释放的红利将为农村带来大发展，给农民带来大实惠。网民也为中央1号文件的发布表示振奋，纷纷点赞支持，并期待尽快在农村基层落地实施。还有媒体关注了社会各界的感受，称中央1号文件规划的蓝图接地气、操作性强，是爱民惠民的好政策，各地农民和基层干部信心坚定，鼓足干劲振兴乡村。

执笔人：张琳　刘文硕　张文静

3月"三农"网络舆情分析报告

【舆情概况】

据监测,2019年3月北京"三农"网络舆情信息量共计29 532条。其中,微博消息12 607条,占舆情总量的42.69%,涉及的主要微博账号有央视新闻、北京发布、北京人北京事儿、北京生活导航等;微信舆情信息量9 156条,占31.00%,涉及的微信公众号有BTV新闻、北京事儿、顺义社区网等;新闻媒体舆情信息量4 105条,占13.90%,涉及的网络媒体有人民网、新华网、千龙网等,涉及的报刊媒体包括《农民日报》《北京日报》《新京报》等,涉及的电视媒体包括央视《共同关注》《东方时空》、北京卫视《北京新闻》等;客户端文章2 976条,占10.08%;论坛帖文621条,占2.09%;博客帖文67条,占0.23%(图1)。

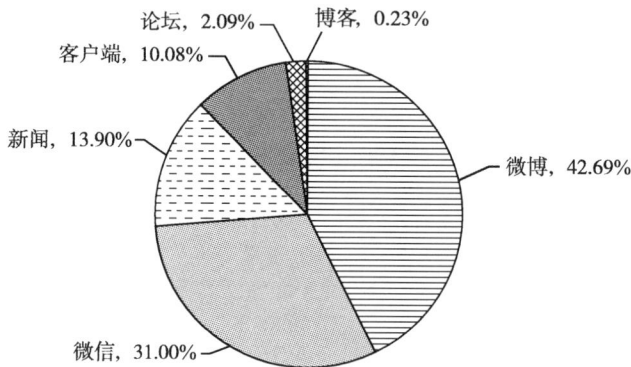

图1　3月北京"三农"舆情传播渠道

新闻舆情方面,3月整体走势起伏明显。3月13日新闻舆情信息量达204条,成为3月新闻舆情峰值(图2)。当日热点新闻有:人民网发文《北京本月蛋菜价格下降　猪肉价格触底反弹》,新华网、千龙网等媒体转载150次;此外,《三馆三园　一谷一线　北京农业嘉年华本周六开幕》《第七届北京农业嘉年华周六开幕　北京公交增开专线直达车》《北京将打造百个乡村振兴示范村　聚力美丽乡村风景线》等报道也被大量转发。在各大主题领域中,有关农牧渔生产与粮食安全的新闻数量最多,占比达23.19%(图3)。从全月新闻媒

体报道内容看，第七届北京农业嘉年华开幕是舆论关注的重点，新闻排行榜
TOP10中有3条信息与之相关。北京市基本完成"大棚房"问题清理整治相
关报道也被舆论大量转发，转载量达83次。此外，农产品价格、打击农村假
冒伪劣食品、拆迁、腾退等信息也被媒体关注（表1）。

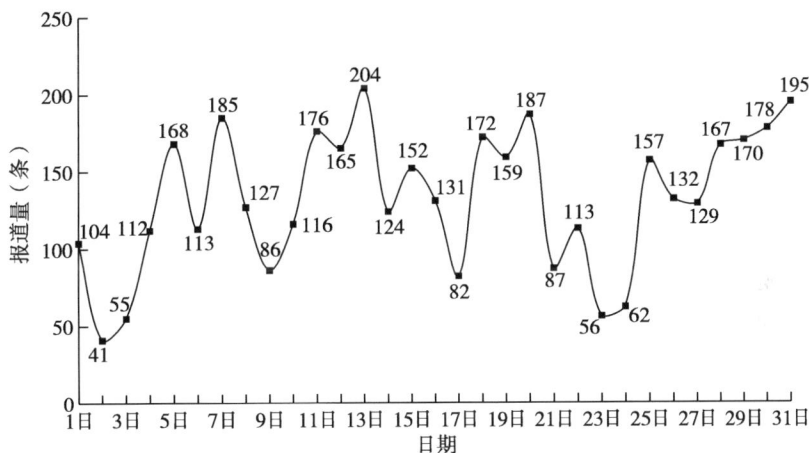

图2　3月北京"三农"新闻舆情走势

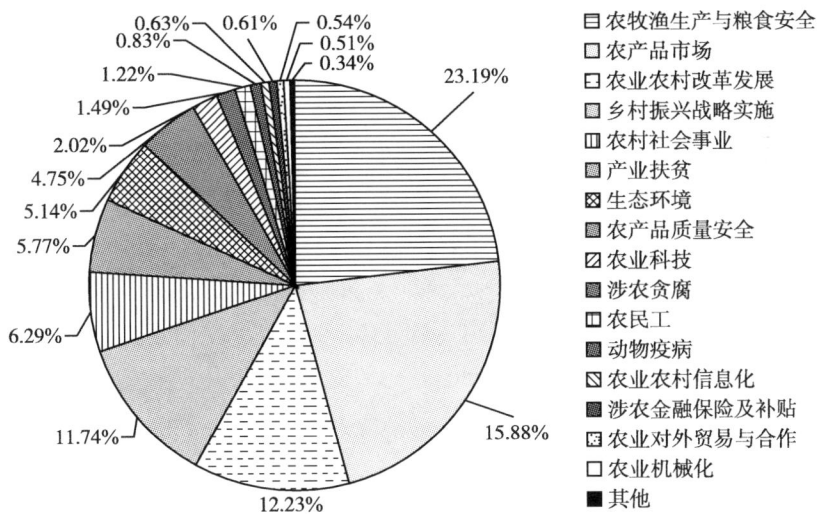

图3　3月北京"三农"新闻舆情话题分类

　　微博方面，3月舆情走势整体平稳，10日、17日两天信息量陡升。10日
微博信息量达4 741条，成为本月微博舆情峰值（图4），其中《乡村振兴　北
京将打造百个乡村振兴示范村》《北京将打造百个乡村振兴示范村　聚力美丽

乡村风景线》两条帖文合计达 4 716 条。17 日微博信息量达 3 543 条,其中《"丝路农情"跑进北京农业嘉年华》《北京农业嘉年华开幕 持续至 5 月 12 日》《一分钟带你逛遍北京农业嘉年华,这些亮点不容错过!》等第七届农业嘉年华相关帖文合计达 3 490 条。各大主题领域中,"乡村振兴战略实施"领域微博数量最多,占比达 51.03%(图 5)。微博排行榜 TOP10 中涉及第七届农业嘉年华、打击农村假冒伪劣产品、密云山火等各个方面(表 2)。

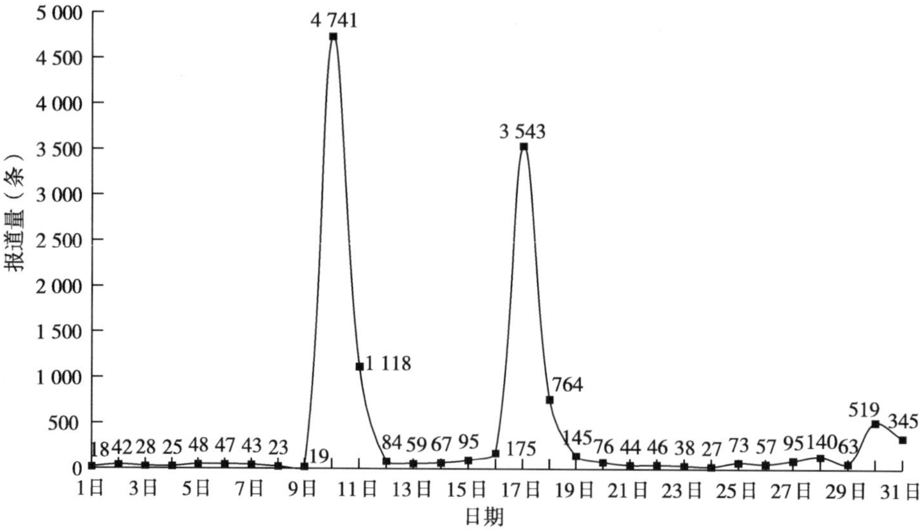

图 4 3 月北京"三农"微博舆情走势

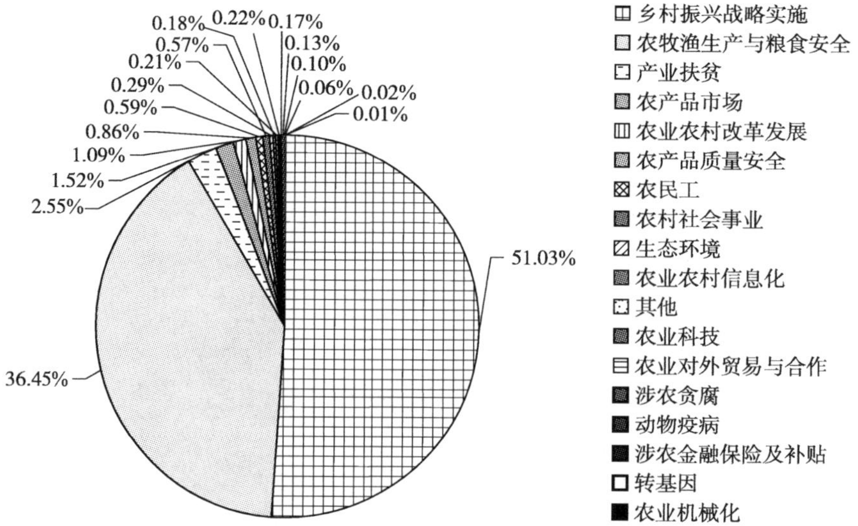

图 5 3 月北京"三农"微博舆情话题分类

微信方面，网民关注点主要集中在密云山火、农业嘉年华、拆迁等话题（表3）。论坛方面，网民关注点较为广泛，涉及拆迁、农宅改造、美丽乡村建设、举报村霸等各个方面（表4）。

【热点排行】

表1 3月北京"三农"热点新闻TOP10

排名	标题	来源	时间（月-日）	转载
1	北京本月蛋菜价格下降 猪肉价格触底反弹	人民网	3-13	150
2	第七届北京农业嘉年华开幕	新华网	3-16	138
3	北京市基本完成"大棚房"问题清理整治	新华网	3-30	83
4	燕谷坊携产品亮相"第七届北京农业嘉年华"	燕谷坊官网	3-20	64
5	北京市收缴假冒伪劣食品3 000余公斤	新华网	3-6	52
6	农业嘉年华辟8 000车位迎客流高峰	《北京日报》	3-28	44
7	北京平谷今年超额完成100万米²拆违	《北京青年报》	3-7	43
8	平谷腾退土地列入造林工程	《北京日报》	3-12	36
9	京郊"农家乐"去年收入超过27亿元	《新京报》	3-27	33
10	和田地区：特色产品入驻北京百店专柜	《新疆日报》	3-28	32

表2 3月北京"三农"热点微博TOP10

排名	标题	账号	时间（月-日）	转发	评论
1	送票！送票！北京农业嘉年华送票啦！	北京昌平	3-29	1 065	549
2	北京密云突发森林火灾 火势正向平谷方向蔓延	央视新闻	3-30	679	730
3	北京农业嘉年华送票啦	北京发布	3-18	424	225
4	乡村振兴共创行动首次出征！	智惠乡村志愿服务中心	3-29	372	118
5	周日早上去逛了逛北京郊区的农村集市，规模大，人超多。	马未都	3-17	287	644
6	房山窦店大集已完成疏解整治，未来将变身郊野公园！	北京人北京事儿	3-21	122	5

（续）

排名	标题	账号	时间 （月-日）	转发	评论
7	北京市市场监管局收缴 3 000 余公斤山寨食品	北京生活导航	3-7	96	1
8	今年北京大批乡村公路将实施"窄路加宽"工程	北京生活导航	3-4	93	0
9	对"康帅傅"这种"山寨"食品说再见！北京扫除假冒伪劣食品	Morganchain	3-7	80	0
10	物业进村庄！北京海淀试点农村准物业化管理	海淀在线	3-21	29	13

表3　3月北京"三农"热点微信 TOP10

排名	标题	公众号	时间 （月-日）	阅读量	点赞
1	北京突发！密云森林发生山火，现场黑烟滚滚，目前正向平谷方向蔓延	北京事儿	3-30	10万多	560
2	拆拆拆！通州所有乡镇都在拆，230多村要拆到7月！	通州国	3-17	50 353	81
3	猛料！通州360村村庄规划6月底前将基本完成！第一批中45村名单曝光	通州小兵	3-4	40 253	59
4	10天后必须拆完！通州这镇16个美丽乡村，各村拆违正猛烈	通州国	3-4	24 593	11
5	这些村要拆！通州启动3大项目招标，美丽乡村基础设施全覆盖！	通州八通网	3-26	24 052	33
6	北京农业嘉年华来啦！参与互动就有机会获得门票	BTV新闻	3-15	18 709	136
7	共计450余亩，门头沟这三个村或将征地补偿！！！	门头沟京西杂谈	3-10	12 352	12
8	房山原村支书涉黑犯罪案一审开庭　被控17项罪名	睿智房山	3-27	11 826	35

（续）

排名	标题	公众号	时间 （月-日）	阅读量	点赞
9	顺义李桥镇这 7 个村村庄规划（2018—2035年）获批复！	顺义社区网	3 - 14	9 810	10
10	平谷这两个村要腾飞，北京乡村振兴示范村！	平谷资讯	3 - 10	6 637	3

表 4　3 月北京"三农"热点网帖 TOP10

排名	标题	来源	时间 （月-日）	点击	回帖
1	美丽乡村建设　从细节入手	在线信息网	3 - 29	20 734	12
2	北京农业发展不断向好	京华论坛	3 - 25	17 224	0
3	你家也开始拆了！涉及违建、私搭乱建，通州这 8 个村的赶紧看	八通网	3 - 6	16 656	8
4	门头沟区领导调研精品民宿发展情况	京华论坛	3 - 14	15 173	0
5	北京市从城乡卫生情况入手，大力推动城乡生态建设	京华论坛	3 - 8	14 662	0
6	大动作！拆违建、旱厕，通州这个镇将发生翻天覆地的变化！	八通网	3 - 21	13 241	2
7	张家湾推进美丽乡村建设，第一批拆除私搭乱建基本完成！	八通网	3 - 14	5 566	0
8	或能补贴 3 万！通州农宅改造符合条件，就奖励！	八通网	3 - 5	4 594	0
9	通州第二批美丽乡村建设已经开始！快看看有没有你家！	八通网	3 - 26	4 194	1
10	检举我村书记邵文华村霸恶霸，选举作弊，倒卖土地，吞占土地，殴打村民！	天涯论坛	3 - 5	4 187	68

【热点分析】

北京农村工作会议吸引舆论目光

3 月 4 日下午，北京市农村工作会议召开，贯彻落实中央农村工作会议精神，研究部署本市"三农"工作。市委书记蔡奇讲话，市委副书记、市长陈吉宁主持会议。中国农业新闻网、《北京日报》等多家媒体对此予以关注，北京卫视《北京新闻》等栏目对此予以播报。《抓重点补短板强基础 以首善标准推进乡村振兴战略实施》《本市将打造百个乡村振兴示范村》等成为舆论报道的热门标题。会议提出的"要编制好村庄规划、要大力整治农村人居环境、要深化农业供给侧结构性改革、要尽快补齐农村基础设施和公共服务短板、要切实抓好低收入农户帮扶工作、要进一步完善乡村治理体系、要切实加强党对'三农'工作的全面领导"，被舆论概括为"七点要求"。舆论表示，北京市召开农村工作会议，对 2019 年首都"三农"工作全面论述，"三农"工作在这个春天再次迎来新的希望。农业农村优先、有首都特点的乡村振兴之路等一系列表述，是前景、是方向、更是希望。在全面建成小康社会的关键时期，首都"三农"工作即将展翅高飞、宏图大展。也有舆论为北京如何做好"三农"工作建言献策。千龙网发表评论文章《春日论"三农"：有京韵、有振兴、有梦想》称，对于首都而言，"三农"工作意义更大，它是一面乡村善治旗帜，是城乡一体化的生动实践。首都"三农"发展，要突出 3 个特点：有京韵，在于紧扣定位、凸显技术优势；有振兴，在于做强农业、建设现代农村；有梦想，在于落实"两山"，留住悠悠乡愁。搜狐号"燕鸣"发文《用奋斗细耕京华农村沃土》称，用奋斗细耕京华农村沃土，要立足首都定位，聚焦民生改善，瞄准创新引领，坚持首善标准。以贯彻落实全市农村工作会议为指引，以全面落实乡村振兴战略为主线，相信在全市上下的合力而为下，一定将会在京华大地、农村土地上，细耕出幸福的果实！此外，北京市各区认真学习贯彻北京农村工作会议精神也被舆论关注。

同日，北京市委农村工作领导小组第一次会议召开，市委书记、市委农村工作领导小组组长蔡奇讲话，市委副书记、市长、市委农村工作领导小组副组长陈吉宁出席。人民网、《北京日报》等多家媒体对会议内容予以关注，北京卫视《北京新闻》等栏目予以播报。舆论指出，市委农村工作领导小组是这次机构改革中新成立的议事协调机构。这是北京市加强和完善党对"三农"工作全面领导的重要举措，是落实"五级书记"抓乡村振兴的具体行动。

舆论聚焦第七届北京农业嘉年华

3 月 16 日，一年一度的北京农业嘉年华在昌平区草莓博览园拉开序幕，人民网、新华网等多家央级媒体对此予以关注，央视《朝闻天下》、北京卫视

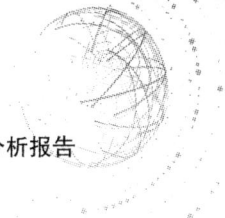

《北京新闻》《北京您早》等栏目对此进行播报。《北京晚报》开通"北京农业嘉年华"专栏，详解其主题构思，并找寻农业嘉年华办展背后的故事。新浪微博设置的"北京农业嘉年华"等4个微话题合计阅读量达4 776.5万。"三馆、三园、一谷、一线""创意农业景观190余个""农业优新特品种800余个""先进农业技术70余项""科普知识点2 000余个""7省区2 000多种扶贫产品""互动体验活动220余项""农特产品、美食及工艺品1 000余种"等数字信息被舆论广泛关注。"采用5G信号直播开幕式""'一带一路'元素融入农业嘉年华""围绕昌平区草莓产业打造微型'草莓世界'场景""开设以'携手筑梦、共同富裕'为主题的'扶贫攻坚'展馆"等多重亮点被舆论积极报道。舆论称，农业嘉年华的举办将带动当地生态观光和旅游休闲产业发展，促进山区农民增收致富。网民也纷纷发表评论，点赞农业嘉年华"好玩又科普"。网民"一辈梓的时光"说，他每年都要去北京农业嘉年华，年年不差。网民"蕾缇丝娅"说："我觉得很不错呀，科普性很强，内容丰富多样，从花鸟昆虫到农林种植，从古代农耕到食物制作，一路走一路看一路试吃一路买，还有泥人、糖画、棉花糖，图个热闹。"

此外，《北京日报》3月27日发文反映本届农业嘉年华停车难、展览无新意、游玩设施不足、体验欠佳等问题。对此，昌平区专门召开调度协调会，目前已开辟8 000余停车位供游客出行，并在场馆安排专业讲解员、开放参观采摘体验大棚，迎接即将到来的周末和清明假期出游高峰，舆论对此予以报道。

北京多措并举改善农村环境 打造美丽乡村

3月，北京多措并举改善农村环境备受舆论瞩目。据《新京报》报道称，北京将持续开展"清河行动"，重点整治农村小微水体，力争实现无垃圾渣土、无集中漂浮物等。"采用溢流报警装置监测河口防偷排污染""每月通报治理进度和效果"等内容被舆论集中报道。此外，舆论还对北京市各区的农村人居环境整治工作予以关注。综合媒体报道称，北京怀柔北部山区所有行政村实现垃圾统一清运，实现了北五镇乡111个行政村全覆盖；平谷区先后召开美丽乡村建设进展情况汇报会、农村人居环境整治现场拉练会，要求各乡镇对出现的人居环境整治点位问题限期整改，加快推进美丽乡村建设发展规划编制；通州区召开农村人居环境整治及美丽乡村建设工作培训会，扎实推进村庄规划编制和环境综合整治等大量基础性工作，区政府还印发了《通州区2019年提升农村人居环境推进美丽乡村建设工作方案》，将通州全域纳入美丽乡村建设范围；

延庆区拆除旱厕 124 座,完成 38 座二类以上公厕提升改造,整治提升城区 8 个城中村及城乡接合部环境,城区生活垃圾无害化处理率达到 100%;门头沟区召开农村人居环境整治考核验收部署会,明确农村人居环境整治考核验收的目的、内容、范围、考核方式、时间安排及相关要求等;密云首个建筑垃圾处理站开建,实现全区在建施工项目建筑垃圾的减量化、资源化及循环再利用。

舆论关注北京"脱低""扶贫"工作

3 月,北京市怀柔、通州两区帮扶低收入户"脱低"工作被舆论关注。"怀柔区人大常委会副主任张书远到九渡河镇调研低收入农户帮扶工作""怀柔区雁栖镇 20 个项目助力'脱低'工作""通州建成以观光旅游、休闲度假、设施农业为一体的产业园"等内容被舆论集中关注。另外,北京对口支援阜外地区脱贫工作也被舆论关注,据新华财经网报道,北京市 2019 年要帮助受援地区 38 个县级地区摘帽、44.66 万贫困人口脱贫,河北、内蒙古要全部脱贫摘帽。舆论关注点主要集中在两个方面。一是关注北京援助资金拨付情况。"54.79 亿元扶贫资金拨付到位""北京援疆今年 21 亿元资金一次性全部到位""南苑乡 234 万元帮扶扎赉特旗"等数字信息被舆论大量提及。二是关注农产品进京助力地区脱贫。"土豆削皮进京""和田农产品专柜开进超市""遂川金橘等江西名特产品进京""兰考致富蜜瓜直供北京餐桌""北京年内在 100 家门店开设扶贫产品专柜"等语句广泛出现在报道标题中。其中,3 月 30 日,东、西城结对帮扶 11 个县的特色农副产品亮相北京消费扶贫双创中心,相关内容被舆论重点关注。《北京晚报》称,这标志着北京市消费扶贫市区联动正式启动,也标志着为期 10 天的东、西城消费扶贫主题日专场活动开启。此举是北京市进一步整合市区资源,以消费助力受援地区打赢脱贫攻坚战的重要举措。此外,北京将会同受援地政府和有关企业建立农产品滞销预警机制,及时组织机关单位、商超、批发市场、电商企业集中采购受援地区滞销农产品,也被舆论关注,中国新闻网等媒体纷纷以《北京 16 区将建消费扶贫分中心 受援地农产品滞销将预警》等为题予以报道。

密云山火引发舆论高度关注

3 月 30 日 12 时 23 分,北京市密云区东邵渠镇太保庄地区发生森林火灾,截至 15 时 30 分许,密云区辖区内明火已被扑灭。舆论对此高度关注。人民

网、新华网等多家中央媒体对此予以报道，央视《新闻直播间》《东方时空》《共同关注》等栏目对此予以播报。新浪微博设置的"北京密云发生森林火灾"等9个微话题合计阅读量达569.12万次。

从内容上看，舆论关注点主要集中在三方面：一是关注起火原因及扑救情况。"山火原因初步查明""村民修水管不慎点燃杂草引发""向平谷方向蔓延""600余专业人员紧急扑救""约900人现场参与救援""扑救面临极大挑战""密云区境内明火已扑灭"等语句广泛出现在报道标题中。二是关注火灾造成的损失。"密云过火面积约40亩""密云平谷总过火面积500亩""村民数百棵果树被烧"等数字被舆论集中关注。三是关注对涉案人员的惩处。据央视网报道，村民郑某等6人已被公安机关控制。舆论纷纷以《密云山火被扑灭！起火原因查明 6村民被公安机关控制》《北京山火6名涉案者被抓》等为题对此予以关注。

【全国热点】

表5 3月热点新闻TOP10

排名	标题	来源	时间（月-日）	转载
1	保持加强生态文明建设的战略定力 守护好祖国北疆这道亮丽风景线	新华网	3-5	1 731
2	全国八成"大棚房"问题完成整改	新华网	3-17	728
3	21个省份非洲猪瘟疫区解除封锁	新华网	3-19	365
4	全国已播农作物一亿多亩	《人民日报》	3-24	353
5	财政部、应急管理部向青海下拨1亿元中央救灾资金	新华网	3-13	331
6	全国新型职业农民超过1 500万	《人民日报》	3-5	325
7	部长承诺落实了吗？交通运输部：农村公路总里程达到405万公里	央视网	3-4	324
8	今年中央财政拟安排180亿元补贴农机购置	新华网	3-16	305
9	养老供需错位："一床难求"与资源闲置并存	《经济参考报》	3-25	298
10	普惠涉农、精准扶贫贷款增速增量有了硬指标	《人民日报》	3-11	268

全国两会"三农"声音响亮振奋
乡村振兴继续成为核心议题

全国两会期间，"三农"话题继续受到舆论聚焦。相关新闻报道量达到

1.8 万条,较 2018 年增长 12.5%。新浪微博中出现了"两会话三农""农村发展大有可为"等相关微话题,阅读量共计 8 000 万次。从传播情况看,新媒体技术应用和融媒体报道呈现,让两会"三农"话题更具深度和热度。新华网、新浪网等媒体对两会"部长通道"进行全程直播,央视网、《农民日报》等媒体推出《1 分钟看习近平"下团组"》《我带农民上两会》等短视频系列报道,央广网中国乡村之声推出《三人话"三农"》音频专题报道,打造了"三农"会场和舆论场的同期声。舆论说,习近平总书记六下团组,四次讲话关切"三农"事业,多位部长说"农"事,社会各界话"农"情,"三农"声音响亮振奋,"霸屏"关键词频现,两会舆论场时刻都能感受到乡村在新时代勃发的律动(图 6)。

图 6 两会"三农"话题词云图

从关注情况看,乡村振兴是核心议题,热点内容主要集中在以下三方面:一是习近平总书记对乡村振兴战略的强调部署引发热烈反响。习近平总书记参加河南代表团审议时,进一步明确了乡村振兴的总目标、总方针、总要求和制度保障,并提出扛稳粮食安全这个重任、补齐农村基础设施这个短板、夯实乡村治理这个根基、用好深化改革这个法宝,并强调"在乡村振兴、现代农村农业发展这个巨大的空间大有可为"。舆论对此反响热烈,《农民日报》发出 6 篇系列评述,《人民日报》等媒体也发出大量评论文章,微话题"农村发展大有可为"的阅读量达到 1 500 余万次。舆论说,总书记连续两年在两会上谈到乡村振兴,足见乡村振兴战略的分量之重,在 2018 年实施乡村振兴战略的开局之年,我国农业农村发展取得了历史性成就,广大农村已成为一片可以放飞梦想的广阔天地,未来还须破除体制机制弊端,激活农村各类要素资源,激发乡

村振兴内生活力，奋力绘就新时代"三农"发展新画卷。二是各部委为乡村振兴送出的"政策礼包"备受肯定。韩长赋部长在"部长通道"上就粮食安全、农村人居环境整治等热点问题回答记者提问，其中强调的"把改善农村人居环境作为乡村振兴战略的重点任务来推进""推动3万个村庄实现'厕所革命'""不做表面文章，不搞假把式"等，引发舆论高度关注。《新京报》就此发出秒拍视频"70亿支持3万个村庄'厕所革命'"，播放量达到64万次。央视财经官方微博以《实现乡村振兴 把"厕所革命"好事办好》为题，报道了余欣荣副部长在政协分组讨论会上的发言，阅读量达到12万次。水利部、国家发改委等部委也通过发布会、"部长通道"，对农村人口饮水问题、乡村消费市场、农村医疗服务水平等热点民生问题统筹谋划，引发媒体的大量汇总报道。舆论点赞各位部长的回答"不说虚话、套话，回答接地气，听着很解渴"，称从中听到了乡村全面振兴的足音。三是代表委员的"三农"议题引发积极关注。农业界委员围绕农业高质量发展、粮食安全、农村人居环境、脱贫攻坚等话题展开热烈讨论和广泛建言。网易董事局主席丁磊、苏宁集团董事长张近东、58集团首席执行官姚劲波等互联网企业代表也愈来愈多地聚焦"三农"，纷纷对数字乡村、农村电商、农村产业融合等提出大量建议和举措。舆论说，代表委员为乡村振兴建言献策的比例持续提高，问题越钻越细，建议越提越实，乡村的发展已不只是农业界代表的"专利"，越来越多的"非农"群体开始关注这片大有作为的土地。

总体看，两会"三农"舆情传递出了奋进的正能量。舆论称两会上的"三农"议题，无论是报喜还是报忧，无论是"庙堂之高"还是"江湖之远"，对"三农"的关注点挖得更深，看得更远，重农惠农的热度从会场内蔓延到会场外，点燃了全社会合力推进乡村振兴的十足干劲。

执笔人：蔺育华 张珊 张文静

4月"三农"网络舆情分析报告

【舆情概况】

据监测，2019 年 4 月北京"三农"网络舆情信息量共计 19 203 条，较 3 月减少 10 302 条。其中，微信舆情信息量 7 230 条，占舆情总量的 37.65%，涉及的微信公众号有农民日报、北京本地宝、北京早知道等；新闻媒体舆情信息量 4 969 条，占 25.88%，涉及的网络媒体有人民网、新华网、千龙网等，涉及的报刊媒体包括《农民日报》《北京日报》《北京青年报》等，涉及的电视媒体包括央视《新闻直播间》《朝闻天下》、北京卫视《北京新闻》《北京您早》等；客户端文章 3 372 条，占 17.56%；微博消息 2 878 条，占 14.99%，涉及的主要微博账号有央视财经、北京晚报、北京生态环境等；论坛帖文 722 条，占 3.76%；博客帖文 32 条，占 0.16%（图 1）。

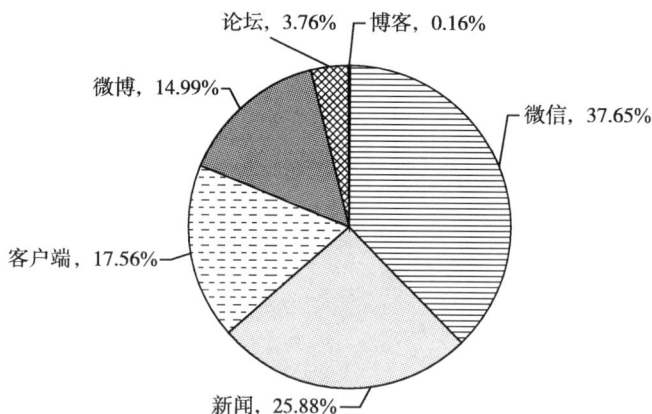

图 1 4 月北京"三农"舆情传播渠道

新闻舆情方面，4 月整体走势起伏明显。4 月 26 日新闻舆情信息量达 317 条，成为 4 月新闻舆情峰值（图 2）。当日热点新闻有：新华网发文《世园会史上首个以蔬菜为景观的展园将亮相北京》，中国网、中国青年网等媒体转载 172 次；此外，《百蔬园演绎"万年蔬菜史"》《打造美丽乡村 添彩世园盛会》《通州区西集镇保障农村人居环境和美丽乡村建设高效进行》等报道也在当日被大量转

发。在各大主题领域中，有关"都市型现代农业"的新闻数量最多，占比达18.09%（图3），主要新闻有《天敌昆虫：专克蔬菜虫害的"精兵强将"》《首个蔬菜景观的展园将亮相北京》等。从全月新闻媒体报道内容看，世园会百蔬园展区是舆论关注的重点，新闻排行榜 TOP10 中有 4 条信息与之相关。北京农业嘉年华也备受关注。此外，农产品价格、农村污染治理等信息也被媒体关注（表1）。

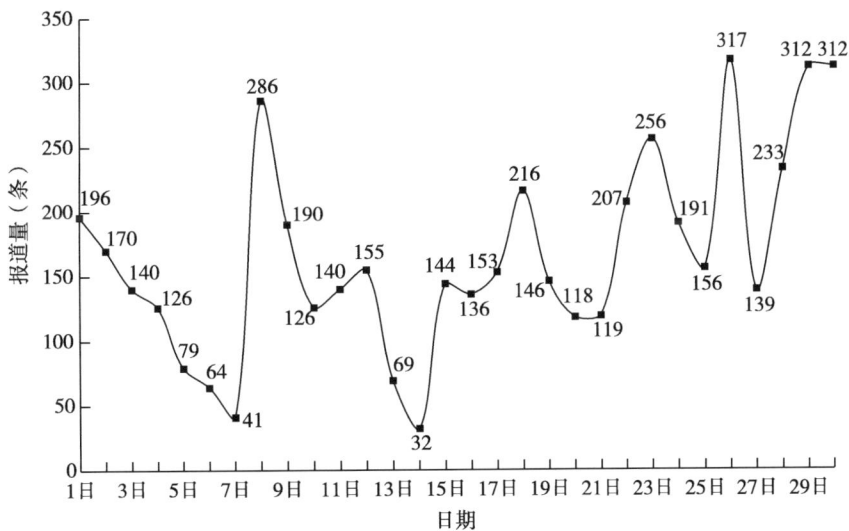

图2 4月北京"三农"新闻舆情走势

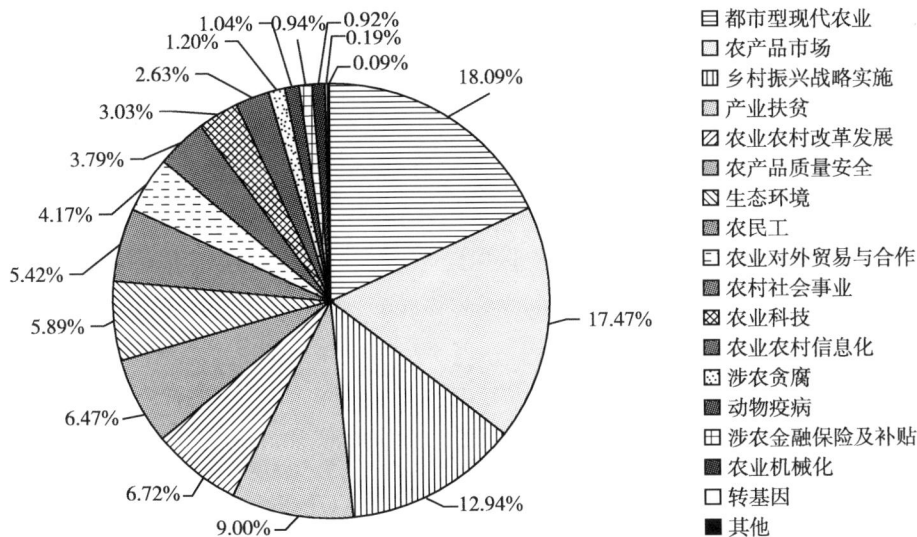

图3 4月北京"三农"新闻舆情话题分类

微博方面，4月舆情走势起伏明显，舆情峰值出现在4月19日，当日微博信息量达178条（图4）。主要微博主题有《北京世园会首批26万盆蔬菜已完成入园移栽》《密云小山村建成精品民宿》《大兴区春大棚无土栽培黄瓜提早定植》等。各大主题领域中，有关"都市型现代农业"领域微博数量最多，占比达35.16%（图5）。主要微博主题有《北京郊区唯美民宿合集》《这二十家北京郊区绝美民宿，可能是假期最好的游玩好去处！》《第七届北京农业嘉年华　美不胜收　意犹未尽》等。微博排行榜TOP10中涉及2019脱贫攻坚公益直播盛典、京郊民宿、百蔬园、农业嘉年华、大棚房等各个方面（表2）。

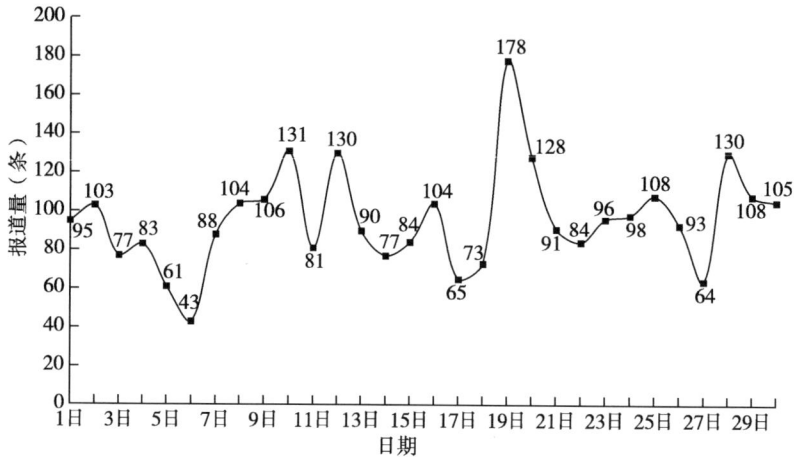

图4　4月北京"三农"微博舆情走势

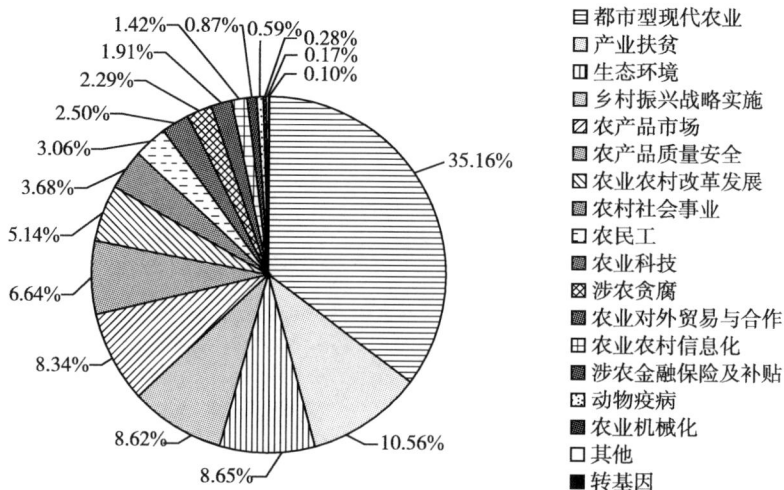

图5　4月北京"三农"微博舆情话题分类

　　微信方面，网民关注点主要集中在农业嘉年华及拆迁、棚改等话题，微信排行榜 TOP10 中各有 3 条信息与以上两方面有关。此外，平谷桃花节、百蔬园等话题也被关注（表 3）。论坛方面，论坛排行榜 TOP10 中有 3 条信息与美丽乡村建设话题有关。此外，农业科技帮扶、煤改清洁能源等话题也被论坛网民关注（表 4）。

　　【热点排行】

表 1　4 月北京"三农"热点新闻 TOP10

排名	标题	来源	时间（月-日）	转载
1	魅力世园会："三百园"之百蔬园　展现蔬菜发展史	央视网	4-21	202
2	世园会史上首个以蔬菜为景观的展园将亮相北京	新华网	4-26	172
3	3 月份北京 CPI 同比上涨 1.9%　菜价同比涨近两成	中国新闻网	4-12	63
4	北京今年全面启动农业农村污染治理工作	《农民日报》	4-8	42
5	北京世园会"百蔬园"加紧布展	《农民日报》	4-15	38
6	北京新发地菜价晴雨表	《新京报》	4-2	37
7	第五届"北京草莓之星"亮相农业嘉年华	《农民日报》	4-16	29
8	北京农业嘉年华：让农业文化遗产活起来	人民网	4-10	27
9	农业嘉年华首月迎客 67 万人次	北京日报	4-18	27
10	首批 26 万盆世园蔬菜种进百蔬园	《北京晚报》	4-16	20

表 2　4 月北京"三农"热点微博 TOP10

排名	标题	账号	时间（月-日）	转发	评论
1	4 月 24 日北京首农双创中心大厦 2019 脱贫攻坚公益直播盛典，一起参与扶贫攻坚战	阿里巴巴公益	4-20	12926	209
2	这二十家北京郊区绝美民宿，可能是假期最好的游玩好去处！	乐玩北京城	4-10	659	411
3	"三百园"之百蔬园——北京世园会史上首个以蔬菜为景观的展，邀您感受曼妙蔬菜之旅	北京生活	4-28	109	16

（续）

排名	标题	账号	时间（月-日）	转发	评论
4	芳菲四月，北京平谷桃花节开幕啦	《北京晚报》	4-11	39	30
5	一场落户北京的，"蕉"傲自白！	央视财经	4-11	30	9
6	200余种来自东城区对口支援、帮扶、协作地区的特色优质农产品正在北京消费扶贫产业双创中心火热展销	北京东城	4-2	17	9
7	买京郊农村大棚房被骗事件集中暴发，大家注意吧	《北京人时报》	4-1	16	2
8	北京农业嘉年图片欣赏！	绿叶竹竹	4-23	15	5
9	最美乡村密云行：石城忆先贤红色云蒙踏青游	北京平谷区新鲜事	4-28	14	6
10	加快解决农业农村突出生态环境问题《北京市落实〈农业农村污染治理攻坚战行动计划〉实施方案》发布实施	北京生态环境	4-3	11	3

表3　4月北京"三农"热点微信TOP10

排名	标题	公众号	时间（月-日）	阅读量	点赞
1	走，去平谷桃花节来一场"完美邂逅"！	北京本地宝	4-12	57 000	128
2	拆！通州2 831亩土地腾退，70亿腾退资金没准有您一份！	北京早知道	4-18	52 000	86
3	涉棚改村！通州8村又被点名，今年有这些大动作	通州小兵	4-1	37 000	95
4	通州这里或将整体搬迁！11万米² 安置房要开工啦！	通州小兵	4-24	37 000	81
5	快！一年中庞各庄最美的20天！去大兴梨花海踏青啦	大兴这些事儿	4-1	20 000	30
6	第一波水蜜桃新鲜上市！平谷春雪桃，撩拨口舌欲	顺丰大当家	4-4	14 000	26
7	手慢无！您有两张农业嘉年华门票待领取！	昌平圈	4-5	9 670	6

（续）

排名	标题	公众号	时间（月-日）	阅读量	点赞
8	门票免费送！带你玩转第七届北京农业嘉年华！	昌平青年	4-10	5 770	450
9	"五一"小长假来临，想去北京农业嘉年华的来领票啦	首都之窗	4-24	5 480	29
10	好看、好玩、好吃！开园首日，带你探秘百蔬园	《农民日报》	4-30	4 037	1

表4　4月北京"三农"热点网帖TOP10

排名	标题	来源	时间（月-日）	点击	回帖
1	顺义牛栏山棚户区已成美丽乡村?！	在线信息网	4-18	23 838	35
2	2019年顺义张镇美丽乡村	在线信息网	4-5	21 400	36
3	北京潞县第一批36个美丽乡村变化喜人	京华论坛	4-25	20 879	0
4	十大农田观光景点推出	京华论坛	4-27	18 474	0
5	京郊有个"百草园"你知道九死还魂草是什么草吗?	京华论坛	4-3	17 978	0
6	怀柔区种植中心到三岔口村、上台子村开展农业科技帮扶对接工作	京华论坛	4-26	16 780	0
7	怀柔区城管委督导检查示范村垃圾分类	京华论坛	4-28	14 821	0
8	"桃王"屈海全：下一站要把平谷大桃种到新疆	京华论坛	4-30	14 439	0
9	密云区统计局队开展"煤改清洁能源"效果满意度调查	京华论坛	4-23	10 367	0
10	通州10个村迎来大动作	八通网	4-11	7 318	1

【热点分析】

世园会"百蔬园"吸引舆论目光
都市型现代农业亮点频出

4月28日，2019年中国北京世界园艺博览会在北京延庆开幕，本次世园会有3个"特色展园"——百蔬园、百果园和百草园，人们将三者合称为"三百园"，这是世园会首次将果树园艺、蔬菜园艺和中草药园艺以专类展园的形式呈现出来。其中，百蔬园占地54亩，是世园会历史上首次将蔬菜独立成园展示给游客。舆论对此予以重点关注。央视《新闻直播间》《朝闻天下》、北京卫视《北京新闻》《北京您早》等栏目对此予以播报；人民网、新华网等中央媒体发文表示关注；《北京日报》4月28日设立魅力世园会特刊《创艺农场乐享家园》百蔬园专版；北京美丽乡村网设立《走进百蔬园》专题报道；新浪微博设立的"世园会'百蔬园'""2019北京世园会百蔬园"等6个微话题合计阅读量达30.5万次。

　　舆论对百蔬园的多重亮点予以关注。百蔬园的占地面积、展区分布、设计理念及先进的农业科技等内容获得舆论广泛报道。"森林与沼泽、荒漠与草原、田园庭院、乐享家园四个展区""26万盆世园蔬菜""70多类130多个品种""包括蔬菜主题日、蔬菜花艺等103场活动""八大亮点"等数字信息被舆论集中关注。百蔬园专班建设运营办公室负责人王艺中表示，百蔬园向世界展示了我国飞速提升的蔬菜生产技术，是美丽乡村建设的缩影，更新了人们对蔬菜产业、农业科技和绿色发展的认知。新华网称，百蔬园演绎了人类从多样性的自然环境中发现和认知蔬菜的历程，堪称一部"万年蔬菜史"。世园会的举办也带火了延庆民宿的发展。"延庆民宿预订量超两倍""延庆民宿增长超4倍""世园会附近民宿多爆满"等语句广泛出现在报道标题中。

　　4月，北京农业嘉年华活动继续受到舆论关注。《北京日报》4月18日报道称，园区已累计接待游客数量达到67.39万人次，实现总收入2 455万元。"第一书记'摆摊'农业嘉年华""第一书记讲致富故事""第五届'北京草莓之星'亮相农业嘉年华""让农业文化遗产活起来"等语句广泛出现在报道标题中。4月26日，北京市第九届农田观光季在房山天开花海启动，人民网、中国农业新闻网等媒体对北京推出的10个优秀农田观光点予以关注。人民网称，家门口赏花海，为市民提供京郊出游的好去处。4月30日，第二届醉美油菜花节在北京顺义区赵全营镇正式启动。农民日报新闻客户端、微信公众号"顺义旅游""兴农天力农业园"等平台对此予以报道。

首都农业走上高质量发展之路
北京打造农业科技高地

　　在实施乡村振兴战略的总框架下，在疏解整治促提升及农业"调转节"的

大背景下,北京持续深入推进农业结构调整,传统农业生产规模缩减趋势放缓,农业生态功能日益增强,都市型现代农业减量增效。据北京市统计局报道,2019 年一季度,北京市农林牧渔业总产值 38.4 亿元,同比下降 5%,农业种植业同比下降 3.4%,畜牧业同比下降 30.8%,渔业同比下降 34.8%,林业同比增长 46.3%。第一产业增加值同比下降 2.2%,扣除价格因素实际下降 6.4%。其中,怀柔区一季度实现农林牧渔业总产值 18 213.7 万元,同比增长 81.0%。内部结构形成了种植业及林业增长、养殖业下降的趋势。舆论称,绿色 GDP 留住美丽乡村,首都农业走上高质量发展之路。此外,北京农民闹春耕、都市菜农开春种菜忙,以及各区市场监管局开展农资市场检查等内容也被舆论关注。

4 月,北京在打造农业科技高地工作方面集中发力。4 月 1 日,第七届北京国际智慧农业装备与技术博览会在北京国家会议中心举行。《中国质量报》《中国贸易报》等媒体对展会上的科技农业智能装备、智慧农业高新技术、智能灌溉、温室园艺、农业物联网、植物工厂、智慧水务等各方面农业高新技术等内容予以关注。舆论称,北京智慧农业展为传统农业插上技术羽翼。8 日,《农民日报》发文《"变废为宝"筑牢首都农业绿色基石》,对北京市建立农业废弃物全量利用技术模式,在处理蔬菜废弃物、畜禽粪污、林果残枝等的优势予以详细解读。中国农业信息网、首都之窗网站等媒体转发该报道。19 日,北京市科委(北京市科学技术委员会)联合市农业农村局等单位,共同发布了《北京市农业科技园区发展规划(2019—2025 年)》,以深入推进农业供给侧结构性改革,实现北京乡村振兴的目标。《北京市农业科技园区管理办法(试行)》同时发布。《中国科学报》、中国农业新闻网等媒体对规划提出的 6 项重点任务、北京市农业科技园区发展存在的有利条件和机遇及面临的困难和挑战予以报道。舆论称,北京市将打造农业"高精尖"发展策源地。20 日,全国县域数字农业农村发展论坛举办,期间农业农村部发布《2018 年度全国县域数字农业农村发展水平评价先进县名单》,北京市丰台区、平谷区、昌平区位列其中;发布《2018 年度全国县域数字农业农村发展水平评价创新项目名单》,北京市平谷区、延庆区、怀柔区、朝阳区四区的智慧蛋鸡物联互通数字农业创新项目、"智慧沟域+信息进村入户"建设项目、怀柔区智慧乡村创新项目、朝阳区智慧乡村建设项目 4 个项目位列其中;发布《2018 年度全国县域数字农业农村发展水平评价工作优秀组织奖单位名单》,北京市城乡经济信息中心位列其中。27 日,平谷农业科技创新国际论坛在北京召开,人民网、新华网、《农民日报》等众多中央媒体对此予以关注,"打造'农业中关村'""瞄准世界农业科技前沿""建设具有全国引领作用及全球影响力的农业科技创新基地"等语句彰显舆论期待。

舆论持续关注北京生态环境治理工作

为加快解决农业农村突出生态环境问题,推动首都农村生态环境持续改善,3 月 29 日,北京市农业农村局、北京市生态环境局印发了《北京市落实〈农业农村污染治理攻坚战行动计划〉实施方案》,人民网、《农民日报》《北京青年报》等多家媒体在 4 月初对此予以集中关注。实施方案提出的加强农村饮用水水源地保护、扎实推进农村污水垃圾治理、持续推动农业污染防治、提升农业农村环境监管能力四方面近 20 项具体任务被舆论广泛报道。"两年内将清理 162 处非正规垃圾堆放点""一保两治三减四提升""力争完成约 1 500 个垃圾分类示范村创建工作""力争实现 99% 左右的行政村生活垃圾得到处理""全市主要农作物化肥利用率提高到 40% 以上""农药利用率提高到 44% 以上"等数字信息获得舆论集中关注。舆论称,此为农村污水处理新信号!北京新规梯次推进"美丽乡村"。

此外,北京市各区积极推进农村人居环境整治,打造美丽乡村的工作举措、成果、目标等也被舆论关注。综合媒体报道称,通州区召开农村人居环境整治及美丽乡村建设工作部署会,区领导调研农村地区"厕所革命",通州区漷县镇第一批 36 个村美丽乡村建设成果喜人;大兴区 2018 年"厕所革命"中42 座公厕的新建、改造工作全部完成,实现改厕大踏步、农村大变样,2019年将掀起新一轮"厕所革命",年内将建成"兴舍"29 座,建成 72 个美丽乡村;丰台区委书记汪先永,区委副书记张巨明等区领导两次到长辛店镇大灰厂村和王佐镇庄户村检查农村地区人居环境整治工作。

北京"脱低""扶贫"工作成绩喜人

低收入农户帮扶是北京市"三农"工作的重点,目前该项工作取得重要进展。据北京市统计局报道,2019 年一季度北京市低收入农户人均可支配收入4 001 元,同比增长 15.9%,比 2018 年同期增速提高 0.8 个百分点,低收入增收继续保持两位数快速增长。《农民日报》《北京日报》还关注了北京"六个一批"精准帮扶工作所取得的成果。"低收入村明年全'摘帽'""全面落实'一村一策、一户一策'"等语句广泛出现在报道标题中。4 月 29 日,北京召开全市第二批第一书记总结会暨第四批第一书记工作部署会，会上总结的"北京全市第一书记帮扶低收入村招商引资9.12亿元""帮助销售农产品360万公斤""解决低收入农户就业1979人""培育发展特色产业开发项目373个"等成绩获舆论认可。此外，北京市延庆区村企结对帮扶低收入农户、怀柔区"三剂良方"助力低收入户脱贫增收、房山区第一书记马国翠发展乡村特色产业等典型案例也被舆论关注。

在对口帮扶外埠地区脱贫方面，北京日接收河北康保县30多吨肉鸡产品助力产业脱贫、援助新疆力促201个深度贫困村"摘帽"、怀柔区总工会携手怀安县工会精准扶贫、顺义区代表团赴巴林左旗深入推进对口帮扶工作等工作举措、成绩、目标等被舆论报道。其中，24日举行的"2019脱贫攻坚公益直播盛典——直播消费精准扶贫北京光彩行活动启动晚会"获舆论重点关注。中国新闻网、长城网等多家媒体发文报道。来自北京市对口支援帮扶贫困县市的54种优质产品齐齐亮相，在各地县长和直播平台主播的共同助力下，3个多小时吸引超过160万网友观看，实现产品销售超300万元。微博账号@阿里巴巴公益发布的《4月24日北京首农双创中心大厦2019脱贫攻坚公益直播盛典，一起参与扶贫攻坚战》转载量近1.3万次。舆论称，"直播扶贫"北京启航。此外，丰台区"两区同建、三金扶贫"扶贫模式入选"大国攻坚 聚力扶贫——第二届中国优秀扶贫案例报告会"东西协作与定点扶贫十大优秀案例也被人民网、千龙网等多家媒体关注。舆论称，"丰台样板"助力脱贫攻坚。

【全国热点】

表5 4月热点新闻TOP10

排名	标题	来源	时间 （月-日）	转载
1	2019年重点强农惠农政策出台	农业农村部及 财政部官网	4-16	1792
2	为谁所有、归谁使用——自然资源资产产权制度改革要点解读	新华网	4-14	721
3	鸡蛋价格连涨五周 "火箭蛋"卷土重来了？	中国新闻网	4-26	647
4	价格一年暴涨超80%？辣椒为何"辣翻天"？	《工人日报》	4-3	565

（续）

排名	标题	来源	时间（月-日）	转载
5	我国将在中西部乡村中小学设立首席教师岗位	新华网	4-9	319
6	福建安溪信息产业园智能杀虫植保技术助力茶产业升级	中国日报网	4-29	317
7	富民产业 稳定脱贫有后劲	《人民日报》	4-8	309
8	为民生托底 让民心更暖	《人民日报》	4-2	291
9	2018年农产品网络销售额达3 000亿元	新华网	4-21	286
10	中国共产党河南省第十届委员会第九次全体（扩大）会议召开	《河南日报》	4-29	282

"一带一路"农业合作不断深化
丰硕成果备受瞩目

2019年4月25～27日，第二届"一带一路"国际合作高峰论坛（以下简称"高峰论坛"）在北京举行，引发国内外舆论高度聚焦。作为"一带一路"建设的重要领域，农业国际合作也是热点议题。在高峰论坛开幕式上，习近平主席强调的"我们还将深化农业、卫生、减灾、水资源等领域合作"备受关注。《农民日报》说，习近平主席的主旨演讲为农业合作注入了发展动能，令从事和关注农业国际合作的人们鼓舞振奋。高峰论坛期间，韩长赋部长在"境外经贸合作区分论坛"上就农业国际合作提出3点建议，屈冬玉副部长在"民心相通分论坛"上表示"中国将继续加强与沿线国家的农业合作"，引发与会代表的广泛共鸣。舆论表示，"一带一路"倡议提出以来，农业国际合作不断深化，已成为沿线国家共建利益共同体和命运共同体的最佳结合点之一，得到了政府、企业、民众的广泛认同，这意味着在政策协调、政府间沟通协作等方面将会越来越强，农业合作的道路也将越来越顺畅。

同时，"一带一路"农业合作取得的丰硕成果引发多角度报道。有媒体通报了宏观大数据，称我国与"一带一路"参与国农业投资合作项目657个，存量超94亿美元。有媒体介绍了突出亮点，称我国"绿色超级稻"造福"一带一路"18个国家和地区；菌草技术是"一带一路"上的绿色农业典范，在联合国获得广泛好评。有媒体关注了农业科技合作的辐射效应，称中国·苏丹农业合作开发区、塔吉克斯坦·中国农业合作示范园、柬埔寨·中国热带生态农

业合作示范区等境外园区在推动农业产业发展、促进当地就业增收等方面发挥了重要作用；中国农业专家筛选高产稳产品种、建立试验示范基地、培训管理技术人员，书写了"一带一路"农业合作的佳话。有媒体关注了农业贸易合作呈现的互利互赢，称智利车厘子、埃及甜橙、土耳其葵花籽油、哈萨克斯坦羊肉等沿着"绿色通道"便捷地进入我国，我国的农产品也凭借"一流的商品、一流的包装"受到阿联酋、马来西亚等国民众的青睐，"一带一路"让"吃遍全球"不再是梦想，让人们的后厨和餐桌成了小小的"联合国"。还有舆论展望了广阔前景，称沿线大部分国家对解决饥饿和贫困问题、保障粮食安全与营养的愿望仍然强烈，我国与"一带一路"沿线国家进行优势互补，必将结出更加丰美的果实，必将惠及更多的参与国人民。

舆论积极关注全国县域数字农业农村发展论坛举办

4月20日，全国县域数字农业农村发展论坛成功举办。其间发布了我国县域数字农业农村发展相关的水平评价、信息消费等4个报告，推介了县域数字农业农村发展的先进县和创新项目，并邀请10个县市做经验分享。对此，新华社、人民网等媒体展开全媒体宣传，新华社客户端发出的相关报道，阅读量达到55万次。此次论坛的举办意义广受肯定，舆论称其全面盘点了我国县域数字农业农村发展的家底，为探索县域数字农业农村发展提供了清晰思路，经过总结经验，提取精华，我国县域数字农业农村的发展之路将会更加光明开阔。

同时，我国县域数字农业农村发展的总体情况成为热点话题。农业农村部党组成员唐华俊在论坛讲话时提出的"数字农业农村的主阵地在县域""建设数字农业农村要以农业供给侧结构性改革为主线"等被广泛援引。《2019全国县域数字农业农村发展水平评价报告》中的相关数据也引发集中报道。舆论认为，我国农业农村信息化整体还处在初级阶段，滞后于农业的化学化、水利化、机械化，且区域发展不平衡，乡村信息化任重道远。还有舆论说，县域是数字农业农村的主阵地，其政策落实和支持力度对于数字农业农村发展至关重要，"互联网＋农业"大势下的政策红利和市场前景已经让创业者站在风口，基层实践带来的智慧、经验和创新将为农业农村的数字化转型带来积极促进作用。

执笔人：韩姣

5月"三农"网络舆情分析报告

【舆情概况】

据监测，2019年5月北京"三农"网络舆情信息量共计 19 919 条，较 4 月增加 716 条。其中，微信舆情信息量 6 425 条，占舆情总量的 32.26%，涉及的微信公众号有北京交通广播、大兴这些事儿、昌平圈等；微博消息 4 906 条，占 24.63%，涉及的主要微博账号有北京人的那些事、北京生活热门资讯、财经网等；新闻媒体舆情信息量 4 768 条，占 23.94%，涉及的网络媒体有人民网、新华网、中国新闻网等，涉及的报刊媒体包括《农民日报》《北京日报》《北京青年报》等，涉及的电视媒体包括央视《第一时间》、北京卫视《北京新闻》《北京您早》等；客户端文章 2 767 条，占 13.89%；论坛帖文 1 036 条，占 5.20%；博客帖文 17 条，占 0.08%（图1）。

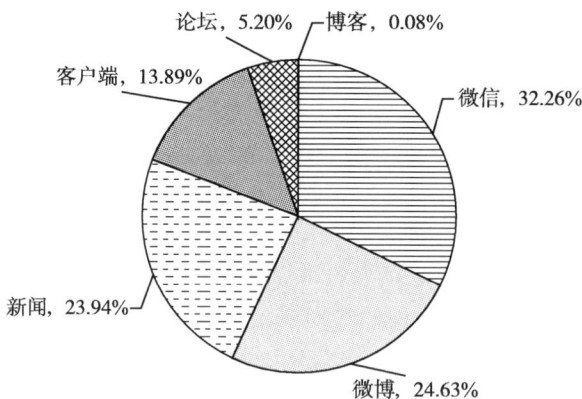

图1　5月北京"三农"舆情传播渠道

新闻舆情方面，5月整体走势起伏明显。5月20日新闻舆情信息量达 235 条，成为本月新闻舆情峰值（图2）。当日热点新闻有：《北京日报》发文《百蔬园：5万余盆羽衣甘蓝华美亮相》，央广网、中国农业信息网等媒体转载 34 次；《北京日报》发文《百余"黑科技"通州赶大集》，人民网、新华网等媒体转载 20 次。此外，《北京：冰雹之后大风来袭蔬菜顺风倒》《北京百蔬园里一窥万年蔬菜史》

《2019 年全国科技活动周暨北京科技周启动》等报道也在当日被大量转发。在各大主题领域中，有关"都市型现代农业"的新闻数量最多，占比达 23.49%（图 3）。主要新闻有《北京农业嘉年华两月迎客 110 万》《世园会百蔬园里一窥"蔬菜史"可观赏到 100 多个品种》等。从全月新闻媒体报道内容看，世园会百蔬园展区是舆论关注的重点，新闻排行榜 TOP10 中有 3 条信息与之相关。此外，北京大兴西瓜节、牛奶文化节、农业嘉年华及通州樱桃受灾等内容也备受关注（表 1）。

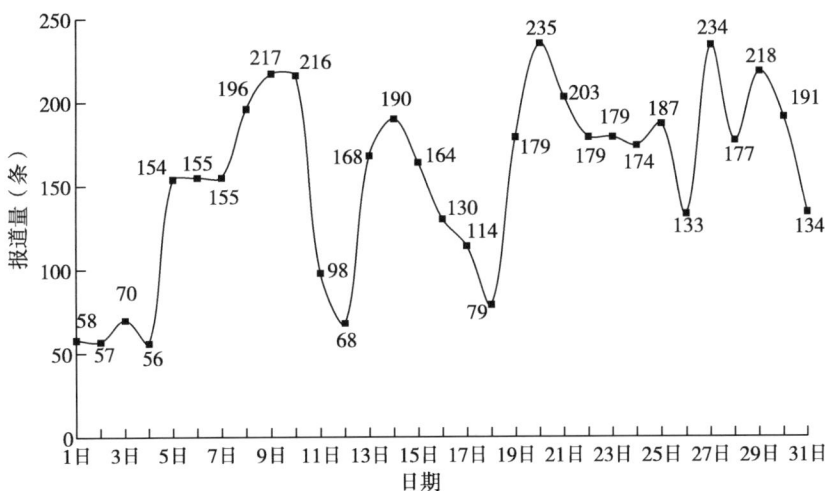

图 2　5 月北京"三农"新闻舆情走势

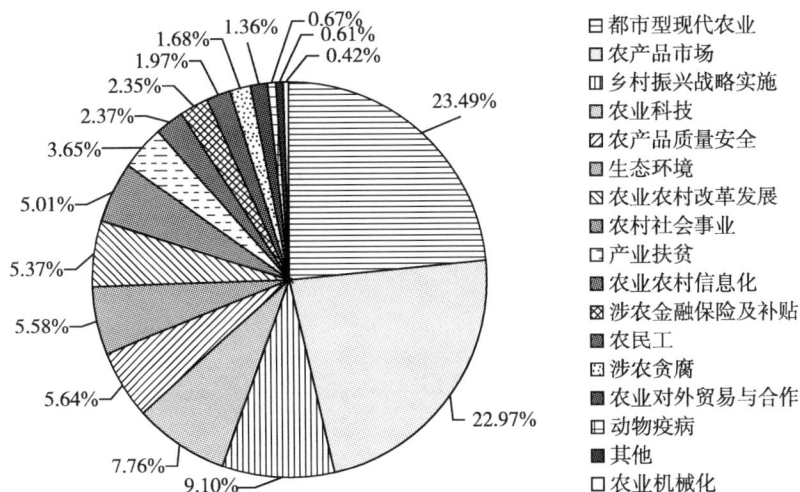

图 3　5 月北京"三农"新闻舆情话题分类

微博方面，5 月舆情走势起伏明显，舆情峰值同样出现在 5 月 20 日，当日微博信息量达 243 条（图 4）。主要微博主题有《百果百草百蔬，世园会"三百园"里有人间至味》《通州沙古堆樱桃被冰雹砸坏》《全国科技活动周暨北京科技周启动》等。各大主题领域中，有关"都市型现代农业"领域微博数量最多，占比达 35.38%（图 5）。主要微博主题有《百蔬园：创"艺"农场乐享家园》《百蔬园有个百亿元的种菜生意》《北京百蔬园展出"果蔬树"》《冰雹重创通州万亩樱桃园》等。从内容上看，水果价格上涨是微博网民关注的重点，微博排行榜 TOP10 中有 4 条信息与之相关。北京大兴西瓜节也备受关注，微博排行榜 TOP10 中有 3 条信息与之相关。此外，北京农业嘉年华、通州樱桃受灾等内容也被微博网民关注（表 2）。

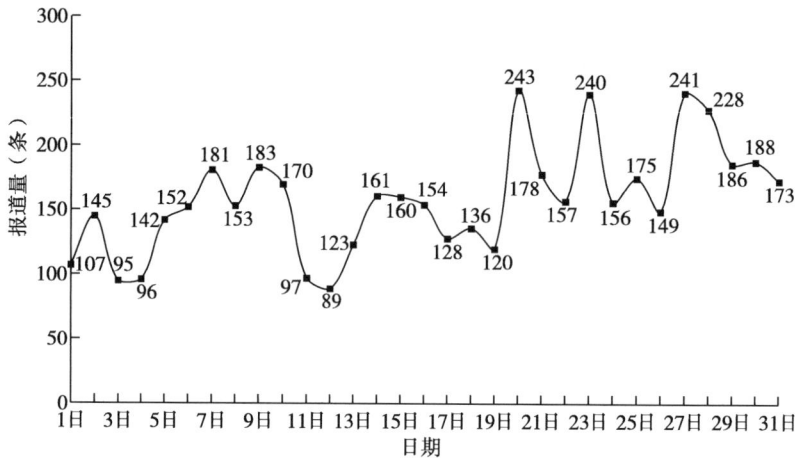

图 4　5 月北京"三农"微博舆情走势

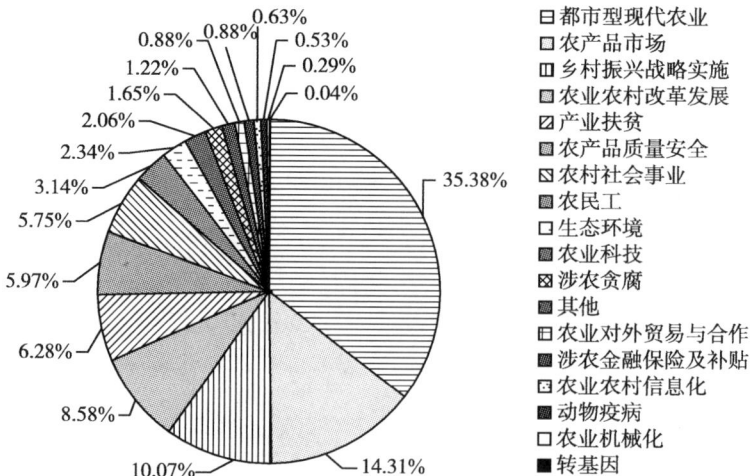

图 5　5 月北京"三农"微博舆情话题分类

微信方面，网民关注点主要集中在北京农业嘉年华、大兴西瓜节、水果价格上涨等方面。此外，北京牛奶文化节等话题也被关注（表3）。论坛方面，农作物受灾相关信息被重点关注，论坛排行榜 TOP10 中有 3 条信息与之有关。此外，农业科技、乡村民宿等话题也被论坛网民关注（表4）。

【热点排行】

表1　5月北京"三农"热点新闻 TOP10

排名	标题	来源	时间（月-日）	转载
1	北京提出农业农村科技工作"四个转变"	《农民日报》	5-5	64
2	北京农业嘉年华两月迎客 110 万	《北京日报》	5-14	52
3	首届"北京牛奶文化节"在京启动，三元助力健康新生活	中国经济新闻网	5-14	52
4	全国上千个瓜品在北京大兴"打擂"80.06 公斤"瓜王"诞生	中国新闻网	5-25	42
5	首届"北京牛奶文化节"在京启动	中国食品安全网	5-8	38
6	西瓜上擂台	新华网	5-25	37
7	百蔬园：5 万余盆羽衣甘蓝华美亮相	《北京日报》	5-20	34
8	世园会百蔬园里一窥"蔬菜史"可观赏到 100 多个品种	《北京青年报》	5-19	31
9	通州樱桃受灾减产采摘价未涨	《北京日报》	5-21	31
10	探寻北京世园会里的"科技密码"	《农民日报》	5-1	22

表2　5月北京"三农"热点微博 TOP10

排名	标题	账号	时间（月-日）	转发	评论
1	我们去了农业嘉年华	欢子	5-6	3199	2132
2	北京水果涨价　北京市民：最大程度减少水果的摄入	北京热门全搜罗	5-16	626	317
3	在北京新发地果品批发市场，王大爷刚选购的一箱苹果，花了 200 元，比去年贵了一倍	北京人的那些事	5-23	575	477

（续）

排名	标题	账号	时间（月-日）	转发	评论
4	80.06 公斤！全国"瓜王"诞生　可能比你还沉	北京生活热门资讯	5-25	510	513
5	北京批发市场：水果价格大涨 7 成！一周涨幅就达 10%，这究竟是怎么了？	财经网	5-9	506	458
6	北京的水果涨价了吗？	北京热门头条资讯	5-22	452	455
7	北京通州遭遇大冰雹袭击　冰雹重创通州万亩樱桃园	北京人北京事儿	5-19	230	75
8	第 31 届北京西瓜节今天在大兴新城体育中心隆重开幕！	凌子看世界	5-28	129	123
9	会恋爱的大樱桃比蜜甜，西集大樱桃最好吃	凌子看世界	5-26	122	26
10	大兴西瓜擂台赛 80.06 公斤京欣 8 号夺"瓜王"！	北京人北京事儿	5-25	111	9

表3　5月北京"三农"热点微信 TOP10

排名	标题	公众号	时间（月-日）	阅读量	点赞
1	近期北京水果价格持续上涨！原来是因为这个！	北京交通广播	5-21	16 271	195
2	大兴西瓜免费吃了！	北京农商银行 e 服务	5-24	11 000	0
3	2019 年大兴"瓜王"诞生！估计许多人都没它沉	大兴这些事儿	5-25	11 000	0
4	北京农业嘉年华闭幕倒计时！抓紧去打卡	昌平圈	5-5	8 240	22
5	今年西瓜节开始咧！这次庞各庄镇的颜值更爆表	大兴这些事儿	5-31	5 331	29
6	首届"北京牛奶文化节"在京启动，三元助力健康新生活	三元食品	5-8	5 227	1
7	难说再见：第七届北京农业嘉年华圆满闭幕！	北京农业嘉年华	5-12	3 223	35
8	平谷又迎来一大科技工程项目！	平谷圈	5-29	2 981	0

（续）

排名	标题	公众号	时间 （月-日）	阅读量	点赞
9	北京扶贫支援地区优质文旅产品进驻北京精品超市	文旅北京	5－6	2 752	14
10	首届"北京牛奶文化节"在京启动　引领牛奶消费新时代	食品时报	5－8	2 103	0

表4　5月北京"三农"热点网帖TOP10

排名	标题	来源	时间 （月-日）	点击	回帖
1	昌平渔政2019年苗种监管工作圆满完成	京华论坛	5－15	24 031	0
2	平谷西柏店"京秀"小西瓜，走红"五一"假期	京华论坛	5－10	23 654	0
3	冰雹之后大风来袭　葡萄折枝蔬菜顺风倒	京华论坛	5－19	22 684	0
4	2019北京精品民宿发展论坛暨门头沟区民宿项目推介会举办	京华论坛	5－10	15 580	0
5	百余"黑科技"通州赶大集	京华论坛	5－20	15 561	0
6	冰雹重创北京通州万亩樱桃园　果农眼泪止不住地流	京华论坛	5－18	13 326	0
7	投资188万，顺义这村迎新变化！预计6月底竣工	望京社区	5－30	12 950	1
8	怀柔快讯｜我区2019年农村饮水健康行动项目6月开工	京华论坛	5－15	12 808	0
9	冰雹重创通州万亩樱桃园，果农心痛落泪	八通社区	5－20	12 768	8
10	顺义这个涉及9个村的大项目开工啦！	望京社区	5－27	12 087	1

【热点分析】

舆论聚焦世园会"百蔬园"的"三百"特色
第七届北京农业嘉年华成果丰硕

5月，世园会百蔬园展馆再次引发舆论聚焦。百蔬园突出当代农业科技与创意文化融合,着重打造百个品种、百项技术、百场活动的"三百"特色被各类媒体广泛传播转载。百个品种方面,123 个品种 26.3 万盆的各色蔬菜成为舆论关注的重点。"菜比花娇""人间至味""蔬菜'跨界'艺术""网红菜""'稀奇古怪'的蔬菜"等新鲜热词出现在报道标题中。羽衣甘蓝、袖珍黄瓜、奇异茄子、彩色花椰菜、五彩番茄、观赏辣椒、鸡蛋茄、观赏南瓜等各种蔬菜的相关内容见诸报端。微博账号"@北京农业"连发多篇微博介绍百蔬园时令蔬菜。《中国贸易报》称,百蔬园展现了人类发现和认知蔬菜的历史进程,为观众呈现了一部"万年蔬菜史"。《北京晚报》称,百蔬园唤起舌尖上的北京记忆。百项技术方面,百蔬园中展示的人工光型植物工厂、叶菜工厂化多层立体栽培模式、智能环境监测、水肥一体化、无土栽培等北京先进的农业生产科技被舆论广泛报道。《农民日报》称,百蔬园是现代农业科技的缩影,是美丽田园乡村的写照,将向世界展示我国飞速提升的蔬菜生产技术,展示我国人民以蔬菜艺术为代表的美好生活和优雅品味,展示北京乃至全国蔬菜人的成就和贡献。北京日报客户端称,百蔬园除了田园风情还有"黑科技"。百场活动方面,世园会期间,百蔬园共策划了蔬菜主题日、蔬菜花艺课堂、食育中国等 103 场活动,引发舆论关注。

　　5 月 12 日,为期 58 天的第七届北京农业嘉年华完美收官,舆论对此积极关注。北京卫视《北京新闻》《北京您早》《首都经济报道》等栏目对此予以播报。《农民日报》《新京报》《北京日报》、人民网、中国农业新闻网等多家媒体对此予以关注。农业嘉年华所取得的成绩成为舆论关注的重点。"成果丰硕""完美收官"成为舆论报道的关键词。"两月迎客 110 万""累计实现总收入 4 333.39 万元""清明小长假期间单日最高达 8.86 万人次""累计带动周边农户及区域民俗游实现总收入 2.47 亿元""周边各草莓采摘园接待游客量达 253 万人次""销售草莓 195 万公斤,实现收入 1.004 亿元""昌平区民俗旅游接待游客 55.72 万人次,实现收入 1.03 亿元"等数字信息获得舆论集中关注。中国农业新闻网报道称,2019 年北京鑫城缘果品专业合作社与北京农业嘉年华合作,直接带动了兴寿镇 9 个自然村 100 余农户通过采摘销售草莓。嘉年华开幕 1 个月的时间,该合作社主园区采摘销售草莓 1 吨左右,收入高达约 30 万元,通过合作社集中签约并将游客分派给农户,带动周边农户采摘销售草莓 10 吨,提高周边农民收入达 100 万元。

　　此外,5 月 19 日,2019 全国科技活动周暨第九届北京(通州)国际都市农业科技节开幕活动在北京国际都市农业科技园召开,舆论对此予以关注。

"新技术 80 余项""设备 136 项""品种 658 个""五大板块亮出通州科技创新活力"等内容被舆论集中关注。舆论称，百余"黑科技"通州赶大集。

舆论关注北京蔬菜、水果价格波动

5 月，全国农产品市场价格波动受到舆论关注，其中北京农产品价格变化成为舆论着墨的重要方面。央视财经频道《第一时间》、北京卫视《北京您早》等电视栏目，央视网、长城网、新浪网等网络媒体对此予以报道。蔬菜方面，"'五一'节后蔬菜价格回落""菜价下降近一成""蔬菜平均批发价格下降明显""冬瓜价格一周下降四成多"；水果方面，"苹果和梨批发价翻倍""水果价格同比涨五成以上""水果批发价格同比涨七成"等价格信息广泛出现在报道标题中。从报道情况看，农产品市场整体呈蔬菜价格下降、水果价格上涨的特点。舆论对北京农产品价格波动的原因进行分析报道。"气温趋稳""菜价季节性下降""蔬菜价格进入季节性下降区间""叶菜上市充足""水果涨价背后的供需之变"等内容被舆论集中关注。北京新发地市场统计部经理张君华称，新发地市场目前的水果价格比 2018 年同期上涨了 78％左右，上涨的主要品种包括猕猴桃、梨、苹果，还有柑橘类。2018 年受主产区大范围冻害影响，全国苹果减产 25％左右，梨减产 20％左右，导致商户库存量大幅下滑，拉高了苹果和梨的价格。此外，除了产量减少，进入 4 月以来，天气迅速变热，导致水果的需求量陡增，价格居高不下。

大兴 80.6 公斤"瓜王"吸睛
首届"北京牛奶文化节"在京启动

5 月 28 日晚，第 31 届北京大兴西瓜节开幕式在大兴体育中心正式开幕。舆论对此积极关注。北京卫视《北京您早》《都市晚高峰》《特别关注》等栏目对此予以播报。新浪微博设立的"大兴西瓜王 160 斤*""北京大兴西瓜节"2 个微话题合计阅读量达 23.1 万次。人民网、北青网等媒体对大兴西瓜节的活动主题、开幕式上的文艺表演等内容予以报道。舆论称赞，新国门下新大兴，瓜节点亮新生活。《北京青年报》称，北京大兴西瓜节将插上腾飞的翅膀，联通世界，传播美丽。期间，西瓜擂台赛上诞生的 80.06 公斤"瓜王"是舆论关注的焦点。"全国上千个瓜品在北京大兴'打擂'""'瓜王'打擂台""80.06 公

---

* 斤为非法定计量单位，1 斤＝0.5 千克。——编者注

斤'瓜王'诞生""80.06公斤京欣8号夺魁""全国'瓜王'诞生可能比你还沉""80公斤瓜王引人注目""'瓜王'创新纪录"等语句大量出现在报道标题中。网民也纷纷发表评论,为"瓜王"点赞。此外,大兴庞各庄西瓜的种植面积、产量等内容也被舆论关注。"全镇西甜瓜种植面积达2.5万亩""年产量9 000万公斤""年销售收入2.1亿元"等数字信息被舆论广泛报道。

5月8日,以"新时代、新奶业、新生活"为主题的首届"北京牛奶文化节"在北京宣布正式启动。新华网、中国网、《农民日报》等多家中央媒体对此予以报道。"未来奶业高峰论坛""'一杯牛奶的故事'征文活动""走进校园开展乳品知识讲座""牛奶文化节嘉年华活动""北京牛奶文化节回馈消费者活动""牛奶科普进社区、进学校活动"等系列活动被舆论集中关注。新华网等媒体报道称,截止到2019年年底,将举办不少于300场的牛奶科普进社区、进校园活动,媒体传播科普知识覆盖1 000万人次以上。舆论称,北京为奶业振兴做了一件大好事。此外,北京奶业发展现状及北京人奶品消费情况等内容也被舆论关注。"北京有55个牧场""75 000头奶牛""14家品牌加工企业""生产能力100多万吨""产奶量37万吨""北京人均喝奶提高125倍"等数字信息被多次提及。

北京持续加大生态环境建设力度　打造美丽乡村

5月,北京市领导对北京农村生态环境建设工作高度重视。市委书记蔡奇、市长陈吉宁等主要领导先后到房山区、通州区等地调查研究生态环境建设工作进展,并提出工作要求。人民网、《北京日报》等媒体对此予以报道。5月28日,市委召开5月区委书记月度工作点评会,平谷、密云、延庆3个区依次汇报工作,市委书记蔡奇现场点评。"平谷区农村人居环境整治进展良好""黑臭水体整治全部完成""启动1 300个村的村庄规划编制工作""延庆区农村人居环境整治等方面仍存不足"等内容被舆论集中关注。5月21日,《北京日报》还公布了《一季度首都环境建设月检查结果和排名靠后街乡镇名单》,首都之窗等媒体对此进行转发。此外,北京市各区积极推进农村人居环境整治、建设美丽乡村的工作举措、成果、目标等内容也被舆论关注。"海淀区开办美丽乡村建设专题培训班""丰台区建立多重机制推进农村人居环境整治""密云76个美丽乡村污水治理及供水工程陆续开工""顺义区120个村通过市美丽乡村验收""怀柔区继续实施农村地区村庄住户'减煤换煤'工作"等内容被舆论广泛报道。

北京风雹灾害　农作物损失严重

5月17~20日，北京地区持续遭受冰雹、暴雨、大风等自然灾害，通州、顺义、门头沟、房山、大兴等8个区农作物受损严重。北京延庆区延庆镇杏树、延庆前黑龙庙村葡萄藤、通州区樱桃园、海淀区梁之悦品有机农庄露地蔬菜等农作物不同程度受灾。华夏时报网5月23日报道称，截至5月20日17时，北京地区农业保险报案430起，受灾农田5.5万亩，出险农户4 800户，估损金额近5 000万元。其中，通州区樱桃园受灾严重，舆论对此予以重点关注。"通州沙古堆樱桃树遭灾严重""仅冰雹造成损失超过2 000万元""冰雹重创通州万亩樱桃园""通州沙古堆樱桃雹灾严重部分农户绝收""西集樱桃遭遇冰雹袭击""西集樱桃连遭三灾""西集樱桃遭灾减产近三分之二""正佳生态农业园的樱桃减产了60%左右"等受灾信息被舆论集中报道。北京市多措并举，降低果农损失、保证樱桃受灾不涨价等内容也获得舆论关注。据《北京晚报》报道，通州西集镇采取保护价收购等多种方式将果农的损失降至最低；农林部门还将农业和林业专家请至西集镇，对果农进行救灾实地辅导。"通州樱桃受灾减产采摘价未涨""多措赈灾力保上市樱桃不涨价""保险公司已到果园调查"等语句广泛出现在报道标题中。

【全国热点】

表5　5月热点新闻TOP10

排名	标题	来源	时间（月-日）	转载
1	习近平主持召开中央全面深化改革委员会第八次会议强调　因势利导统筹谋划精准施策	新华网	5－29	1 639
2	我国将全面建立统一的城乡居民医保制度	新华网	5－13	754
3	《习近平关于"三农"工作论述摘编》出版发行	新华网	5－5	661
4	"蒜你狠"又来了？专家：蒜价走高是恢复性上涨	中国经济网	5－28	564
5	大病保险报销比例提高到60%	《人民日报》	5－12	413
6	新长征路上继往开来再出发	《人民日报》	5－24	337
7	速看！你的户口、土地、收入将发生这些变化……	中国新闻网	5－7	314
8	2019年城乡居民基本医保解读：补助提高，范围扩大	新华网	5－15	294

（续）

排名	标题	来源	时间 （月-日）	转载
9	革命理想高于天，习近平赴江西考察这些话深入人心	人民网	5-23	283
10	生态天津 绿色发展——津沽大地崛起"绿巨人"	新华网	5-5	255

水果价格上涨引发高热舆情
政府部门权威回应成为"定心丸"

5月上旬以来，"水果价格上涨"成为网络高频语句。"荔枝一斤60元""西瓜一个80元""4个苹果22元"等现象引发舆论热烈围观。"水果价格大涨七成""苹果价格创十年新高"等消息接连登上社交媒体热搜榜，"好荔害""苹什么"成为新的网络流行语，新浪微话题"荔枝自由"的阅读量达到2.4亿次。水果价格"唱高调"引舆论连连吐槽，"吃不起"成为主要表达。有网民感慨，按斤买水果已成过去时，初夏的味道只有钱包知道。有网民自嘲，只有"996"的福报和喝凉水的自由。有网民调侃，苹果太贵削皮就是浪费。还有网民在新闻跟帖中评论的"水果贵如黄金吃不起"，获得了6.5万次的点赞量。水果价格上涨不断推高的舆情热度引发多角度解读。有舆论认为，持续热炒的"水果自由"，一方面是因为对民生问题的关注，水果价格明显走高的确给人们的现实生活带来了可见可感的压力；另一方面也反映出了精品水果、高端水果消费需求的提高，公众也因此对水果价格变化更为敏感。也有舆论认为，这是"傲娇型哭穷"的网络文化现象，大部分网民所表达的"吃不起"并非真的吃不起，只是通过一个又一个的"梗"和段子竞相表达自己的幽默，在一波又一波的吐槽和互动中释放压力、获得参与感和快乐。

水果价格上涨受到国务院和有关部门的高度重视。5月下旬，李克强总理在山东济南考察时特别询问了水果价格情况。6月5日，国务院常务会议对"保障水果蔬菜等鲜活农产品供应"等做出重要部署。对此，舆论表示，总理12天两度关注水果价格，"吃瓜"群众可以放心了。同时，农业农村部、国家统计局、商务部等有关部门也对水果涨价原因及未来趋势发布权威解读，其中的"极端天气影响""季节性短期冲击""不会持续高位""农产品供给有保障"等重点内容被大量传播，新浪微博中相关微话题的阅读量突破4亿次。有舆论

称有关部门的回应是"定心丸",认为水果价格有起伏,无须过度担忧,要相信市场力量,相信"有形之手"。此外,还有舆论认为,高端水果品类占比提升、水果产销环节精品化升级等也是推动水果上涨的重要因素,未来随着我国经济消费结构的变化,果蔬、肉蛋等农产品价格在物价中的影响将越来越大,其价格变动和经济形势的联系将会更为紧密,需要有关部门因势利导、精准引导。

执笔人:王晓丽

6月"三农"网络舆情分析报告

【舆情概况】

据监测，2019 年 6 月北京"三农"网络舆情信息量共计 19 362 条，较 5 月减少 557 条。其中，微博消息 5 629 条，占舆情总量的 29.07%，涉及的主要微博账号有北京发布、北京每日新鲜事、北京生活热门资讯等；微信舆情信息量 5 154 条，占 26.62%，涉及的微信公众号有通州小兵、房山那些事儿、顺义旅游等；新闻媒体舆情信息量 4 497 条，占 23.23%，涉及的网络媒体有人民网、新华网、中国新闻网等，涉及的报刊媒体包括《农民日报》《北京日报》《北京青年报》等，涉及的电视媒体包括北京卫视《北京新闻》《北京您早》等；客户端文章 3 081 条，占 15.91%；论坛帖文 946 条，占 4.89%；博客帖文 55 条，占 0.28%（图 1）。

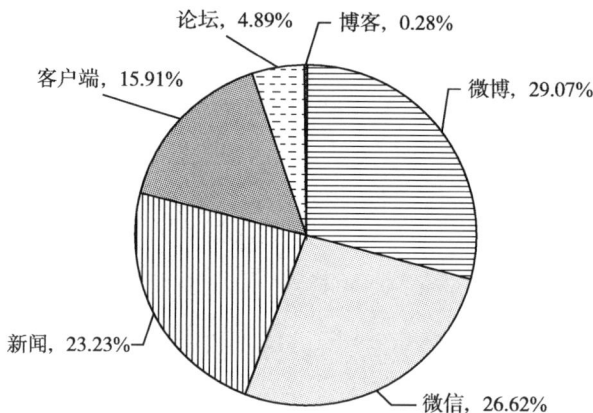

图 1 6 月北京"三农"舆情传播渠道

新闻舆情方面，6 月舆情走势起伏明显，整体波动较大。6 月 25 日新闻舆情信息量达 272 条，成为 6 月新闻舆情峰值（图 2）。当日转载较多的新闻有《北京每年整治 1 000 个村庄人居环境》《怀柔区庙城镇开展农村党员"门前三包"活动》《通州区第一批 112 个村庄通过美丽乡村市级验收》《通州开展农村人居环境整治督查活动》等。在各大主题领域中，有关"农产品市场"的新闻数量最多，占比达 25.04%（图 3）。主要新闻有《京产玉米"京白甜"抢先上市》《"休闲平谷　杏福生活"——2019北寨红杏采摘节今天开幕》《5月北京CPI同比上涨1.8%　鲜瓜果价格处历史高位》等。从全月新闻媒体报道内容看，关注点较为广泛，新闻排行榜 TOP10 中涉及治理村霸、水果价格上涨、农产品丰收上市、对口扶贫、农村人居环境整治等多个方面（表1）。

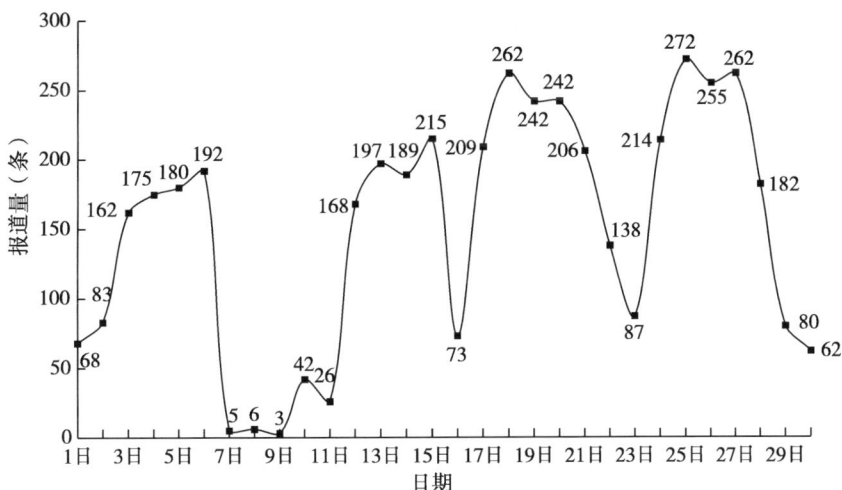

图2　6月北京"三农"新闻舆情走势

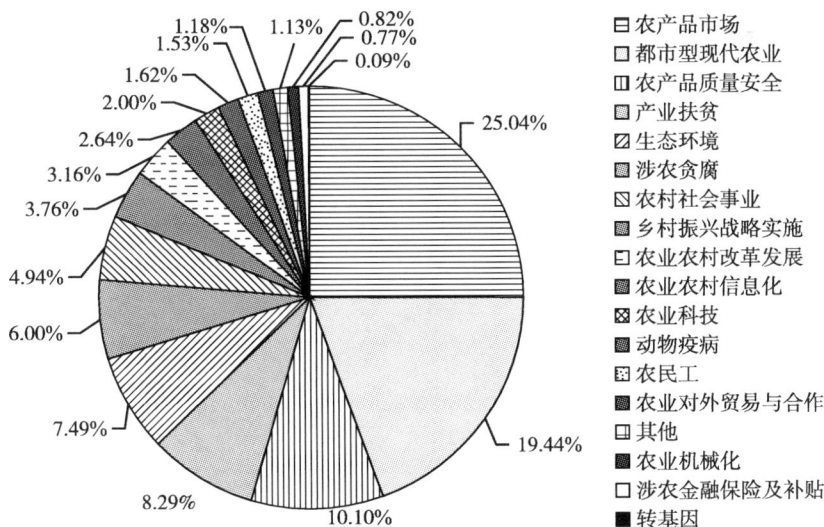

图3　6月北京"三农"新闻舆情话题分类

微博方面，6月舆情走势起伏明显，舆情峰值出现在6月28日，当日微博信息量达257条（图4）。主要微博主题有《蔡奇来到北京最西端的深山村》《北京扶贫协作考核成绩居全国前列》《百种时令蔬菜——芹菜：食用价值》等。各大主题领域中，有关"都市型现代农业"领域微博数量最多，占比达 32.62%（图 5）。主要微博主题有《北京三环 150 亩麦田迎来大丰收　所产麦子基本不卖》《我区多措并举推进"三夏"工作》《3 000 个蔬菜新品种亮相北京通州》等。从内容上看，水果、粮食丰收是微博网民关注的重点，微博排行榜 TOP10 中有 3 条信息与之相关。此外，北京美丽乡村、支持农村妇女创新创业等内容也被微博网民关注（表 2）。

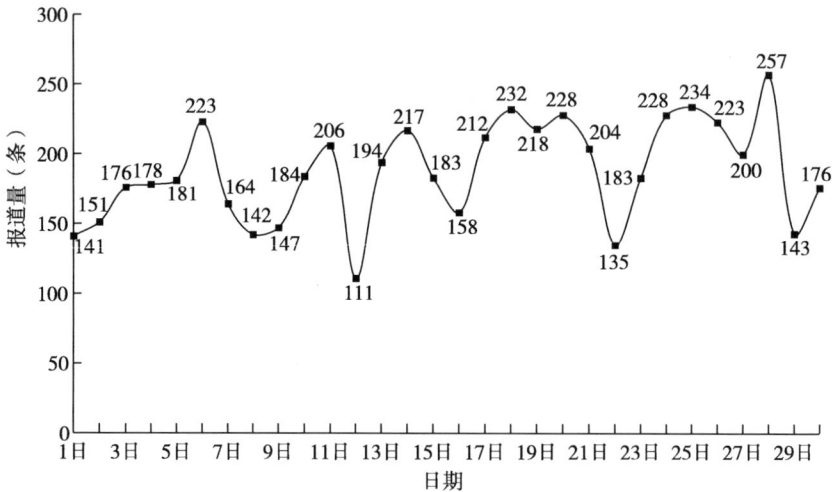

图 4　6 月北京"三农"微博舆情走势

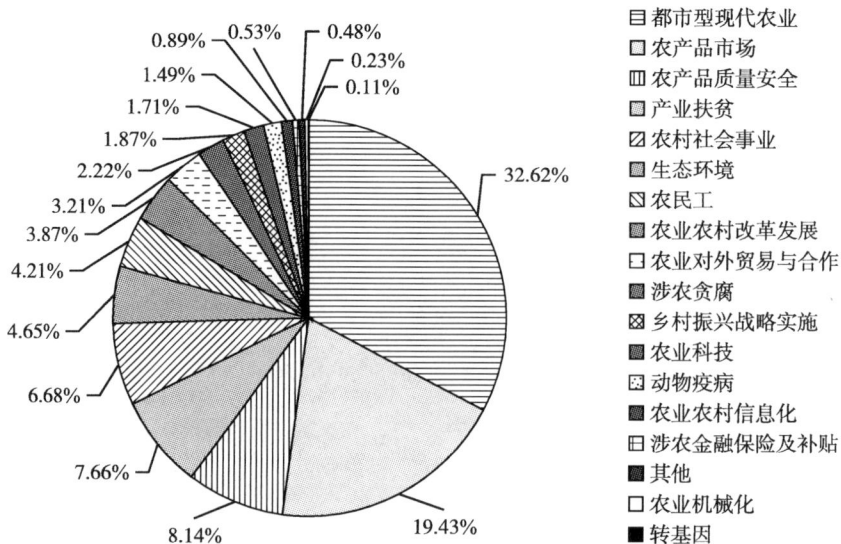

图 5　6 月北京"三农"微博舆情话题分类

　　微信方面，网民关注点主要集中在北京各村落征迁安置及乡村规划等内容，微信排行榜 TOP10 中 7 条信息与之相关。此外，顺义樱桃、北寨红杏等农产品丰收内容也被关注（表3）。论坛方面，网民关注点较为广泛，涉及北京美丽乡村建设、对口帮扶、发展民宿等多个话题（表4）。

【热点排行】

表1　6月北京"三农"热点新闻 TOP10

排名	标题	来源	时间（月-日）	转载
1	海淀法院受理刘建军等人涉嫌黑社会性质组织犯罪案	北京法院网	6-10	57
2	5月北京 CPI 同比上涨 1.8% 鲜瓜果价格处历史高位	中国新闻网	6-13	52
3	京郊：12 万亩小麦丰收	《北京日报》	6-24	45
4	本市开展农作物种质资源普查与收集	《北京日报》	6-27	42
5	京冀签订扶贫劳务协作协议	《北京日报》	6-21	36
6	3 000 余个蔬菜新品种亮相通州	《北京日报》	6-12	32
7	"京味"西甜瓜香飘百蔬园	《农民日报》	6-18	24
8	北京实施水产养殖用药减量行动	《中国渔业报》	6-3	20
9	燕山深处红杏香甜	新华网	6-19	19
10	北京每年整治 1 000 个村庄人居环境	《农民日报》	6-24	18

表2　6月北京"三农"热点微博 TOP10

排名	标题	账号	时间（月-日）	转载	评论
1	北京顺义楼台村，千亩葵花海已盛开，等你来！	影像视觉杨	6-25	1 088	500
2	探访中国西瓜之乡：整个村都是西瓜元素，还发明了西瓜宴	北京生活热门资讯/北京每日新鲜事	6-15	947	942
3	浓烟冲天！北京平谷村民燎荒引发山火，当事人已被控制	北京生活热门资讯	6-25	531	326
4	"社区的力量"消费扶贫攻坚战专项活动在北京召开	爱奇艺	6-20	416	207

（续）

排名	标题	账号	时间（月-日）	转载	评论
5	北京郊区是传统水果产区，又有国家和本市高水平农业科学研究机构的支持	范志红_原创营养信息	6-15	125	279
6	韩村河是京郊著名的建筑之乡/美丽乡村十大创建模式典型/全国农业旅游示范点	背包客的笔记	6-28	105	50
7	北京五年投入7 340万支持农村妇女创新创业	湾区大佬	6-17	18	57
8	红杏熟了 平谷北寨红杏已成熟下树	气象北京	6-18	17	24
9	北三环原来还藏着一块儿"最美麦田"	北京发布	6-13	12	15
10	陇南绿色优质农特产品亮相甘肃农产品北京展销推介会	陇南礼县发布	6-24	11	1

表3　6月北京"三农"热点微信 TOP10

排名	标题	公众号	时间（月-日）	阅读量	点赞
1	猛料！通州这些村规划分类定了！快看看有没有你家	通州小兵	6-24	28 393	88
2	这些村要拆70多万米²！通州这个镇大动作继续！	通州八通网	6-15	28 053	134
3	定了！通州这16村的前途命运公开规划了	通州国	6-16	26 106	80
4	猛料！通州这3村将进行城镇化编制！周边将增7.37万米²住宅！	通州小兵	6-21	24 405	124
5	大兴这10个村规划已出！实名制羡慕！	爱我大兴社区网	6-20	22 002	23
6	房山这个安置房项目有动作了！曾上过北京卫视 这三个村1 200户有盼头了！	房山那些事儿	6-30	16 185	48
7	房山原村书记陈海涛等人涉黑社会性质组织犯罪案判决生效14名被告人均服判不上诉	网聚房山	6-15	12 530	20
8	房山这两个村土地整治项目规划有新动向！	房山那些事儿	6-23	12 107	25
9	顺义樱桃，初夏"食"光，第四届北京顺义樱桃采摘旅游文化节盛大开幕	顺义旅游	6-3	11 046	11
10	北寨红杏，熟了	平谷官话	6-19	8 197	28

表4　6月北京"三农"热点网帖TOP10

排名	标题	来源	时间 (月-日)	点击	回帖
1	北京今年将建成600余个美丽乡村	京华论坛	6-15	18 921	0
2	北京密云不老屯镇完成2019年拆违任务量的86%	京华论坛	6-19	18 141	0
3	平谷组织企业入疆对接帮扶	京华论坛	6-11	18 089	0
4	北京生态新名片——房山酒庄葡萄酒进驻世园会！	京华论坛	6-12	15 501	0
5	怀柔镇组织开展2019年村和社区"两委"干部培训	京华论坛	6-21	14 078	0
6	60余家企业助力门头沟发展民宿	京华论坛	6-23	12 002	0
7	北京延庆煤改热泵采暖可补贴2.4万元　电价和末端均有补贴	京华论坛	6-21	11 913	0
8	平谷北寨红杏进入采摘期	京华论坛	6-19	11 893	0
9	［通州］潞城镇重修《村规民约》　凝聚共识引领好风气	八通社区	6-10	5 629	1
10	［通州］漷县镇美丽乡村建设初见雏形	八通社区	6-13	4 445	0

【热点分析】

舆论聚焦乡村振兴工作方案印发
京津冀协同发展　共绘乡村振兴蓝图

5月25日，北京市委、市政府印发了《关于落实农业农村优先发展　扎实推进乡村振兴战略实施的工作方案》（以下简称《方案》）的通知，舆论在6月上旬对《方案》内容予以集中关注。人民网、中国政府网、首都之窗、《北京日报》等多家媒体全文刊登《方案》。《方案》对今后两年全市农村人居环境整治、农业高质量发展、精准施策、农村改革、乡村治理等多个方面内容的部署安排被舆论重点关注。"北京'三个加强'完善乡村治理机制""2020年北京将创建100个美丽乡村示范引领村""持续深化农业'调转节'""不断强化农业科技创新推广""不折不扣完成低收入村、低收入农户帮扶任务"等内容被舆论广泛报道。《经济日报》称,北京积极培育具有京韵农味的乡村文化,扎实推进乡村振兴。网民也备受鼓舞,称"扎实推进乡村振兴战略实施工作方案"发布了,农村要大变样了!

6月25日,2019京津冀协同发展论坛在北京新闻大厦举办,论坛设立了以"乡村振兴"为主题的分论坛,北京市农业农村局局长助理沈立峰在"乡村振兴"分论坛上分享了乡村振兴方面的北京经验。中国网、《北京日报》、千龙网等多家权威媒体对此予以关注。舆论关注了"加强党对'三农'工作的领导,落实'五级书记'抓乡村振兴""做好美丽乡村建设和农村人居环境的提升""推动农业的高质量发展""做好农民增收""深化农村改革促进城乡要素流动""夯实基层基础,落实'五好十不能'的资格条件"等具有首都特点的乡村振兴之路工作内容。"粮食播种面积调减到85万亩""农业年用新水量调减到4.18亿米³""累计完成村级产权制度改革3 906个,占99％""'三品一标'认证覆盖率提升到71.8％""低收入农户的人均可支配收入达到了12 524元"等工作成绩被舆论积极转发。

舆论关注第八届北京现代种业博览会开幕
京郊万亩小麦丰收吸引舆论目光

5月26日,第八届北京现代种业博览会在通州种业科技园区开幕,人民网、《农民日报》《北京日报》、千龙网等多家媒体在6月中上旬对博览会予以关注。北京卫视《特别关注》等栏目对此予以播报。本届博览会的展期、主题、目标、活动内容等被舆论广泛报道。"规模更大""内容更加丰富""周期更长"成为本届博览会较以往的新特点。其中,"玉米全基因组选择育种技术平台项目"正式启动成为舆论关注的焦点。"我国目前为止规模最大的玉米遗传研究课题之一""将产生超过400万的表型数据""来自52万个产量小区、1 000万个DNA芯片数据点和3 200个GBTS数据点"等内容被舆论大量报道。舆论称,这是我国首个以应用为目标的农作物预测育种系统构建项目,将建立起我国数据共享的育种模式,产生一套能够反映我国主流育种材料的大数据。千龙网称,项目的实施对于弥补我国分子育种数据不足的短板,开创预测育种的新局面,促进种业向信息化、数据化方向发展都具有深远的意义。此外,蔬菜良种展示区也是舆论关注的重点。"建设蔬菜新品种展示基地700亩""建成现代化智能温室8 200米²""3 529个蔬菜各类新品种的展示种植""20余栋蔬

菜大棚""辣椒和茄子品种有 20 余个"等数字信息被舆论集中关注。人民网称，田间地头新品种展示，精品大荟萃齐聚一堂。

6月中旬以来，京郊小麦开始陆续集中收获。《北京日报》、中国青年网、北青网等多家媒体以图文并茂的方式对丰收场景予以关注。"12 万亩小麦丰收""麦浪滚滚待开镰""麦收第一村开镰""大片麦田已经金黄"等语句广泛出现在报道标题中。"大机械轰鸣""麦浪翻滚""收割机在前方快速地收割麦穗""接粒机'尾随'其后""打捆机将收割机'过滤'后的麦秸扎成捆"等语句描绘出一派丰收之景。舆论对麦收面积、产量、机械化收割等内容予以关注。"三夏"之际，北京杂交小麦新组合制种产量达到 400 千克/亩以上，增产 30％的消息振奋人心。人民网、新华网、《农民日报》等多家中央媒体发文报道，关注该项成果的漫长研发阶段。《农民日报》称，作为北京市农业高技术育种的标志性成果和"北京名片"工程，京麦系列杂交小麦目前已进入产业化跨越式发展的重要战略机遇期。近年来，北京杂交小麦在京津冀等麦区快速应用的同时，也成为"一带一路"倡议实施的重要内容和成果。

此外，北京市农机鉴定推广站扎实推进"三夏"农机生产和安全工作也被舆论关注。"做好农机技术支持""做好农机服务保障""做好秸秆综合利用""做好应急服务保障""做好农机安全生产""做好农机信息宣传"6 个"做好"被舆论广泛转载传播。

万亩北寨红杏成熟待采
各色瓜果接连登场

6 月 19 日，北京平谷区南独乐河镇第五届旅游文化节暨北寨红杏采摘节开幕，酸甜可口的北寨红杏一时成为舆论关注的焦点。"北寨红杏喊你来""太诱人了""'杏'好遇见你""打开'杏'福的正确方式""99.99％人吃不够""六月北寨红杏满枝头、喜丰收"等语句广泛出现在报道标题中。其悠久的栽培历史、生长条件优势、种植规模、年产销量等内容被舆论大量报道。《北京晚报》概括了北寨红杏"果大形圆""色泽艳丽，黄里透红""皮薄肉厚、核小""味美汁多，甜酸可口"等八大特点，称其是"独一无二的百年名杏"，堪称"杏中贵品"。《新京报》报道了北寨红杏"获得农业农村部'绿色食品'认证""被中国果品流通协会认定为'中华名果'""被北京市果树产业协会和北京市果树学会联合认定为'北京市唯一性果品'"等众多"头衔"。色泽艳丽的红杏照片霸屏微博、微信、抖音等众多平台。新华网、《农民日报》《北京日报》等媒体还关注了"北寨红杏擂台赛"中评选出的"北寨红杏大杏王"和"北寨红杏甜杏王"。新华网以图文结合的方式对此进行报道。此外,平谷区委、区政府大力推进"互联网+"工程,带动北寨村广大村民运用新媒体、新方式、新途径诚信经营、诚信卖杏也成为舆论关注的热点。"北寨村教授村民使用新媒体助力销售的新理念""电商渠道日均售出红杏60箱左右""电商销售额占其年销售额的四分之一""上午10点就发出快递,下午3点市民就能尝鲜"等内容被舆论集中关注。北京卫视《北京您早》称,"互联网+红杏"鼓了百姓的腰包。千龙网称,"互联网+农产品"模式助力杏农增收,人人都会用新媒体的村子好杏不愁卖。网民也纷纷为北寨红杏点赞。网民"风里百合3283099323"说,平谷北寨红杏,名不虚传,香甜美味。网民"杂_质铺"说,提早一个月便惦记着,预定好了,好吃得停不了嘴。

6月,房山水果玉米、密云高岭水杏、延庆野生桑椹、大兴西瓜等各区特色瓜果成熟上市被舆论集中关注。《北京日报》《北京晚报》《北京青年报》等北京市属媒体是宣传报道的主力军。新浪微博设置的微话题"微直播——生态密云采摘季第一季:高岭水杏采摘正当时"阅读量达2.6万次。"水果玉米提早上市""杏、李、葡萄接连登场""密云高岭水杏采摘正当时""大兴西瓜捧出'土豪金'新品"等语句广泛出现在报道标题中。从报道内容上看,各色农产品的种植面积、产量、特点、口感以及采摘时间、地点等是舆论关注的重点。

北京多措并举改善农村人居环境
各区积极配合打造美丽乡村

为加快补齐全市农村人居环境短板,打造美丽乡村风景线,北京市采取的系列措施被舆论广泛关注。"集中推进1 000个左右村庄人居环境整治和美丽乡村建设工作""到2020年年底,初步创建100个左右示范引领村""到2020年年底,99%的行政村生活垃圾将得到处理""98%的户厕达到卫生厕所要求""累计创建1 000个绿色村庄""开展村庄清洁专项行动""专项治理农村生活垃圾"等目标、举措被舆论积极报道。《新京报》6月4日报道称,北京将结合落实乡村振兴战略、美丽乡村建设和农村人居环境整治,在全市500个行政村开展垃圾分类。此外,2019年全市97%的行政村生活垃圾将得到有效治理,

门头沟、怀柔、延庆区通过农村生活垃圾分类和资源化利用示范区验收，完成全市 162 处非正规垃圾堆放点 75％的治理任务。

北京市各区积极开展人居环境整治，打造美丽乡村的工作举措、成果、目标等被舆论集中关注。综合媒体报道称，怀柔区副区长督导检查市级美丽乡村环境建设；年内 17 个村近 5 000 户开展煤改电工作，预计实现减煤 1.47 万吨。通州区 360 村年底前完成人居环境整治，第一批 112 个村庄通过美丽乡村市级验收，农业农村污染治理攻坚战行动进展顺利，区领导带队调研农村人居环境及美丽乡村建设。大兴区委书记带队调研大兴区农村人居环境整治工作，多举措治理农村垃圾，助推农村污染治理攻坚战。延庆区持续加大农村人居环境整治力度，360 余个村庄纳入整治范围，农村人居环境将得到全面提档升级。平谷区副区长对农村人居环境整治工作进行"四不两直"检查。房山区举办美丽乡村建设研讨会，打造乡村振兴样板和示范区。顺义区强化基层治理建设美丽乡村"样板间"。门头沟区拆除东山村违建别墅群。

北京对内"帮低"、对外"扶贫"工作成效显著

2019 年 6 月，舆论对北京帮扶市内低收入村增收、阜外贫困县脱贫的工作成绩、举措、案例等内容予以关注。在帮扶市内低收入村方面，北京市取得显著成绩。《首都建设报》6 月 17 日报道称，在"一企一村"结对帮扶中，市管企业结对帮扶的 54 个重点低收入村，有 27 个低收入村实现"脱低"，23 个低收入村"脱低"率已超 90％，平均"脱低"率达 95％以上。并总结了市管企业帮扶过程中呈现"夯实责任目标明确""党建帮扶特色鲜明""产业帮扶成效突显"三大特点。此外，《科技日报》《北京晚报》《北京青年报》等媒体还关注了"市委统战部协调爱心企业为雁栖镇北湾村捐资建设的五个蘑菇大棚喜获丰收""60 余家企业助力门头沟发展民宿""市农业技术推广站食用菌技术人员指导珍珠泉乡南天门村村民发展黑木耳菌种"等帮扶事迹。在帮扶阜外贫困县方面，据《北京日报》报道，本市投入的市级扶贫资金已达 56.5 亿元，2019 年全年，本市将助力受援地区 38 个县级地区摘帽、44.66 万贫困人口脱贫。此外，"平谷组织企业入疆对接帮扶""北京西城帮扶青海""京冀签订扶贫劳务协作协议""石景山区国资委实施'三化扶贫'帮扶内蒙古""密云区科协赴蔚县开展对口帮扶协作活动"等帮扶案例、举措也被舆论关注。

【全国热点】

表5　6月热点新闻TOP10

排名	标题	来源	时间（月-日）	转载
1	中共中央政治局召开会议　审议《中国共产党机构编制工作条例》和《中国共产党农村工作条例》	新华网	6-24	2 399
2	习近平对垃圾分类工作做出重要指示	央视网	6-3	2 368
3	《求是》杂志发表习近平总书记重要文章《把乡村振兴战略作为新时代"三农"工作总抓手》	新华网	6-1	1 003
4	水利部：确保今年底前解决80万以上贫困人口饮水安全问题	新华网	6-27	692
5	商务部：30种蔬菜价格加速回落	《经济参考报》	6-19	607
6	商务部：水果价格将随应季水果批量上市回落至合理区间	新华网	6-5	586
7	夏粮收获近八成　丰收已成定局	新华网	6-12	569
8	中方将暂停所有加拿大肉类对华出口？使馆回应	新华网	6-26	507
9	"三留守""苍蝇式"腐败、天价彩礼……中央专门发文解决农村这些事儿！	新华网	6-24	489
10	同心协力投入　攻坚深度贫困	《人民日报》	6-3	474

舆论积极关注屈冬玉副部长当选联合国粮农组织总干事

2019年6月23日，联合国粮农组织（联合国粮食及农业组织）大会第41届会议在意大利首都罗马召开，屈冬玉副部长在首轮选举中高票当选粮农组织新任总干事，成为该组织历史上首位中国籍总干事。对此，伊朗、委内瑞拉等国家以及联合国、联合国粮食计划署、世界卫生组织等国际组织和相关负责人，纷纷通过官方社交账号及时表达了祝愿和祝贺。其中，联合国粮农组织在官方微博和推特上，以置顶推文的方式表达了热烈庆祝。

同时，境内外媒体和网民也予以高度关注。据监测，截至24日14时，境内外媒体共发出了1 353篇相关报道，主要包括《人民日报》、新华社等国内媒体以及凤凰卫视、新加坡《联合早报》、法新社、美联社等港澳台媒体和国

外媒体，其中境外媒体报道 202 篇。总体看，各媒体报道内容以客观介绍"屈冬玉当选联合国粮农组织总干事"为主，"首位中国籍"成为关键词。同时，网民也予以积极传播，新浪微话题"屈冬玉当选粮农组织总干事"阅读量达到 980 万次；新浪视频官方微博转发央视《朝闻天下》的相关报道，视频播放量达 11.8 万次；人民日报、农民日报、参考消息等媒体公众号发出的相关微信消息，阅读量共计 24 万余次。从评论情况看，祝贺和支持成为舆论主调。国内媒体和网民纷纷从"大国担当""国人骄傲"等角度表达了喜悦和自豪之情。《农民日报》、中国网等媒体在报纸头版、网站首页等醒目位置刊发评论文章，指出这是我国参与全球农业治理、彰显大国担当的标志性事件，既凸显出国际社会对现代化中国的认可，也是我国以更加开放和积极的态度投身到现代国际治理体系的表现。网民在新闻跟帖中积极点赞，发出了"为国争光""农业工作者的骄傲""为中国农业喝彩"等评论，认为这样的选举结果是众望所归，并期待厚积薄发的中国农业为发展中国家解决饥饿问题做出更大贡献。境外媒体重点从"中国国际地位提升"的角度发表评论。有外媒称，近几年中国给联合国粮农组织提供了大量资助，中国自身也在脱贫方面做出了卓越成绩，中国的国际影响力快速提升，越来越多的中国面孔出现在包括联合国机构在内的各大国际机构中。来自布隆迪共和国、尼日利亚等国的非洲网民也在社交媒体中发文祝贺，并称"希望他在使我们摆脱饥饿的工作中取得成功"。此外，也有西方媒体质疑选举结果、腹诽中国参选动机，被舆论嘲讽为"酸葡萄"心理。有舆论就此指出，中国候选人的当选代表了国际多边组织未来的发展方向，即更多地趋向于发展中国家，这引起了传统上长期把持国际多边组织的西方国家的担心，因此他们会散布一些不太恰当的言论，这一点不足为奇。

执笔人：蔺育华　刘文硕　马妍

7月"三农"网络舆情分析报告

【舆情概况】

据监测，2019 年 7 月北京"三农"网络舆情信息量共计 23 564 条，较上月增加 4 202 条。其中，微信舆情信息量 7 238 条，占舆情总量的 30.72%，涉及的微信公众号有网聚房山、延庆、青年大兴等；微博消息 6 877 条，占 29.18%，涉及的主要微博账号有人民日报、中国新闻网、海淀在线等；新闻媒体舆情信息量 4 473 条，占 18.98%，涉及的网络媒体有人民网、新华网、中国新闻网等，涉及的报刊媒体包括《农民日报》《北京日报》《北京青年报》等，涉及的电视媒体包括北京卫视《特别关注》《北京您早》等；客户端文章 3 630 条，占 15.41%；论坛帖文 1 292 条，占 5.48%；博客帖文 54 条，占 0.23%（图 1）。

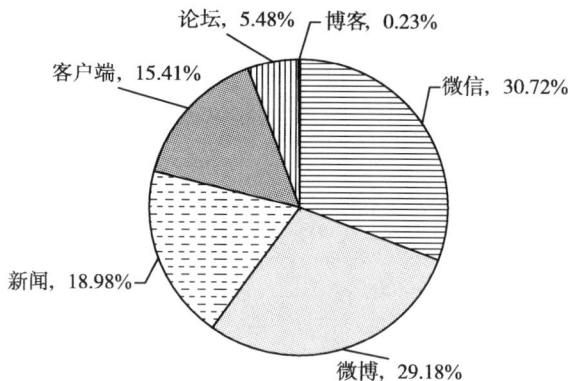

图 1　7 月北京"三农"舆情传播渠道

新闻舆情方面，7 月舆情走势起伏明显，整体呈波浪形走势。7 月 26 日新闻舆情信息量达 252 条，成为 7 月新闻舆情峰值（图 2）。当日转载较多的新闻有：《北京市投入亿元补贴农作物绿色防控》《怀柔区雁栖镇扎实推进美丽乡村人居环境整治工作》《密云区古北口镇：绘就美丽乡村新画卷》《北京平谷：纵有订单滚滚来　桃农偏要"三不摘"》等。在各大主题领域中，有关"农产品市场"的新闻数量最多，占比达 26.33%（图 3）。主要新闻有《6 月北京CPI 同比上涨 2.6%　鲜果价格同比上涨超四成》《二季度以来北京果蔬价格

持续走高 下半年能降吗?》《帮扶阳原菜农 北京朝阳采购 20 万斤滞销菜》
等。从全月新闻媒体报道内容看,舆论关注点主要集中在产业帮扶工作上,新
闻排行榜 TOP10 中有 4 条信息与之相关。此外,北京补贴农作物绿色防控、
农产品价格、北京上半年经济情况等内容也被舆论关注(表 1)。

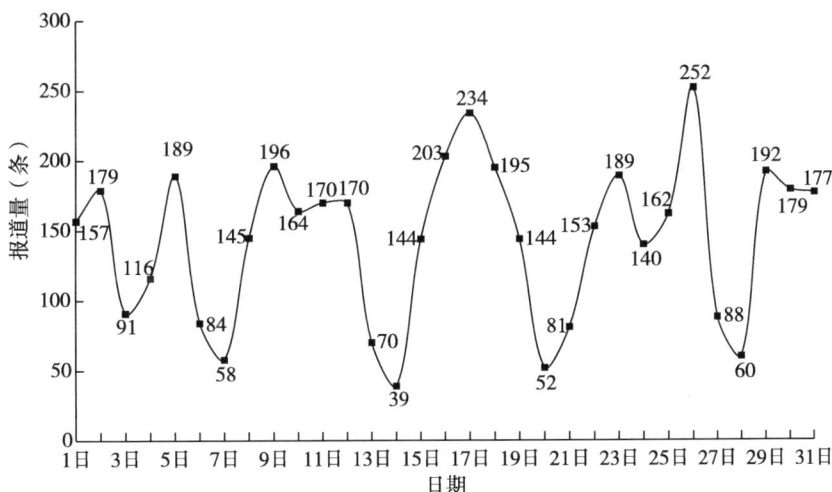

图 2 7 月北京"三农"新闻舆情走势

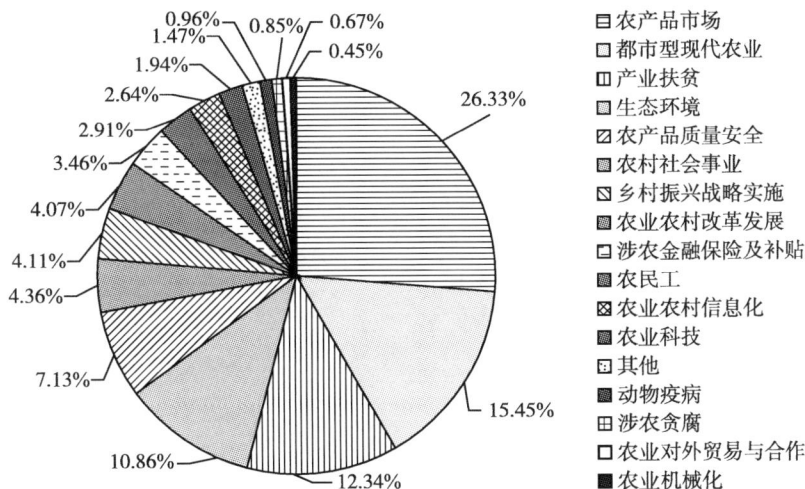

图 3 7 月北京"三农"新闻舆情话题分类

微博方面,7 月舆情走势起伏明显,舆情峰值出现在 7 月 8 日,当日微博
信息量达 284 条(图 4)。主要微博主题有《扶贫企业盛源生态北京百兴正好
乾为安居镇贫困户发放扶贫款》《北京马驹桥镇清理大棚房 2 052 栋 严防大

棚房回潮》《打造"密云农业"品牌 生态密云采摘季开启"贡李之旅"》等。各大主题领域中，有关"都市型现代农业"领域微博数量最多，占比达31.55%（图5）。主要微博主题有《圣水莲庭：北京最美乡村民宿，也许是最奢华又最佛系的民宿》《未来两年北京将对农作物种质资源大摸底》《逛完百蔬园 接着品延庆农味儿》等。从内容上看，乡村旅游、民宿是微博网民关注的重点，微博排行榜TOP10中有6条信息与之相关。此外，帮助农民工讨薪、农产品价格等内容也被微博网民关注（表2）。

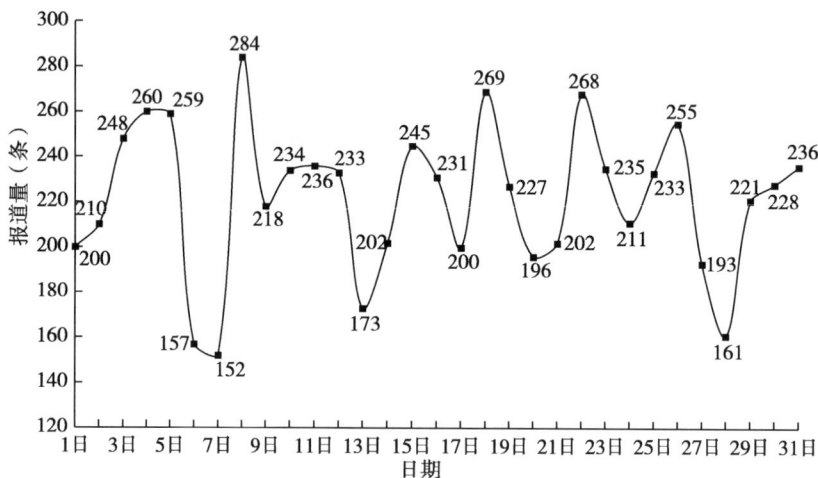

图4 7月北京"三农"微博舆情走势

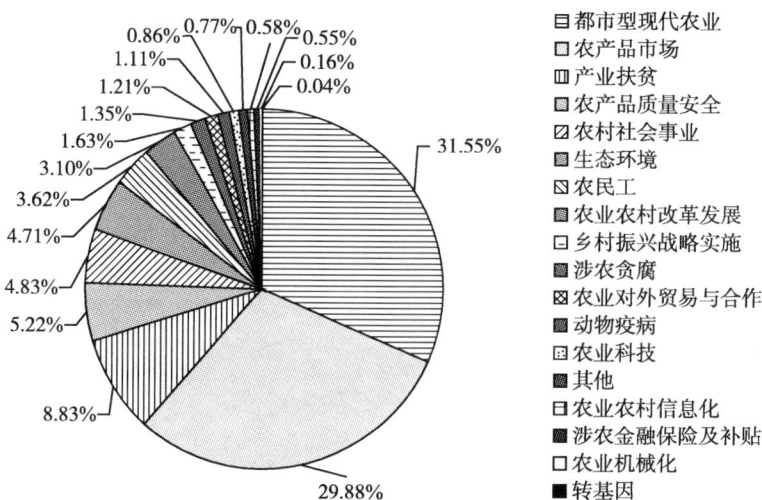

图5 7月北京"三农"微博舆情话题分类

微信方面，网民关注点主要集中在北京美丽乡村建设、拆迁征地等内容（表3）。论坛方面，人居环境问题及整治是论坛网民关注的重点，论坛排行榜TOP10中有5条信息与之相关。此外，对口扶贫等话题也被关注（表4）。

【热点排行】

表1 7月北京"三农"热点新闻TOP10

排名	标题	来源	时间（月-日）	转载
1	北京市投入亿元补贴农作物绿色防控	《北京日报》	7-26	93
2	北京市西城区、门头沟区设立专项资金打造精品民宿	《北京晚报》	7-16	60
3	"纸上种菜"让贫困户在家门口挣钱	新华网	7-8	38
4	北京新发地菜价晴雨表	《新京报》	7-1	33
5	6月北京CPI同比上涨2.6% 鲜果价格同比上涨超四成	中国新闻网	7-11	27
6	北京碧水保卫战聚焦区域联保联治及工业废水、农村污水治理	新华网	7-16	23
7	北京：草原特产进社区 扶贫协作见成效	《经济日报》	7-2	17
8	帮扶阳原菜农 北京朝阳采购20万斤滞销菜	《北京日报》	7-5	16
9	北京形成低收入农户帮扶工作体系	《农民日报》	7-6	16
10	上半年北京第一产业"反常"增17.5% 林业成驱动力	《新京报》	7-17	16

表2 7月北京"三农"热点微博TOP10

排名	标题	账号	时间（月-日）	转发	评论
1	首批320个全国乡村旅游重点村公布 有你去过的吗？	人民日报	7-28	2 040	1 484
2	首批全国乡村旅游重点村公布 320个乡村入选	中国新闻网	7-28	1 615	1 660
3	周末一家人到密云的大地乡居民宿	陈康纳	7-8	445	183
4	北京市延庆区永宁镇北关村村民：请问北关村建设合法吗？	云丽雾华	7-1	226	0

（续）

排名	标题	账号	时间 （月-日）	转发	评论
5	穿过玉米地、走过石子路、绕过篱笆墙，入住京郊延庆的民宿	小宇 Sylvia	7-10	224	112
6	圣水莲庭：北京最美乡村民宿，也许是最奢华又最佛系的民宿	北角山妖	7-3	182	86
7	京郊度假，来大隐于世民宿	行摄人生路	7-23	131	137
8	新优品种"亮相"农业科技园	海淀在线	7-2	72	15
9	诉前调解助力 19 名农民工讨回劳务费近 110 万元	北京政法	7-4	51	42
10	鲜果价格水平处历史高位　记者调查：有的水果价格回落	新浪财经	7-11	45	140

表3　7月北京"三农"热点微信 TOP10

排名	标题	公众号	时间 （月-日）	阅读量	点赞
1	我们发现了全北京最大的瓜	福桃九分饱	7-1	33 281	94
2	预算近 6 000 万　房山 20 个乡镇 190 多个村庄将进行美丽乡村规划	网聚房山	7-3	32 639	112
3	延庆这 240 个村子变了	延庆	7-21	25 622	31
4	延庆这个村是否拆迁？官方这么说	延庆在线	7-15	20 452	17
5	全国重点推荐，延庆这两个村要火！	延庆	7-13	17 741	26
6	点名！大兴这 20 个村要暴发！2019 年美丽乡村村庄规划项目启动招标！	青年大兴	7-23	17 121	136
7	延庆这三个村"煤改电"开始招标，预算约 160 万	延庆在线	7-24	15 915	17
8	速看！大兴这两村征地补偿公示了！	大兴土著	7-14	14 449	9
9	顺义这个村入选全国乡村旅游重点村，身价暴涨	顺义人网	7-22	12 418	40
10	5 亿资金已到位！门头沟这几十个村子是投资重点！	家住门头沟	7-18	12 106	39

表4 7月北京"三农"热点网帖TOP10

排名	标题	来源	时间 (月-日)	点击	回帖
1	北京市人民法院偏袒判决,求公平判决	天涯论坛	7-31	121 816	119
2	北京市消费扶贫双创中心通州区分中心成立	京华论坛	7-6	24 749	0
3	北京马驹桥镇与内蒙古五地镇共谋对口扶贫	京华论坛	7-10	24 497	0
4	北京市延庆区香营乡环境整治见成效	京华论坛	7-11	24 419	0
5	雁栖镇扎实推进美丽乡村人居环境整治工作	京华论坛	7-25	22 427	0
6	琉璃庙镇召开人居环境整治工作部署会	京华论坛	7-30	21 377	0
7	"五立即六不准" 杨宋镇掀起农村人居环境治理热潮	京华论坛	7-31	20 189	0
8	昌平区统计局小汤山统计所顺利完成2019年农村基层基础工作自查	京华论坛	7-9	19 130	0
9	顺义北务镇南辛庄户村污水满街流	顺义在线	7-14	18 372	17
10	大兴区委书记周立云到采育镇调研	京华论坛	7-9	17 438	0

【热点分析】

上半年北京成绩单出炉 休闲农业备受瞩目
北京多措并举助力乡村振兴

7月17日,北京市半年经济成绩单出炉,"提质升级""减量增效"成为舆论报道的关键词。"第一产业实现增加值49.4亿元,增长17.5％""全市农林牧渔业总产值增长26.8个百分点""禽蛋产量4.5万吨""牛奶产量14.5万吨""设施农业亩均产值为1.4万元""种业收入7.1亿元"等数字信息被舆论集中关注。其中,休闲农业所取得的成绩成为舆论关注的重点。据《新京报》7月18日报道称,上半年全市933个观光园平均实现收入111.9万元,同比增长9.4％。与此同时,乡村旅游经营进一步规范,上半年接待831.4万人次,同比下降3.2％;实现收入5.9亿元,同比下降1.8％。7月28日,文化和旅游部公布了第一批全国乡村旅游重点村名单,在所有入选的320个村中,北京占据9个,其中包括密云区古北口镇古北口村、门头沟区斋堂镇灵水村等备受游客青睐的乡村。此外,北京市文化和旅游局发布的2018年北京乡村旅游评定结果显示,北京有48家民俗户被评为五星级民俗旅游户,舆论对京郊民宿的关注热度大幅提升。"延庆推出十大主题精品民宿""已打造'世园人家'201户""预计将打造300户'冬奥人家'""推出十大主题精品民宿""西城和门头沟'结对'协作打造精品民宿""怀柔草帽书记发展精品民宿"等典型案例、成绩被舆论大量报道。门头沟举办的旅游文化节也被舆论积极关注。

此外,《北京日报》《新京报》等媒体还关注了"农家乐风光不再"现象的出现。"多家农家院大门紧闭""农家院正在京郊一些村庄慢慢消失""生意冷清、竞争激烈""很多处在半歇业状态"等现状被舆论集中关注。对此,《农民日报》发表评论文章《让农家乐再乐起来》称,农家乐要想在市场发展转型的过程中,一直"乐"下去,首先就要依靠当地山水人文条件,进行纵深挖掘,根据市场需求发展体验式和个性化服务,努力做到"人无我有,人有我优",甚至要突出"一家一品",做出难以复制的特色。同时,要充分适应市场,该转型的转型,该升级的升级,让卖方市场和买方市场逐步达到平衡。

7月,北京市农业农村局多措并举,助力乡村振兴也被舆论关注。7月10日,北京市农业农村局与中国邮政集团公司北京市分公司签署乡村振兴、助农发展合作协议。中国农业信息网、北京农业农村局网站、北京农业信息网、千龙网等多家媒体对双方签署合作协议、合作内容、发布共同促进农民专业合作社质量提升实施方案等内容予以关注。《北京日报》称,此次"农邮"合作是践行习近平总书记关于"三农"工作重要指示精神的具体举措,是坚守初心服务"三农",促进京郊农民增收的实现途径,是勇担使命发展"三农",助力乡村振兴的重要内容。舆论称,"农邮"合作,坚守初心服务"三农",助力乡村振兴。7月下旬,《北京日报》等媒体还关注了北京市委农工委、市农业农村局启动的"千名干部科技人员进千村入万户"活动。"市农业农村局所属单位对接351个村""北京市农林科学院对接226个村""已开展进村入户调研912人次""收集到实际问题及意见建议530余条"等数字信息被舆论集中关注。《北京晚报》报道称,市委农工委、市农业农村局目前正在搭建信息收集反馈平台,之后将通过信息化管理提高联系服务效果。

平谷"互联网十大桃"硕果累累
北京鲜食玉米迎采摘旺季

盛夏7月,北京平谷大桃陆续成熟进入采摘期,开始供应首都及全国市

场，为此举办的各种推介活动、帮扶活动成为舆论关注的焦点。7 月 29 日，平谷区在北京启动"桃源芳草地'周末集市暨桃子美馔'鉴赏会"，《北京日报》《北京青年报》《新京报》等多家北京市属媒体对此予以报道，北京卫视《北京您早》《特别关注》等栏目予以播报。平谷大桃的品种、种植面积、大桃总收入等信息以及 10 家餐厅大厨打造的"桃子创意菜"被舆论关注。平谷通过"互联网＋大桃"的方式助果农销售成为舆论关注的重点。7 月 15 日，京东物流和中铁快运联合推出了"高铁生鲜递"，向全国 60 余个城市直发北京特产平谷大桃。"每天有 10 个班次的高铁运输平谷大桃""向全国 60 余个城市直发""提供'产地直采＋高铁运输＋京东快递'的服务"等内容被舆论集中报道。舆论称，"高铁生鲜递"开创扶农新模式。7 月 17 日，平谷区召开"互联网＋大桃"工作专题会。区委副书记、区长汪明浩指出，要进一步推进"三农"数字化建设，加强农业全链条数字化管理，促进农业提质、农民增收，做强"平谷大桃"品牌，舆论对此予以关注。《北京日报》7 月 25 日报道称，记者统计后发现，平谷大桃外销占比最高的顺丰，大桃目前在外省市和北京的销售比例分占 40％、60％；京东方面，京津冀地区的销售量占到 70％以上；德邦快递同城比例约占 70％，外省市约占 30％。

　　2019 年 7 月 12 日，第 30 届中国鲜食玉米大会暨第五届北京鲜食玉米节在昌平开幕，全国鲜食玉米主要育种科研单位、鲜食玉米产业龙头企业共计 50 余家单位参加。《北京日报》《新京报》、人民网、千龙网等媒体予以关注，北京卫视《北京您早》等栏目对此予以播报。"3.5 万亩鲜食玉米进入采摘旺季""持续至 10 月下旬"等语句广泛出现在报道标题中。北京鲜食玉米的品种、种植面积以及鲜食玉米节系列活动被舆论积极报道。《北京日报》报道称，近年来，市农业技术推广站针对北京鲜食玉米产业开展了大量品种选育筛选、高效种植技术集成和新型销售模式示范等试验示范工作，得到良好的市场反馈，基本实现了鲜食玉米产品从"论斤卖"向"论个卖"的转变。7 月 16 日，北京市农业技术推广站举办高品质鲜食玉米推介活动，《北京青年报》、人民网等媒体予以关注。《北京青年报》报道称，新型的社区社群团购方式，采用点对点的预购式销售，大大缩短了鲜食玉米采后储运的时间，保证北京自产鲜食玉米实现 24 小时内从田间到餐桌，确保市民能品尝到新鲜美味的鲜食玉米。目前该种销售方式占到北京高端鲜食玉米总销量的 30％以上。

　　此外，"密云万亩'御皇李子'成熟""延庆三里庄 1 600 亩熟杏待客摘"等内容也被舆论关注。

京郊美丽乡村建设、人居环境整治工作有序进行
北京市绿控产品补贴全国率先落地

7月15日，市委书记蔡奇到门头沟区调查研究，检查生态涵养、人居环境整治及生态旅游开发情况，他提出的"要保护好古村落肌理，留住老味道""农村垃圾分类要因地制宜""要支持生态涵养区生态保护和绿色发展"等要求被舆论积极报道。针对农村垃圾分类，北京多家市属媒体对此予以关注。《北京日报》7月16日发文《京郊探索"垃圾不落地"见实效》对北京门头沟、房山、昌平等区的农村垃圾分类经验进行关注。报道指出，京郊广大农村地区已有不少村庄"领先一步"，探索出了独具特点的分类模式，实现了"垃圾不落地"。此外，北京市各区整治人居环境、建设美丽乡村的工作举措、成绩等内容也是舆论关注的重点。"京浙四村牵手共建美丽乡村""房山区举办美丽乡村建设研讨会""大兴373个村庄提升人居环境""通州92个村美丽乡村建设实施方案完成联审""延庆24个村庄旧貌换新颜""平谷首批9个美丽乡村试点村全部通过验收"等语句广泛出现在报道标题中。

7月，北京投入亿元补贴农作物绿色防控的消息引发舆论关注。人民网、新华网、央视网等多家中央媒体以及《北京日报》、千龙网等北京市属媒体对此予以报道。"今年北京投入1亿元补贴绿色防控产品""投入亿元补贴农作物绿色防控""鼓励农户用这些方式防控虫害"等语句广泛出现在报道标题中。"享受补贴政策的农户遍布13个涉农区""补贴覆盖面积已达43.07万亩""实现绿色防控覆盖率达到60％"等数字信息被舆论集中关注。舆论称，该方案的出台标志着北京率先在全国实现绿控产品补贴政策正式落地。《农民日报》称，这一政策的落地给广大农户带来了实惠，促使京郊种植户在用药意识上有了3个转变：一是由等待免费发放到尝试购买绿控产品的转变；二是由考虑投入成本而购买低价高风险的投入品到享受补贴而购买优质安全绿控投入品的转变；三是由防病治虫只依赖化学农药到逐步认可全程绿控的转变。

北京扎实做好低收入农户精准帮扶获舆论肯定

低收入农户帮扶是北京全面建成小康社会的标志性任务之一，北京高标准做好低收入农户帮扶工作被媒体积极报道。7月17日，市农业农村局组织扶贫干部到延庆区大庄科乡调研低收入工作帮扶情况，舆论对大庄科乡的帮扶项目、成果、尚存问题等内容予以关注。副巡视员于雷庆对农户给予现场指导获

舆论肯定。舆论称,京郊调研助农户,"脱低"增收见成效。"北京市农业技术推广站帮扶延庆区南天门村推广黑木耳种植技术""海淀延庆两区结对协作研究确定低收入帮扶项目""北京国资公司帮扶梁家庄村高端民宿开张""全市16区精诚协作低收入帮扶""市统计局赴怀柔区渤海镇沙峪村开展对口帮扶调研"等帮扶举措、成绩被媒体广泛报道。《农民日报》7月6日报道称,经过两年多的工作实践,北京形成了"一二三四五六"的工作体系,低收入帮扶工作成效显著。《北京日报》还总结了北京当前低收入农户帮扶工作中存在"低收入农户增收难度较大""收入结构有待优化""产业帮扶效果不明显""社会保障力度还需加大""调动社会力量参与还有提升空间""精准帮扶责任落实不够"等六大问题和难点,提出"促增收""兴产业""强保障""抓培训""聚合力""建队伍""严落实"等七大建议。《北京日报》7月21日报道称,市委农工委、市农业农村局针对本市低收入村95%都集中在山区、拥有丰富林业资源的特点,接下来将积极协调配合市园林绿化局、市中医管理局等部门,对接科技帮扶力量、加大产业统筹规划,大力发展林下经济,强化农林复合,将生态保护与产业帮扶深度融合,不断探索将绿水青山变成金山银山的方法和途径。

【全国热点】

表5　7月热点新闻TOP10

排名	标题	来源	时间(月-日)	转载
1	习近平深入喀喇沁旗林场农村考察调研	新华社	7-15	688
2	粮食安全基础夯实　农民收入持续增长	《人民日报》	7-21	541
3	财政部回应脱贫攻坚重点工作:扶贫资金　好钢用在刀刃上	《人民日报》	7-18	501
4	各类应季鲜果上市量持续增加　时令瓜果降价了	《经济日报》	7-17	383
5	我国城镇常住人口增至8.3亿　户籍制度改革全面落地　工资性收入成为农村居民最重要收入来源	《经济参考报》	7-9	374
6	夏粮生产喜获丰收	《经济日报》	7-14	373
7	深入实施乡村振兴战略,书写好中华民族伟大复兴的"三农"新篇章	《人民日报》	7-9	366

（续）

排名	标题	来源	时间 （月-日）	转载
8	关注留守儿童网络安全 护苗安全课乡村行活动启动	《人民日报》	7-11	359
9	辛识平：只有重诺笃行，才能推动中美经贸磋商不断向前	新华网	7-22	324
10	夯实基本医疗保障 提升百姓获得感	央视网	7-21	301

舆论持续关注农村人居环境整治行动

2019 年以来，农村人居环境整治先后打响了春节战役、春季战役和夏季战役。7 月 11 日，农业农村部在新闻发布会上对农村人居环境整治推进工作情况进行了详细介绍，其中通报的"全国 80％以上的村庄已经开展了清洁行动""上半年累计清理农村生活垃圾 4 000 多万吨""上半年新开工农村户厕改造 1 000 多万户"等数据在互联网上积极传播。农村人居环境整治的新成效受到广泛肯定，"稳步推进""取得阶段性进展"等成为媒体报道关键词。有舆论称"人居环境大整治 美丽乡村入画来"。还有舆论说"农村人居环境整治的最终目标是建立生态美、风貌美、环境美、风尚美、生活美的美丽乡村，要一件事情接着一件事情办，一年接着一年干。"

汇总 1～7 月相关舆情发现，农村人居环境整治已成为舆论关注的常热话题。《农民日报》《经济日报》等央级媒体以及《中山日报》《西江日报》等地方媒体通过头版报道、专版报道、系列报道等方式予以持续跟进，对全国农村人居环境整治掀起的"百舸争流千帆竞发"的新热潮予以全方位呈现。媒体通过"AB 面""红黑榜""电视问政"等方式，宣传经验、深挖短板、曝光问题，积极助力农村人居环境整治的全面推进。新浪微博中也出现了"农村人居环境整治""垃圾分类农村也要有行动""村庄'厕所革命'"等阅读量共计达到 1 500 余万次的微话题。

从关注内容看，热点舆情主要集中在以下两方面：一是农村人居环境整治的部署规划引发持续报道。2019 年上半年，中央农办、农业农村部等有关部门针对村庄清洁行动、农村"厕所革命"等重点工作，联合印发行动方案和指导意见，并多次召开现场会、视频会议进行全面部署，受到《人民日报》、中

央电视台等媒体的持续报道。其中"中央财政 70 亿元推进农村'厕所革命'""30 亿元中央预算支持中西部农村人居环境整治"等财政支持被舆论称为"大手笔"。7 月，中央农办、农业农村部等多个部门就提高农村改厕工作质量、推进农村生活污水治理印发通知和指导意见，再次引发积极传播。舆论由此总结了农村改厕需要严把的"十关"、农村污水治理的"八大重点任务"等，对多部门联合发力的预期成效表示期待。此外，农业农村部督促各地整改 81 条农村人居环境整治问题、征集农村改厕问题线索等监管举措也受到舆论支持。二是各地农村人居环境整治的典型示范赢得广泛点赞。总体看，舆论对农村人居环境整治的典型示范更为喜闻乐见。各地在农村垃圾治理、农村厕所改造、农村生活污水治理等方面取得的积极成效被以图文、视频形式鲜活展示，由此呈现的美丽乡村引发广泛点赞。新华社等媒体以"浙江经验""上海实践""长沙样本""图们样板"等典型推介形式大量发文，用"亮点突出""各具特色""精彩纷呈"等词评价各地取得的成效。网民也对各地农村人居环境整治的好做法、好经验表示了浓厚兴趣。2019 年以来，新京报等媒体官方微博发出的视频报道"河北兴隆县塔前村旱厕变马桶""河南新乡县毛庄村垃圾细分成 30 类"，目前视频累计播放量已达 590 余万次。此外，浙江金华六角塘村因垃圾分类成为"网红村"，村中的"金华农村垃圾分类艺术馆"截至 2019 年 7 月已接待全国各地参观者 453 批，共 11 562 人次。湖南长沙竹联村的"星级"厕所也成为朋友圈中的"网红"和游客眼中的"打卡"目标物。

同时，部分地区农村人居环境整治过程中存在的问题也被关注和讨论，主要集中在以下三方面：一是形式主义、一刀切现象。2019 年以来，中央电视台《焦点访谈》《半月谈》、中央人民广播电台等媒体接连报道了甘肃、山东、青海等地存在的农村厕所改造后"不实用遭弃用"、养殖场遭遇环保一刀切式关停等问题。舆论认为，盲目追求快速见效、政策制定缺乏统筹、形式主义思维作祟，是此类现象屡屡出现的重要因素，建议克服急功近利和懒政思维，多下"绣花"功夫，在政策制定和执行时，注重因地制宜、广泛听取群众意见。二是缺乏长效机制。部分地区存在的"重建设、轻管护""有钱建、没钱管""干部干、群众看"等问题也引发《经济日报》《瞭望》新闻周刊等媒体的深度发文。舆论认为，当前农村人居环境改造存在地区差异大、农村环境条件参差不齐等问题，村民居住分散、改造项目资金压力大和配套建设管理滞后等因素也影响了效益的发挥，建议各地根据实际情况引入多元化投资主体破解资金难题，并注重发挥农民的主体作用，推动形成共建共管共享的长效机制。三是骗补问题。7月，央视网消息称，河北省深泽县虚报农村厕所改造数量，骗取改造奖补资金。随后当地政府部门做出了"全面调查核实，及时公布调查结果"的回应。农业农村部就此类问题做出了"严查""零容忍""发现一起查处一起"等表态，并提出了"创新资金使用的管理模式""加强对项目组织实施工作的指导""加强监督和绩效考核"等规范举措，受到舆论的积极关注。

此外，部分网民还在新浪微博、微信等社交媒体上爆料家乡农村环境的脏乱差现状，问题多集中在畜禽养殖污染、垃圾围村方面，存续时间长、给农民生产生活造成的影响大、多次反映无果等为共性特点。

执笔人：王晓丽　张珊　马妍

8月"三农"网络舆情分析报告

【舆情概况】

据监测，2019年8月北京"三农"网络舆情信息量共计25 009条，较7月增加1 445条。其中，微信舆情信息量8 355条，占舆情总量的33.41%，涉及的微信公众号有延庆在线、通州小兵、青年大兴等；微博消息7 467条，占29.86%，涉及的主要微博账号有中国新闻网、新浪财经、北京人北京事儿等；客户端文章4 414条，占17.65%；新闻媒体舆情信息量3 986条，占15.94%，涉及的网络媒体有人民网、环球网、中国新闻网等，涉及的报刊媒体包括《农民日报》《北京日报》《北京青年报》等，涉及的电视媒体包括北京卫视《北京新闻》《北京您早》等；论坛帖文774条，占3.09%；博客帖文13条，占0.05%（图1）。

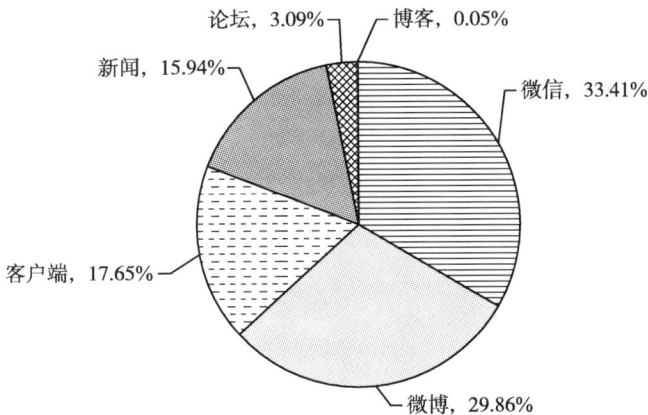

论坛，3.09%　博客，0.05%
新闻，15.94%
微信，33.41%
客户端，17.65%
微博，29.86%

图1　8月北京"三农"舆情传播渠道

新闻舆情方面，8月舆情走势起伏明显。8月21日，北京确诊一例人感染H5N6禽流感病例相关报道引发舆论广泛转载，当日新闻舆情信息量达495条，成为8月新闻舆情峰值（图2）。当日转载较多的新闻有：《北京确诊一例人感染H5N6禽流感病例　曾接触禽类》《北京确诊一例人感染H5N6禽流感病例　不会"人传人"》《北京一人确诊感染H5N6禽流感》《北京现一例人感染H5N6禽流感病例　这是种什么病毒?》等。在各大主题领域中，有关"农产品市场"的新闻数量最多,占比达 20.44%(图 3),主要新闻有《大兴采育葡萄节开幕市民开启"甜蜜之旅"》《立秋拉动需求 猪肉价格创近五年高点》《专家提醒:猪肉价格已接近峰值 或者就是峰值》《立秋"贴秋膘" 拉动北京猪肉价格上涨》《从各地调货保供应!降雨对北京蔬菜价格影响不大》等。从全月新闻媒体报道内容看,舆论关注点主要集中在北京确诊一例人感染 H5N6 禽流感病例上,新闻排行榜 TOP10 中有 2 条信息与之相关,且两条新闻转载量合计达 400 条。北京美丽乡村建设也是新闻媒体关注的重点内容,涉及北京推广 52 条"美丽乡村风景线"及朝阳 10 个美丽乡村落成两大热点事件,新闻排行榜 TOP10 中有 3 条信息与之相关。此外,农技推广、北京设立"北京市扶贫协作奖"、农产品价格等内容也被舆论关注(表 1)。

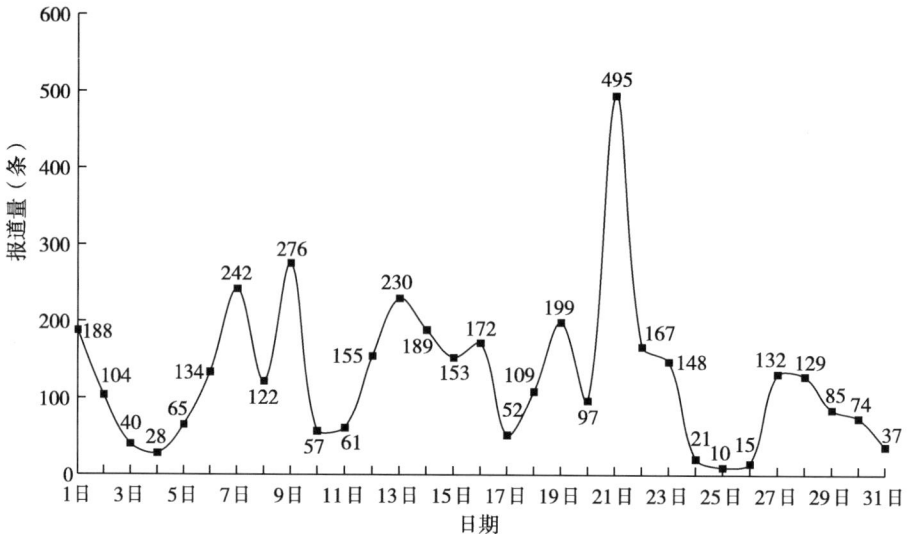

图 2 8 月北京"三农"新闻舆情走势

微博方面,8 月舆情走势起伏明显,舆情峰值出现在 8 月 21 日,与新闻舆情峰值保持一致,当日微博信息量达 1 519 条(图 4)。主要微博主题有《北京确诊一例人感染 H5N6 禽流感病例 曾接触禽类》《北京确诊 1 例人感染 H5N6 禽流感病例》《门头沟打造精品民宿 推"政策服务包"》等。各大主题领域中,有关"都市型现代农业"领域微博数量最多,占比达 26.66%(图 5)。主要微博主题有《探索北京百蔬园盆栽蔬菜世界》《百种时令蔬菜——甜瓜:食用价值》《"怀旅九条"支持民宿发展 绿水青山造就创业秘境》等。从内容上看,北京确诊一例人感染 H5N6 禽流感病例是微博网民关注的重点,

微博排行榜 TOP10 中有 2 条信息与之相关，且《北京确诊一例人感染 H5N6 禽流感病例　曾接触禽类》位列排行榜榜首，转发量 1 000 余次。京郊民宿话题也是微博网民关注的重点，微博排行榜 TOP10 中有 3 条信息与之相关。此外，农村土地、猪肉价格上涨、扫黑除恶等内容也被微博网民关注（表 2）。

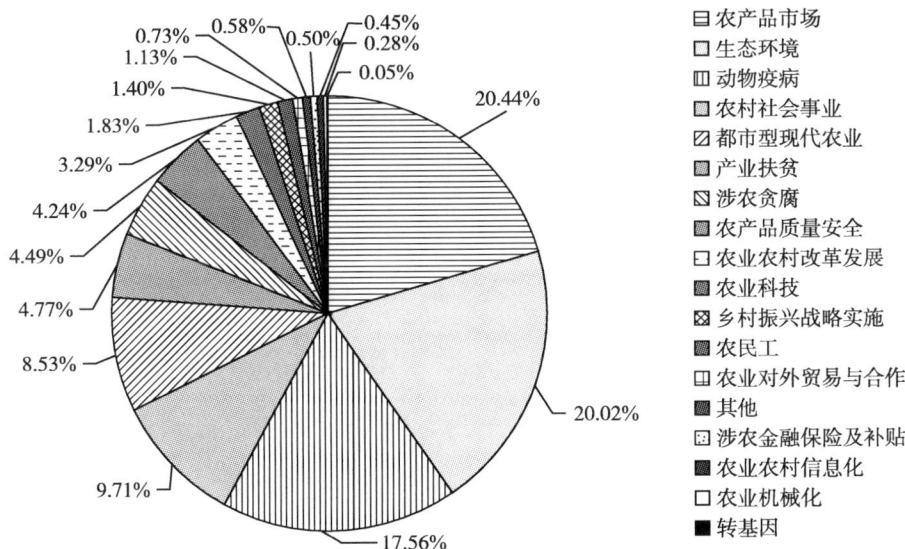

图 3　8 月北京"三农"新闻舆情话题分类

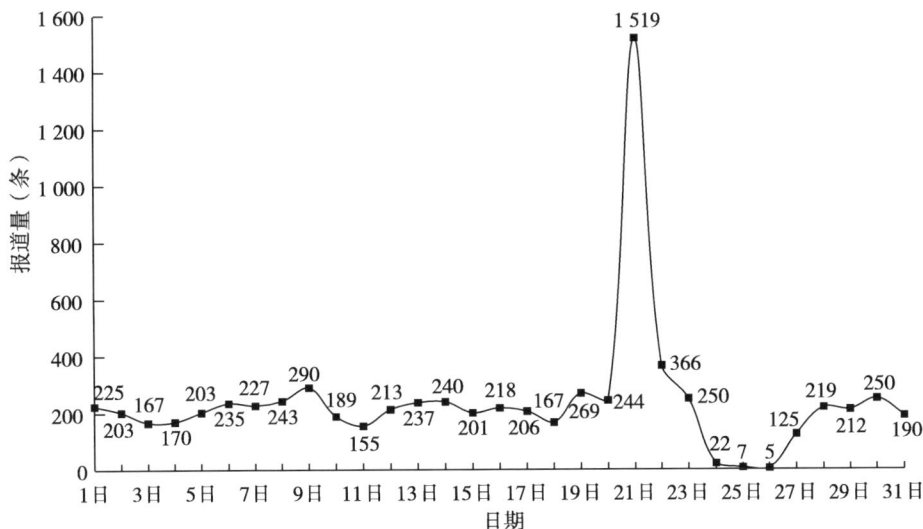

图 4　8 月北京"三农"微博舆情走势

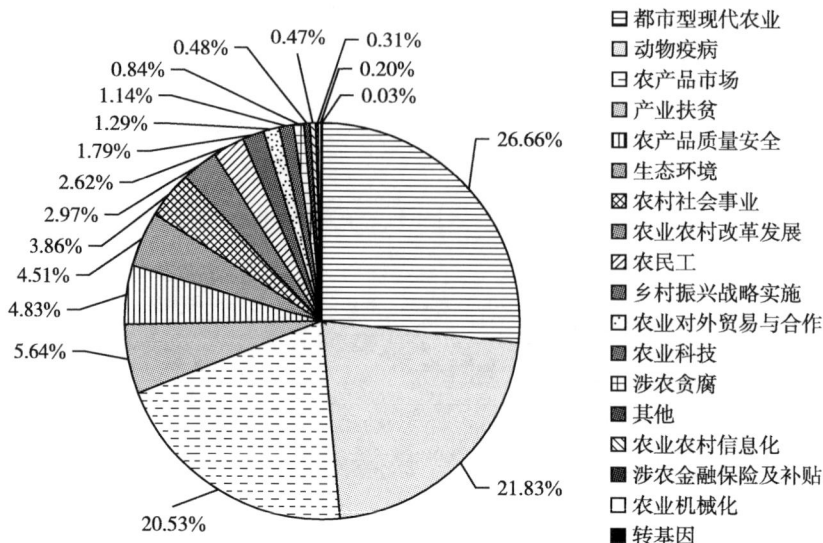

图5　8月北京"三农"微博舆情话题分类

图例：
□ 都市型现代农业
□ 动物疫病
□ 农产品市场
▨ 产业扶贫
▥ 农产品质量安全
▨ 生态环境
⊠ 农村社会事业
▪ 农业农村改革发展
▧ 农民工
▨ 乡村振兴战略实施
□ 农业对外贸易与合作
▨ 农业科技
⊞ 涉农贪腐
■ 其他
▨ 农业农村信息化
■ 涉农金融保险及补贴
□ 农业机械化
■ 转基因

微信方面，网民关注点主要集中在北京各区拆迁征地上，微信排行榜TOP10中有5条信息与之相关。此外，农村基层扫黑除恶、帮扶低收入农户等内容也被关注（表3）。论坛方面，农村人居环境问题及整治是关注重点，论坛排行榜TOP10中有4条信息与之相关。此外，舆论也关注了美丽乡村建设、帮扶低收入农户等话题（表4）。

【热点排行】

表1　8月北京"三农"热点新闻TOP10

排名	标题	来源	时间（月-日）	转载
1	北京确诊一例人感染 H5N6 禽流感病例　曾接触禽类	中国新闻网	8-21	322
2	朝阳黑庄户百天拆违三万平方米	《北京日报》	8-13	88
3	禽流感"再现江湖"　还能不能好好吃鸡了？	《北京青年报》	8-27	78
4	北京通州大兴等 6 个区推广种植叶用甘薯	《北京青年报》	8-27	71
5	黑庄户乡拆违建 3 万多平方米	《北京青年报》	8-7	64
6	230 个集体个人获评"北京市扶贫协作奖"	《北京青年报》	8-14	59
7	降雨对蔬菜价格影响不大	《北京晚报》	8-12	57

（续）

排名	标题	来源	时间（月-日）	转载
8	52 条"美丽乡村风景线"推广	《北京日报》	8-8	54
9	北京开启 52 条"美丽乡村风景线"发现之旅	人民网	8-6	53
10	朝阳首批 10 个美丽乡村落成	《北京日报》	8-16	50

表 2　8 月北京"三农"热点微博 TOP10

排名	标题	账号	时间（月-日）	转发	评论
1	北京确诊一例人感染 H5N6 禽流感病例曾接触禽类	中国新闻网	8-21	1 136	3 234
2	北京建筑垃圾倾倒调查：复耕地块竟成"黑渣土场"	北京热门生活资讯	8-21	561	588
3	京郊的旅游资源真的太丰富了，民宿更是独树一帜	谢徐疯子	8-20	377	743
4	猪肉价格近期暴涨，新发地：已到价格峰值　后续上涨乏力	新浪财经	8-25	375	1 044
5	京郊延庆到底有何魅力，网红民宿竟扎堆集群，合宿的秘密究竟是？	丁丁-旅行	8-19	312	470
6	爨底下村里几乎都是民宿，要想看全景就要爬到村子对面的山上	凌子看世界	8-22	162	80
7	再添新战果！一封神秘举报信，牵出北京延庆恶势力团伙，一个有前科的惯犯，竟然染指基层政权	法治进行时	8-30	157	166
8	北京确诊一例人感染 H5N6 禽流感病例，曾接触禽类，这是逼我吃素吗？	北京人北京事儿	8-21	118	107
9	新浪集团荣获"北京市扶贫协作奖"社会责任奖	微博县域	8-12	92	27
10	假期品美味，更要涨知识！带你了解北京的地理标志产品	北京知识产权	8-8	72	24

表3 8月北京"三农"热点微信TOP10

排名	标题	公众号	时间（月-日）	阅读量	点赞
1	视频直播！延庆"村霸"张艳超恶势力团伙覆灭记	延庆在线	8-30	36 240	113
2	征地！涉及通州三个村，补偿4个亿！	通州小兵	8-13	28 370	55
3	延庆十大"村霸"曝光！各个都是狠角色……	延庆在线	8-4	26 135	40
4	爆料：通州这2村整建制农转非，正在收各种证件	通州国	8-11	25 202	47
5	涉及大兴19个村！这个拆迁安置项目开工啦	青年大兴	8-3	25 096	1 144
6	实拍！强拆现场来了！通州这镇多村不配合拆除的违建被强拆！	通州八通网	8-18	25 017	42
7	房山区2019年低收入农户专场招聘会	房山区公共就业服务中心	8-28	21 645	24
8	延庆这个村开始进行房屋拆迁腾退！	延庆在线	8-20	19 642	31
9	美丽乡村规划，土地征收公示！大兴这两个地儿将有大变化！	青年大兴	8-15	17 041	1 093
10	速看！顺义宅基地政策有变	顺义人网	8-28	14 634	49

表4 8月北京"三农"热点网帖TOP10

排名	标题	来源	时间（月-日）	点击	回帖
1	顺义周庄村的路为啥不修，违建为啥不拆，政府拨款的钱都干啥了	在线信息网	8-1	31 159	46
2	雁栖镇"三结合五坚持"深入开展农村人居环境整治工作	京华论坛	8-29	20 209	0
3	用水卡给水表充值，难倒大兴区北臧村镇西大营村村民！	京华论坛	8-7	18 493	0
4	怀柔镇开展农村人居环境整治拉练检查	京华论坛	8-12	17 699	0
5	聚焦"绿富美"，打造美丽乡村风景线	京华论坛	8-9	16 830	0
6	昌平区召开耕地保护工作座谈会	京华论坛	8-6	16 698	0
7	秋天是收获的季节！平谷鲜桃，法式月饼！秋天是丰收喜悦的心情！	望京社区	8-30	16 321	9

（续）

排名	标题	来源	时间 (月-日)	点击	回帖
8	大兴区开展屠宰企业动物产品检测培训	京华论坛	8-6	16 130	0
9	雁栖镇人居环境整治工作"再发力 破难题"	京华论坛	8-28	14 638	0
10	《关于本市低收入农户劳动力享受就业政策有关问题的通知》解读	京华论坛	8-26	13 701	0

【热点分析】

舆论关注密云、大兴举办葡萄节
农产品价格变动引热议

8月是葡萄收获的季节，北京密云区、大兴区先后举办了第三季葡萄文化艺术节、第十九届大兴采育葡萄旅游文化节，庆祝葡萄丰收，吸引市民前来采摘。活动受到人民网、中国新闻网等中央媒体及《新京报》《北京晚报》等北京市属媒体的积极关注。"密云8 000亩葡萄""数十个品种""30～60元/斤""从8月初可以持续到11月中旬""大兴30余种葡萄成熟"等葡萄的采摘面积、品种、价格、采摘时间、文旅活动等信息被舆论广泛转载。市民前往密云、大兴采摘葡萄的现场图片及对葡萄的评价也被舆论积极报道。人民网称这开启了市民的"甜蜜之旅"；中国新闻网称，多项文旅活动散发新式葡萄"香"。其中，在大兴采育葡萄旅游文化节上，采育镇人民政府与机场企业北京京腾达酒店公司签订战略协议也被舆论重点关注。协议涉及的农副产业发展、劳动力就业等项目，被舆论称之为葡萄节的"升级"。采育镇有关负责人表示，通过本次合作，将全面拉动采育镇农副产业发展，依托大兴机场通航，加强在产品销售、仓储、配送等方面对接，建立互相带动、互相促进的良性合作关系，促进采育经济、社会发展。

8月，在全国猪肉价格上涨、果蔬价格下降的大趋势下，北京市的农产品价格变动也引发舆论积极关注讨论。其中，舆论对北京猪肉价格上涨的现象关注度最高。"北京猪肉价格上涨""创近五年高点""猪肉价暴涨""肋排88元/公斤""已达峰值"等语句广泛出现在报道标题中。"市民直呼'吃不起'""商家表示'卖低了'"的现象被舆论广泛报道。多家媒体还对猪肉价格上涨原因及未来价格走势进行分析报道。央视网称，猪价上涨较快主要是受非洲猪瘟疫情影响，2018 年四季度以来，生猪和能繁母猪的产能持续下降，猪肉市场供给偏紧的效应近期开始集中显现。《新京报》称，肉价的连续上涨，除了有毛猪供应偏紧的因素以外，更主要的是"节日效应"，是需求拉动的阶段性上涨。立秋以后，肉类消费仍然处于淡季状态，需求仍然相对较弱，肉价会出现一定程度的回调。《北京晚报》称，猪肉价格不会再一个劲地涨了。此外，《北京日报》《北京晚报》等媒体还对水果价格下降情况予以关注。"水果价格走势稳中有降""仍然略高于去年同期""整体价格的下降依然是大势所趋""还会大幅跳水"等水果降价信息被舆论集中报道。

北京农村人居环境大幅提升
首善标准打造美丽乡村获舆论点赞

为加快补齐全市农村人居环境短板，营造乡村新面貌，北京高度重视农村环境整治工作。7 月 31 日，北京市人大调研农村人居环境整治情况，强调要利用好农村污水景观化处理技术，用生态处理方法来净化污水，改善农村基础设施，助力美丽乡村建设。北京还组织市优秀村党组织书记示范培训班的 100 多名学员集体赴浙江学习考察，加快建设美丽乡村，《农民日报》、法制网等媒体对此进行报道。北京市各区的农村人居环境整治工作也受到舆论积极关注。"顺义启动农村厨余垃圾清运""平谷设置专职环境网格员精准管控四类污染源""延庆开启'垃圾分类'文明实践""密云创新'二次五分'垃圾分类模式""朝阳农村地区探索人居环境长效管护机制"等人居环境整治的有益探索吸引舆论目光。"平谷 155 个乡村人居环境整治通过市级验收""门头沟 80 个村年内完成环境整治，138 个未拆迁村要全部达到验收标准""大兴 373 个村庄农村环境将大幅提升"等人居环境整治的成果、短期目标也被舆论积极报道。舆论点赞北京美丽乡村入画来。

近年来，北京持续推进美丽乡村建设工作，成果不断显现。8 月 6 日，北京市委农工委、首都文明办、北京市农业农村局、北京广播电视台联合 13 个涉农区，在密云区蔡家洼村启动发现"美丽乡村风景线"之旅，将通过媒体融合联动、全媒体宣传推介等形式，陆续挖掘发现、宣传推介 52 条"美丽乡村风景线"，受到《农民日报》、人民网、光明网等多家中央媒体以及《北京日报》《新京报》等北京市属媒体的积极关注。活动的背景、主题、形式等内容被舆论广泛报道，活动现场发布的首条"美丽乡村风景线"——密云区巨各庄镇"美丽乡村风景线"受到舆论聚焦。北京卫视《北京新闻》对此予以播报。

此外，"房山对 75 个村美丽乡村建设开展专项巡察""海淀区的美丽乡村建设成绩单"等北京各区建设美丽乡村的工作举措、成绩也被舆论关注。其中，朝阳区首批 10 个美丽乡村落成，以及它们产生的翻天覆地的变化受到舆论的重点关注。舆论称，10 个美丽乡村，个个独具特色，生态宜居局面已基本呈现。《北京晚报》称，10 个美丽乡村生态宜居，绿色生态与舒适民居交相呼应。中国文明网称，美丽乡村落成，绽放乡风文明之花。10 个美丽乡村之一的朝阳黑庄户百天拆违 3 万米² 也被舆论赞叹，舆论纷纷发文介绍"'黑庄户速度'是怎样炼成的"。另据《新京报》8 月 16 日报道，朝阳区 2019 年会启动第二批 10 个美丽乡村建设，舆论对此充满期待。

舆论聚焦北京出现首例 H5N6 禽流感

据北京市疾病预防控制中心通报，8 月 17 日，北京市确诊 1 例人感染 H5N6 禽流感病毒病例，引发舆论广泛关注。人民网、新华网、央视网、中国网等中央媒体及《新京报》《北京晚报》《北京青年报》、千龙网等北京市属媒体纷纷发文报道。新浪微博设置的"北京 H5N6 禽流感病例"等 8 个微话题合计阅读量达 1.5 亿次。从内容上看，舆论关注点主要集中在两方面：一是关注患者感染 H5N6 禽流感的基本情况。"禽流感病毒来袭""北京一人已确诊""曾接触禽类""患者正在积极治疗"等语句广泛出现在报道标题中。二是科普 H5N6 禽流感传播及预防知识。"不具备人传人能力""可以预防""暴发可能性较低"等成为舆论报道的高频语句。《北京青年报》8 月 27 日发文《禽流感"再现江湖"还能不能好好吃鸡了？》，带读者认识禽流感病毒"家族"，称这种病毒还没"本事"人传人，熟透的大盘鸡、咸水鸭也可以妥妥地吃。文章还总结了预防禽流感的 4 点建议，并对爱鸟人士、禽类从业人员分别提出预防建议，人民网、中国新闻网等多家媒体转载该文章。也有网民发表意见称不敢吃猪肉、鸡肉了。网民"颈椎腰椎=脊椎"说："猪瘟还没走，又来了禽流感，这菜篮子少了两样，还有什么可吃的？吃素有益于身体健康，多吃蔬菜吧。"网民 Jeanne2093 说："不瞒你，之前闹猪瘟，我两个星期天天吃素，后来人家提醒我可以吃鸡鸭，现在只剩鱼虾可以吃了。"

北京助力受援助地区脱贫成效显著
多轮驱动助力低收入农户增收获舆论关注

2019 年上半年，北京市持续加大帮扶力度，扶贫协作工作取得显著成果，

《北京日报》等媒体对此予以关注。"投 62.6 亿元财政资金""研究制定 1 003 个市级财政帮扶项目、500 个区级项目""年内将助力受援助地区 36 个县级地区 44.66 万贫困人口脱贫摘帽""新发地市场直接或间接带动超过 10 万名贫困人口""惠及贫困人口近 36 万人"等数字信息被舆论广泛转载。据《北京日报》《北京青年报》等媒体报道,为充分肯定北京市扶贫协作工作取得的丰硕成果,北京市扶贫协作和支援合作工作领导小组办公室、北京市人力资源和社会保障局决定,授予徐永生等 150 名同志、北京新发地农副产品批发市场中心等 80 个集体"北京市扶贫协作奖"。各集体、个人的扶贫事迹、扶贫成果及获奖情况被媒体广泛报道。舆论点赞这是"大写的骄傲"。此外,京蒙扶贫、京乌扶贫、京承扶贫等北京对外帮扶举措、案例、成效等也被媒体持续关注。

8 月,市人力资源与社会保障局、市园林绿化局等政府部门及金隅集团、北京城建集团等企业多措并举,帮扶低收入农户增收的典型案例被舆论集中关注。"脱低摘帽"成为舆论报道的高频词。8 月 8 日,市人力资源与社会保障局印发了《关于本市低收入农户劳动力享受就业政策有关问题的通知》(以下简称《通知》),用人单位招用进行了农村劳动力转移就业登记或失业登记的本市低收入农户劳动力,可按规定申请享受最长不超过 5 年的岗位补贴、社会保险补贴。《中国日报》《北京日报》等媒体对《通知》进行解读。舆论称《通知》的发布"造福每一位北京人"。此外,市园林绿化局、市农业农村局、市农业技术推广站等部门的调研低收入帮扶工作、扶低方案以及北京城建集团、金隅集团等企业通过帮助低收入村发展精品民宿、盘活乡村旅游和农产品资源等案例也被舆论报道。《延庆报》《顺义时报》等媒体还关注了两区上半年帮扶低收入农户所取得的成绩。"延庆区上半年低收入农户实现人均可支配收入 7 071 元,同比增长 15.2%""顺义区低收入农户人均可支配收入 8 033 元,增速高于全区居民人均可支配收入 0.6 个百分点"等数字信息被舆论广泛提及。

【全国热点】

表 5　8 月热点新闻 TOP10

排名	标题	来源	时间 (月-日)	转载
1	粮丰价稳心安——农业"压舱石"沉稳有力	《光明日报》	8-7	892
2	去年人均粮食产量 472 公斤　饭碗牢牢端在自己手中	《经济参考报》	8-8	748

（续）

排名	标题	来源	时间（月-日）	转载
3	民以食为天，心系中国饭碗	央视新闻客户端	8-14	655
4	习近平的2019上半年：夙夜在公担重任　聚力攻坚打硬仗	人民网	8-12	644
5	新疆库尔班大叔后人："团结互助是对党最好的感恩"	《人民日报》	8-10	466
6	大国粮仓根基牢固	《人民日报》	8-12	433
7	中央财政下达300亿元支持农业转移人口市民化	新华网	8-28	403
8	当年"三进下党"，习近平至今"历历在目"	新华网	8-7	393
9	乡村农场里的"智慧范儿"	新华网	8-3	387
10	菜果集中上市　肉蛋供应充足　食品价格走势怎么看	《人民日报》	8-19	383

农业农村壮丽70年引发积极关注

在中华人民共和国成立70周年之际，新闻媒体和政府部门对农业农村70年发展成就进行全面宣传，受到舆论的积极关注。主流新闻媒体通过对比宏观数据、讲述微观故事，多角度呈现了农业农村壮丽70年的巨大飞跃。相关报道在各类媒介平台中广泛传播，"辉煌历程""成就瞩目"等成为标题中的高频词，"礼赞""致敬"成为舆论核心表达。同时，有关部门以及各地政府通过发布报告、举行新闻发布会等方式，对农业农村经济社会发展历程进行深度解读，也引发良好舆情效应。在新浪微博中，国家统计局发布的数据"70年来全国粮食总产量增长4.8倍""70年来农村居民人均可支配收入实际增长40倍"等，引发了5 000万次的微话题阅读量和4 970万次的视频播放量。各地政府亮出的成绩单，"黑龙江粮食产量70年增15倍""河北农林牧渔业总产值70年增长280倍"等也被积极传播。舆论认为这是"千年未有之大变局"，称赞"'三农'发展铸辉煌，乡村振兴绘新篇"。

从关注情况看，我国不断提升的粮食安全保障能力受到聚焦。《人民日报》《经济日报》等中央媒体在头版刊发系列评述，对"中国饭碗"掂成色、亮底牌，认为我国从"8亿人吃不饱"转向"近14亿人吃不完"，从"吃得饱"转向"吃得好",折射出全面提升的粮食安全保障能力。媒体广泛介绍各地在稳产量、提产能、绿色高质量发展等方面的突出亮点,列举了河南"优质专用小麦面积三年翻了一番"、湖南稻田融合"农工游"、山西有机黄谷子变成"金谷子"等有益示范,评价"大国粮仓根基牢固,阔步迈向粮食产业强国"。同时,舆论还从农村人居环境明显改善、农村居民生活水平大幅提升等方面对农业农村 70 年发展变迁予以集中关注。

执笔人:张琳

9 月"三农"网络舆情分析报告

【舆情概况】

据监测，2019 年 9 月北京"三农"网络舆情信息量共计 25 883 条，较 8 月增加 874 条。其中，微博消息 8 144 条，占舆情总量的 31.46%，涉及的主要微博账号有头榜头条、头条新闻娱乐、北京人的那些事等；微信舆情信息量 6 483 条，占 25.05%，涉及的微信公众号有延庆、通州小兵、房山那些事儿等；客户端文章 5 404 条，占 20.88%；新闻媒体舆情信息量 4 569 条，占 17.65%，涉及的网络媒体有人民网、新华网、央视网等，涉及的报刊媒体包括《新京报》《北京日报》《北京青年报》等，涉及的电视媒体包括央视《新闻直播间》《晚间新闻》等；论坛帖文 1 248 条，占 4.82%；博客帖文 35 条，占 0.14%（图 1）。

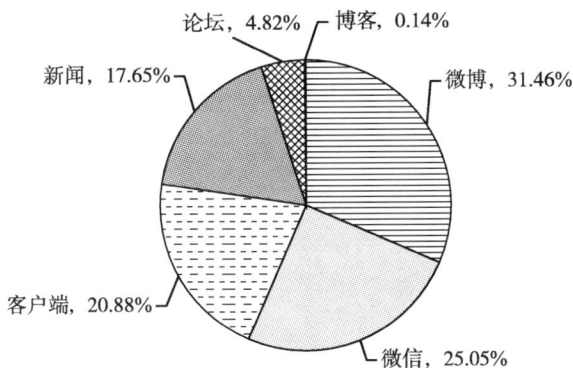

图 1　9 月北京"三农"舆情传播渠道

新闻舆情方面，9 月舆情走势起伏明显，整体呈波浪形走势。9 月 23 日，北京举办系列活动庆祝第二个"中国农民丰收节"到来，当日新闻舆情信息量达 593 条，成为 9 月新闻舆情峰值（图 2）。当日转载较多的新闻有：《胡春华强调：充分调动亿万农民重农务农的积极性、主动性、创造性》《中国农民丰收文化展在京开幕》等。在各大主题领域中，有关"都市型现代农业"的新闻数量最多，占比达 29.39%（图 3）。主要新闻有《冬奥前延庆打造百个民宿村　将形成四大民宿集聚区》《门头沟鼓励打造精品民宿发布"政策服务包"》《北京世园会百蔬园举办南瓜主题日活动》《2019 金秋旅游季开幕 20 条美食民宿精品路线带您"畅游京郊"》等。从全月新闻媒体报道内容看,舆论关注点主要集中在庆祝第二个"中国农民丰收节"上,新闻排行榜 TOP10 中有 4 条信息与之相关。此外,第三届北方民宿大会、北京市财政 8.5 亿元支持养猪场升级改造等内容也被舆论关注(表 1)。

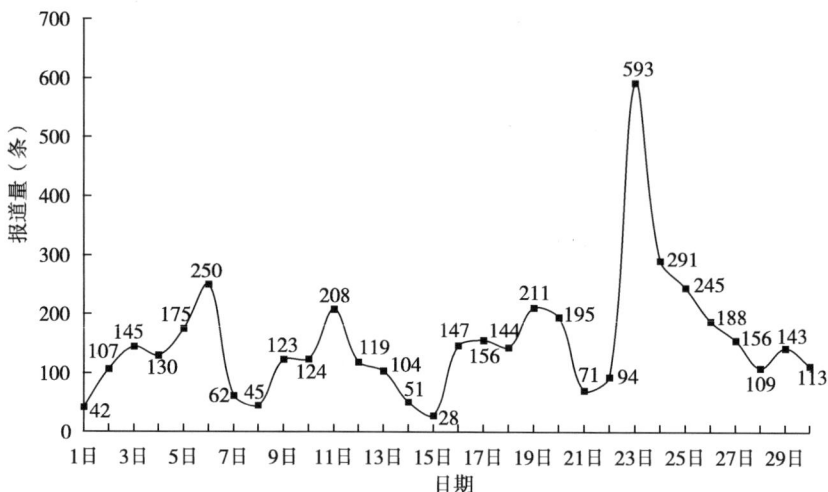

图 2   9 月北京"三农"新闻舆情走势

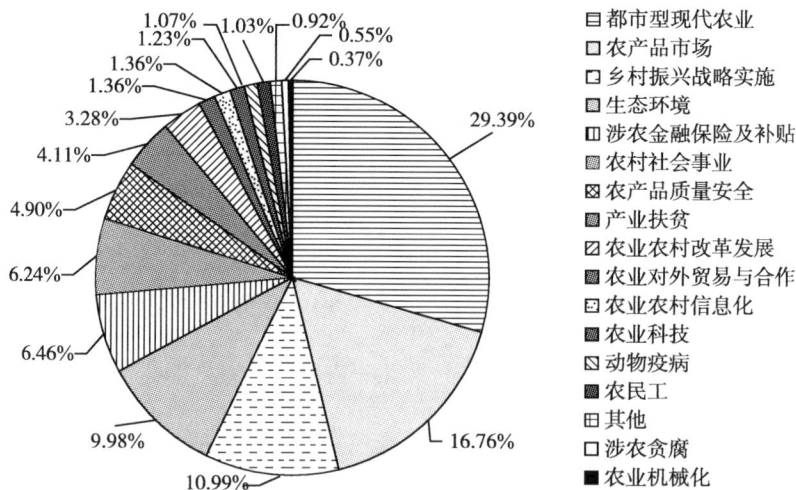

图 3   9 月北京"三农"新闻舆情话题分类

微博方面,9 月舆情走势整体波动较小,舆情峰值出现在 9 月 17 日,当日微博信息量达 823 条(图 4)。主要微博主题有《快来看! 丰收节大促北京扶贫行》

《城乡融合发展　农业走向现代——新中国成立 70 周年北京"三农"发展综述》等。各大主题领域中，有关"都市型现代农业"领域微博数量最多，占比达 30.44%（图 5）。主要微博主题有《百种时令蔬菜——白菜：食用价值》《延庆民宿产业发展白皮书正式发布》等。从内容上看，北京举办系列活动庆祝第二个"中国农民丰收节"是微博网民关注的重点，微博排行榜 TOP10 中有 3 条信息与之相关。此外，京张优质农产品推介会、京郊民宿等内容也被微博网民关注（表 2）。

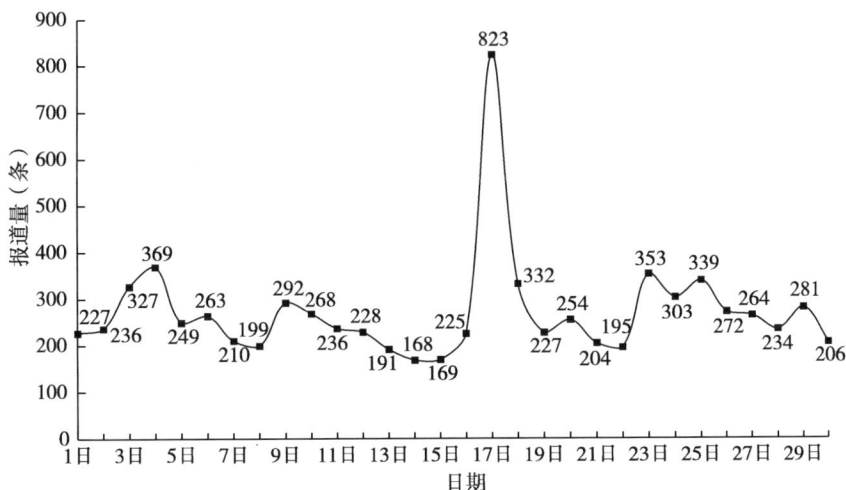

图 4　9 月北京"三农"微博舆情走势

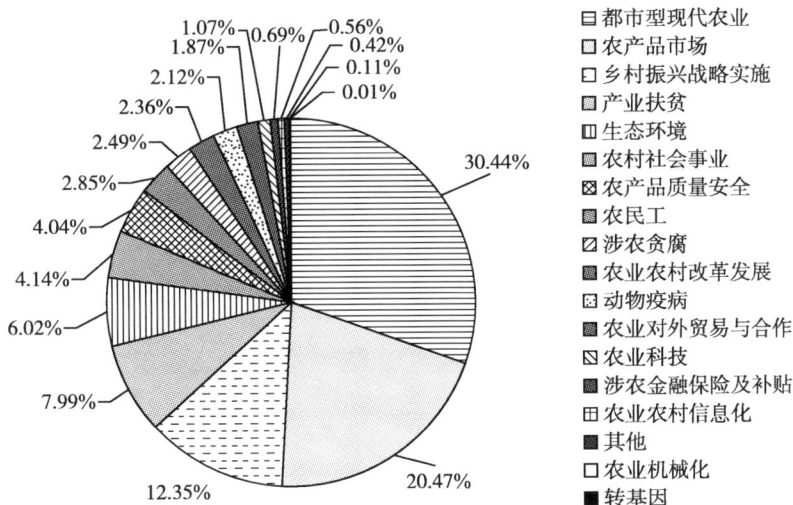

图 5　9 月北京"三农"微博舆情话题分类

微信方面，网民关注点主要集中在北京各区征迁、建设上，微信排行榜 TOP10 中有 6 条信息与之相关。此外，通州葡萄节、密云水库开河等内容也被关注（表3）。论坛方面，网民关注点较为广泛，涉及农产品市场、京郊民宿、扶贫协作、美丽乡村建设等多个话题（表4）。

【热点排行】

表1　9月北京"三农"热点新闻 TOP10

排名	标题	来源	时间（月-日）	转载
1	胡春华强调：充分调动亿万农民重农务农的积极性、主动性、创造性	中国政府网	9-23	161
2	冬奥前延庆打造百个民宿村　将形成四大民宿集聚区	《北京日报》	9-6	136
3	8月份北京 CPI 同比上涨 2.4% 　猪肉价格涨幅较上月扩大	中国新闻网	9-11	76
4	北京市财政 8.5 亿支持养猪场升级改造	《北京日报》	9-20	48
5	北京累计已完成 2 963 个村庄"煤改清洁能源"改造	新华网	9-17	46
6	北京市 33 项活动庆贺农民丰收节	《新京报》	9-27	37
7	中国农民丰收文化展在京开幕	农业农村部新闻办公室	9-23	29
8	北京：金秋大枣香	新华网	9-17	25
9	保障猪肉供应，北京财政向规模猪场发 8.5 亿元"红包"	新京报网	9-19	20
10	2019 年"中国农民丰收节""千企万品助增收"活动将在北京顺义举行	新华网	9-4	19

表2　9月北京"三农"热点微博 TOP10

排名	标题	来源	时间（月-日）	转载	评论
1	顺义山田心的菜园开张啦	黄雅莉	9-25	2 058	3 679
2	2019 京张优质农产品推介会将于 9 月 20 日举办	头榜头条	9-6	1 326	1 331

（续）

排名	标题	来源	时间（月-日）	转载	评论
3	2019京张优质农产品推介会暨"妫水农耕"品牌发布	头条新闻娱乐	9-21	1 246	1 256
4	一起打卡北京郊区的精品乡野民宿乡志·圣水鸣琴	颜途旅行	9-19	829	973
5	2019年中国农民丰收节系列活动出炉	北京人的那些事	9-25	715	788
6	北京延庆这个民宿你有必要了解一下	谢徐疯子	9-1	499	933
7	2019"中国农民丰收节"顺义庆祝活动在兴农天力农业园举行	北京头条热门搜罗	9-25	429	475
8	号外号外！2019京张优质农产品推介会将于9月20~22日在北京延庆八达岭国际会展中心举办	北京热门头条事	9-6	376	417
9	平谷区人民政府携手侨福芳草地共同打造金秋桃源芳草地周末集市	克莱小姐	9-6	211	265
10	北京人几乎没人不知道采育，那儿是值得骄傲的"中国葡萄之乡"或曰"北京吐鲁番"	重回大唐爱	9-7	151	30

表3　9月北京"三农"热点微信TOP10

排名	标题	公众号	时间（月-日）	阅读量	点赞
1	延庆这俩村即将要翻天覆地，新建6处公园、3所幼儿园！	延庆	9-7	30 544	58
2	新政来了，延庆农村有房的恭喜了！	延庆	9-8	25 797	26
3	康庄、永宁、张山营……延庆15个乡镇"整"出了这些事儿！	延庆在线	9-14	22 985	9
4	拆完啦！通州这248个村违建全拆！村容村貌大变样	通州小兵	9-15	22 341	100
5	延庆这些村是否要拆迁？答案来了！	延庆	9-9	21 378	69
6	通州葡萄节来啦！千万别错过！优惠最高减100！	通州八通网	9-6	18 175	11

（续）

排名	标题	公众号	时间（月-日）	阅读量	点赞
7	房山农村有房的恭喜了！国家新政策来了，这下身价要涨了！	房山那些事儿	9-8	16 611	21
8	顺义9个村2万村民迎来这个好消息	顺义人网	9-16	12 774	33
9	真棒！门头沟这个村登上国家级媒体了，是你家吗？	门头沟信息港	9-22	11 181	34
10	直击！密云水库开河啦！首夜丰收水库鱼破15万公斤！	今日密云	9-25	8 186	25

表4　9月北京"三农"热点网帖TOP10

排名	标题	来源	时间（月-日）	点击	回帖
1	北京财政三年安排8.5亿元　保障猪肉供给	京华论坛	9-19	22 995	0
2	冬奥前延庆打造百个民宿村	京华论坛	9-6	22 470	0
3	北京市怀柔区妇联在四子王旗开展扶贫协作工作	京华论坛	9-18	21 819	0
4	渤海镇六项措施确保秋季动物免疫工作圆满完成	京华论坛	9-29	17 800	0
5	听说南法信东，西海洪规划美丽乡村了。个人感觉不靠谱	顺义在线	9-13	15 140	10
6	市政协民族和宗教委员会主任带队到长哨营满族乡、喇叭沟门满族乡调研指导少数民族乡村发展工作	京华论坛	9-28	14 837	0
7	渤海镇加速推进美丽乡村人居环境整治工作	京华论坛	9-5	13 518	0
8	胡春华强调：充分调动亿万农民重农务农的积极性、主动性、创造性	股吧	9-23	13 293	1
9	长哨营满族乡与海淀区苏家坨镇开展结对帮扶签约活动	京华论坛	9-9	13 009	0
10	高丽营镇拆违不"手软"　确保无死角全覆盖	京华论坛	9-13	12 670	0

【热点分析】

第二个"中国农民丰收节" 农业盛宴"京"彩纷呈

9月23日正值农历秋分，迎来了一年一度的"中国农民丰收节"，北京市以"礼赞丰收、致敬农民、祝福祖国"为主题，共庆第二个"中国农民丰收节"，舆论对此广泛关注。23日，《北京日报》《北京晚报》设立丰收节专版，介绍北京市系列庆祝活动。央视《新闻直播间》《晚间新闻》《午夜新闻》、北京卫视《北京您早》《特别关注》等栏目对丰收节活动予以播报。新浪微博设置的微话题"丰收节话丰收"阅读14.4万次，讨论7429次。

从内容上看，舆论关注点主要集中在以下三个方面：一是关注国务院副总理胡春华节前赴北京市出席"中国农民丰收节"庆祝活动。胡春华副总理强调的"充分调动亿万农民重农务农的积极性、主动性、创造性"大量出现在报道标题中，他提出的"要坚持以农民为主体""要大力弘扬中华农耕文明"等要求也被舆论积极转载。二是关注北京各区举办的庆祝活动。"33项活动庆贺'农民丰收节'""40余场活动喜迎'农民丰收节'""庆祝活动将持续至10月7日"等数字信息被舆论大量提及。中国农民丰收文化展、金色大市集、世园会百蔬园主题活动、农民艺术节、特色农产品展销、休闲农事体验、赛舞蹈庆丰收、舞龙舞狮等多项丰收节活动被媒体积极报道。舆论点赞北京农民丰收节活动是一场"农业盛宴"，"'京'彩纷呈"。三是关注北京"三农"发展的丰硕成果。"密云黄土坎鸭梨丰收510万公斤""魏各庄30多种葡萄成熟""延庆'妫水农耕'品牌正式发布"等各区"三农"喜获丰收的情况被舆论积极报道。舆论称，"丰收的锣，敲响了！"网民也为北京"三农"取得的成就点赞。网民"小样儿美"说，现在的农产品都这么厉害了！网民"夏浅浅纱"说："现在的农业发展迅速，好多农产品以前都没见到呢。"网民"向着太阳迎着光"说："瓜果飘香，琳琅满目。"

"畅游京郊"金秋旅游季开幕
第三届北方民宿大会吸引舆论目光

9月22日上午，北京市文化和旅游局举行"畅游京郊"金秋旅游季开幕式，活动现场发布了金秋旅游季京郊旅游线路，还对怀柔区渤海镇北沟村、延庆区井庄镇柳沟村等9个全国乡村旅游重点村颁牌，舆论对此积极关注。"北京开启金秋旅游季""推 20 条京郊旅游主题线路""主打美食、民宿""9 个乡村旅游重点村颁牌"等语句广泛出现在报道标题中。舆论称,游魅力京郊,品秋韵百味。此外,北京市文化和旅游局与北京市商务局组织"城郊美食结对子工程",挑选市区 4 家五星级酒店、6 家京城老字号和网红餐饮店,与 10 家京郊美食企业展开互帮互助也被舆论关注。舆论认为,结对子工程将市区美食通过传帮带的方式落户京郊,形成了市区与郊区美食餐饮店资源互动,互惠互利,全方位提升京郊美食品质。

9 月 3~5 日,由北京市文化和旅游局、北京市延庆区人民政府共同主办的"乡村的荣耀——2019 年第三届北方民宿大会"在北京延庆举办,舆论从三方面对此予以关注:一是关注延庆民宿产业发展白皮书发布。白皮书总结了延庆民宿发展的现状和优势、民宿产业发展举措及成效,制订民宿产业三年发展计划,舆论对此予以重点关注。"冬奥前北京延庆打造百个民宿村""打造 1 000 个精品民宿小院""将形成四大民宿集聚区"等发展计划广泛出现在报道标题中。舆论称:"2022 年冬奥会前北京延庆放大招啦!"二是关注延庆乡村旅游业发展成果。"培育'世园人家'品牌民宿 201 家""增加低收入村民 102.8 万元收入""带动农产品销售 96.1 万元"等民宿产业促进当地产业经济发展、实现乡村振兴方面发挥的拉动效应获舆论点赞。人民网称,延庆民宿产业助力"绿水青山"变"金山银山"。三是关注延庆怀来共同签署战略合作框架协议。会上,延庆怀来共同签署战略合作框架协议,共同推动京津冀民宿产业协同发展,中商企协民宿(客栈)专业委员会同时在延庆成立,舆论对此予以报道。

北京"三农"70 年实现华丽转变

北京"三农"70 年,与新中国同呼吸共命运,与新时代同奋进共复兴,不断取得新的发展成就。北京市人民政府新闻办公室还举行北京市庆祝中华人民共和国成立 70 周年系列主题新闻发布会,介绍北京"三农"情况,并回答记者提问。新华网、《北京日报》《北京晚报》、千龙网等多家媒体发文总结北京"三农"70 年所取得的成就。舆论称,70 年农业生产由传统走向现代,村里生活比肩城市社区。《北京日报》称,新中国成立 70 年来,北京农业从"传统生产"走向"现代生态",城乡从"二元结构"走向"深度融合",农民从"温饱不足"走向"全面小康",农业更精了、农村更美了、农民更富了,乡村全面振兴的美丽画卷已经在京郊大地上铺展开来。综合各媒体报道,北京"三

农"成就主要有以下五方面：一是农业更加绿色高效。北京制定实施农业"调转节"政策，深化农业供给侧结构性改革，促进了农业高质量发展，呈现出减量发展、绿色发展、创新发展、融合发展、协同发展 5 个明显的发展特征。二是农民获得感、幸福感、安全感更加充实。北京持续推进低收入农户帮扶工作，2020 年年底将全部"脱低"，农民的腰包更殷实；改革开放以来，农村居民恩格尔系数从 63.2％降至 23.8％，农民消费形态从单一物质生活需求向多样化服务需求转变，农民的生活更多彩；2019 年城乡居民基础养老金和福利养老金分别比 2012 年提高了 124％和 158％，农民的保障更充分；圆满完成村"两委"换届选举，广泛开展乡风评议，创建 55 个全国文明村镇、875 个首都文明村镇，乡村治理更加有效。三是农村更加生态宜居。北京助力蓝天保卫战，大力度实施农村地区煤改清洁能源；实施美丽乡村建设三年行动计划，启动"百村示范、千村整治"工程，全面开展"清脏、治乱、增绿、控污"，部署了农村"厕所革命"、生活垃圾治理、生活污水治理、绿化美化、"四好"农村路建设等系列专项行动，打造干净整洁有序的农村人居环境。四是城乡实现较高程度的融合发展。据市统计局发布的报告显示，2018 年北京城乡融合发展进程综合实现程度达到 86.6％，在社会发展、生态文明、社会治理、公共服务和民生质量方面均实现较高程度的融合发展。千龙网称，70 年来，北京城乡融合发展，融出了越来越多的风景，融出了越来越多的惊喜。五是集体土地建设租赁住房项目完成率高。从 2018 年度情况看，全市实现集体土地租赁住房用地供应 209.2 公顷，完成率 105％。截至目前，全市已开工 21 个集体土地租赁住房试点项目。

北京财政 8.5 亿专款支持养猪场升级改造获舆论关注

9 月 19 日，北京市财政局表示，为支持生猪产业提升，将加大财政资金投入力度，出台一系列措施促进本市生猪产业稳产保供，舆论对此积极关注。人民网、新华网、央视网等多家中央媒体发文报道。央视《中国财经报道》《第一时间》等栏目对此予以播报。"向规模猪场发 8.5 亿元'红包'""计划三年安排 8.5 亿元支持生猪产业""拟投 8.5 亿元支持养猪场升级改造"等语句广泛出现在报道标题中。"财政每年还计划投入 1.5 亿元，建立粪污治理资源化利用长效机制""鼓励支持生猪养殖户积极参加政策性农业保险""对生猪规模养殖场给予贷款贴息支持"等一系列稳产保供措施被舆论积极报道。舆论称其是"硬措施"，有利于稳"猪"保供。网民纷纷发表评论点赞政策是"重大利好"。

【全国热点】

2019 年 9 月热点新闻 TOP10 见表 5。

表 5　9 月热点新闻 TOP10

排名	标题	来源	时间（月-日）	转载
1	习近平回信寄语全国涉农高校广大师生	新华网	9-6	2 504
2	国办印发意见：稳定生猪生产　促进转型升级	《人民日报》	9-11	678
3	习近平总书记的"三农"寄语	新华网	9-23	611
4	鼓励利用闲置资源　农村宅基地管理新政出炉	《经济参考报》	9-23	587
5	多部门出台 17 条硬措施支持生猪生产发展	新华网	9-8	581
6	保供应！万吨中央储备肉已投放市场	新华网	9-19	420
7	猪肉市场价格将大体保持平稳	《人民日报海外版》	9-4	407
8	胡春华强调　着力提升销区生猪稳产保供水平	新华网	9-2	399
9	我国尚无批准上市的非洲猪瘟商品化疫苗	新华网	9-2	394
10	习近平：把传统村落改造好	新华网	9-17	349

第二个"中国农民丰收节"备受瞩目
舆论纷纷礼赞丰收祝福祖国

9 月 23 日是秋分日，我国迎来第二个"中国农民丰收节"（以下简称丰收节），全国各地举办了隆重的节庆活动。在 2018 年全国首个丰收节引发舆论热烈反响的基础上，2019 年的丰收节继续受到新闻媒体和社交媒体的积极关注。

从监测情况看，各类媒介平台呈现融合化、矩阵式的传播格局，舆论氛围热烈喜庆，线上线下互动活跃。具体有以下三方面特点。一是关注热情继续高涨，舆情总量明显增加。据监测，9 月 22 日 0 时至 29 日 11 时，丰收节相关舆情总量近 21 万条，较 2018 年同期增长 22.5%。二是议程设置持续强化，话题内容更加丰富。在新浪微博中，2018 年首个丰收节中出现的微话题"我和我的家乡""中国农民丰收节"等，被沿用为 2019 年的重点议题，话题阅读量累积至数十亿次，体现了议程设置的连贯性和节日的传承性，也持续激发了

舆论的关注热情。三是传播新技术刷新视听体验，5G 直播成为一大亮点。2019 年丰收节的一大亮点是"5G＋VR"、"5G＋无人机"等信息化新技术的使用，舆论称这是 5G 技术在农业农村领域的首次应用，将为农业农村信息化开启新篇章。

从舆论关注情况看，丰收节相关热点内容主要集中在以下四个方面：一是习近平总书记问候农民及一线"三农"工作者引发热烈反响。23 日，习近平总书记通过中央电视台农业农村频道，向全国广大农民和工作在"三农"一线的同志们表示诚挚问候。舆论对此反响热烈，《人民日报》《光明日报》等中央媒体在头版头条刊发此消息，新浪网、腾讯网等商业门户网站和百度等搜索引擎也以首页头条形式重点推荐。媒体指出，总书记亲自推动设立"中国农民丰收节"，并且连续两年向全国亿万农民表达问候和祝愿，充分反映了以习近平同志为核心的党中央对"三农"工作重中之重地位的高度重视。二是聚焦金秋收获季，"丰收颂祖国"引发积极舆情效应。各地丰收盛景的图片、视频大量涌现，新华社等媒体航拍的大江南北丰收景象引发积极关注。人民网视频《2019 "中国农民丰收节"：丰收的高度》，播放量 292 万次。新浪微话题"最美丰收季"的话题阅读量达到 8 681 万次。"瓜果硕，稻谷香""金秋稻田千重浪""鱼满网，蟹满仓"等成为互联网上的高频语句。同时，各地农民开展了形式多样的"丰收颂祖国"活动，"宁夏枸杞拼出巨幅国旗""新疆村民用玉米和辣椒拼出'祖国万岁'"等图文视频消息频发，引发网民积极点赞。三是各地丰收节活动广受肯定，5G 直播增强传播效果。全国各地策划了一系列农民参与度高、互动性强的活动，"稻田音乐节""抖音挑战赛""丰收打卡点"等新颖内容被媒体大量报道，"隆重举行""精彩纷呈""惊喜不断"等词频现标题。在各类丰收节活动的传播方式中，直播成为重要宣传手段和流量担当。四是直播销售农产品受青睐，"秒速带货"成为新常态。丰收节期间，淘宝、抖音、快手等平台联合政府部门，推出了大量视频直播农产品销售活动，成为舆论的关注焦点。"12 位县长直播间吸粉 3 400 万人次""阿里丰收节直播盛典 3 小时带货 2 640 万元"等消息被积极传播，"2 秒售罄 1.3 吨云南咖啡""30 秒爆销 1 200 斤新疆托里县牛肉干"等销售纪录让舆论感慨"秒速带货"成为直播销售农产品的新常态。《光明日报》等媒体指出，从传统农忙时的抢收、抢种，到如今丰收季节抢直播、抢发货的新"双抢"，移动互联网正悄然改变乡村的面貌，手机成为新农具，直播变成了新农活，数据成了新农资。

　　总体看，丰收节相关舆情达到了隆重、积极、热烈的传播效果，致敬农民、礼赞丰收、鼓舞奋斗成为舆论主调。新闻媒体用"成果丰硕"评价节日活动，称其充分展现了蓬勃的时代气象、火热的生活激情、多样的农耕文化以及农民的时代风采。网民也对丰收节和丰收季广泛点赞，称"拍、吃和赞叹根本停不下来"，并呼吁用金色丰收献礼祖国 70 华诞。

执笔人：蔺育华　刘文硕　刘海潮

10 月 "三农" 网络舆情分析报告

【舆情概况】

据监测，2019 年 10 月北京 "三农" 网络舆情信息量共计 18 444 条，较 9 月减少 7 439 条。其中微信舆情信息量 6 736 条，占舆情总量的 36.52%，涉及的微信公众号有最爱大北京、通州八通网、延庆在线等；客户端文章 5 299 条，占 28.73%；新闻媒体舆情信息量 3 453 条，占 18.72%，涉及的网络媒体有人民网、新华网、央视网等，涉及的报刊媒体包括《新京报》《北京日报》《河北经济日报》等，涉及的电视媒体包括央视《经济信息联播》等；微博消息 2 220 条，占 12.04%，涉及的主要微博账号有新京报、千龙网·中国首都网、北京日报等；论坛帖文 719 条，占 3.90%；博客帖文 17 条，占 0.09%（图 1）。

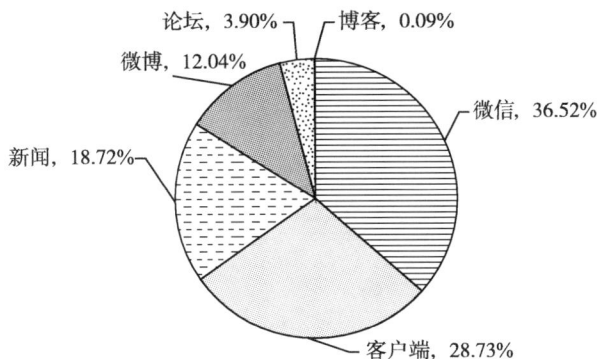

图 1　10 月北京 "三农" 舆情传播渠道

新闻舆情方面，10 月舆情走势起伏明显，舆情峰值出现在 10 月 25 日，当日新闻舆情信息量达 315 条（图 2）。第三届中国（北京）休闲大会于 25 日在平谷区开启，成为影响舆情走势的主要因素，当日转载较多的新闻有：《第三届中国（北京）休闲大会于北京平谷开幕》《李宝春：休闲旅游时代已正式到来》《中国人民大学教授：科学技术进步让人 "有钱又有闲"》等。在各大主题领域中，有关 "都市型现代农业" 的新闻数量最多，占比达 31.94%（图 3），主要新闻有《葡萄酒成北京房山生态新名片》《北京·昌平第十六届苹果文化节开幕》《8 个苹果优新品种为市民添口福》《休闲产业新业态　城市发展新驱动　第三届中国（北京）休闲大会10月25日开幕》等。从本月新闻媒体报道内容看，舆论关注点主要集中在第三届北京休闲大会上，新闻排行榜TOP10中有3条信息与之相关。此外，京津冀品牌农产品产销对接活动、北京种子大会等内容也被舆论关注（表1）。

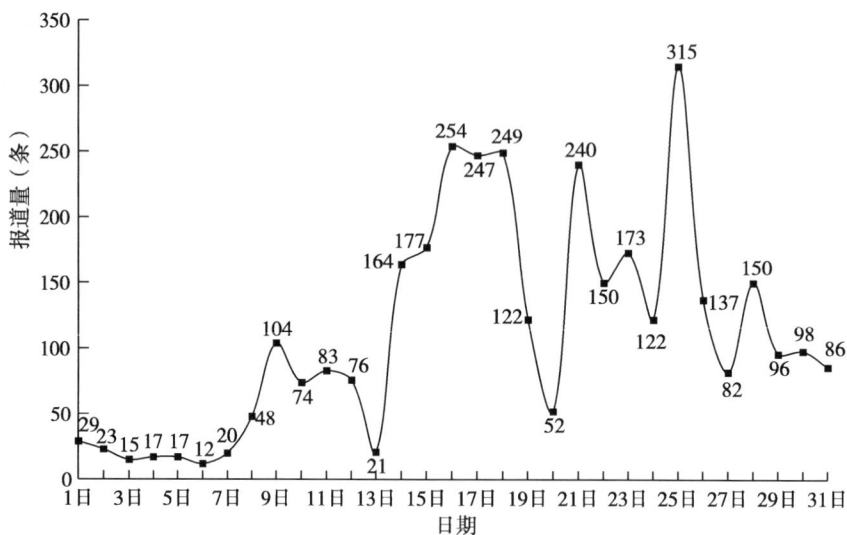

图2　10月北京"三农"新闻舆情走势

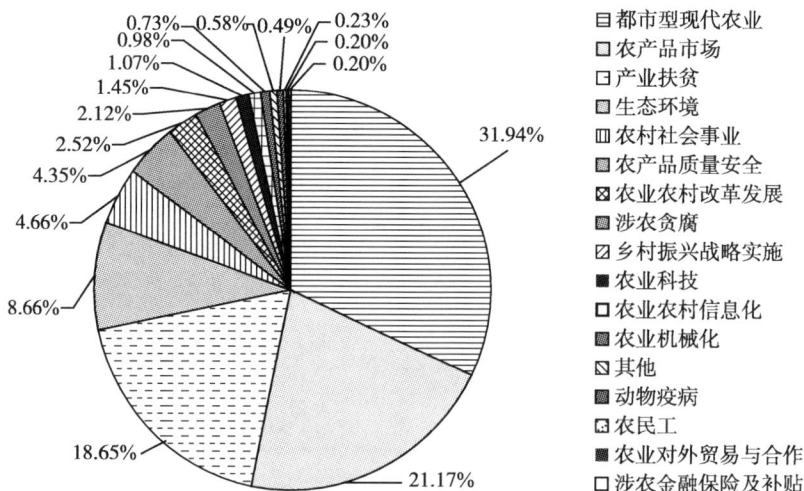

图3　10月北京"三农"新闻舆情话题分类

微博方面，10月舆情走势整体波动较大，舆情峰值出现在10月25日，当日微博信息量达128条（图4），主要微博主题有《54个贫困县免费种上北京扶

贫种子》《2020 北京·平谷世界休闲大会吉祥物亮相》等。各大主题领域中，有
关"都市型现代农业"领域微博数量最多，占比达 39.55％（见图5）。主要微博
主题有《房山坡峰岭红叶今日开始慢慢进入最佳观赏期　准备好来打卡了吗?》
《昌平区的文化旅游资源丰富，景色醉人》《京郊度假，来大隐于世民宿》等。从
内容上看，京郊旅游是微博网民关注的重点，微博排行榜 TOP10 中有 7 条信息
与之相关。此外，平谷大桃、磨盘柿子等农产品也被微博网民关注（表2）。

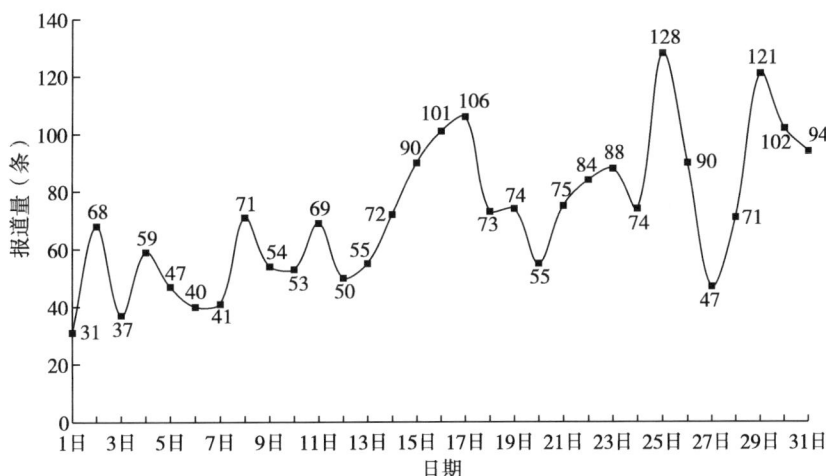

图4　10月北京"三农"微博舆情走势

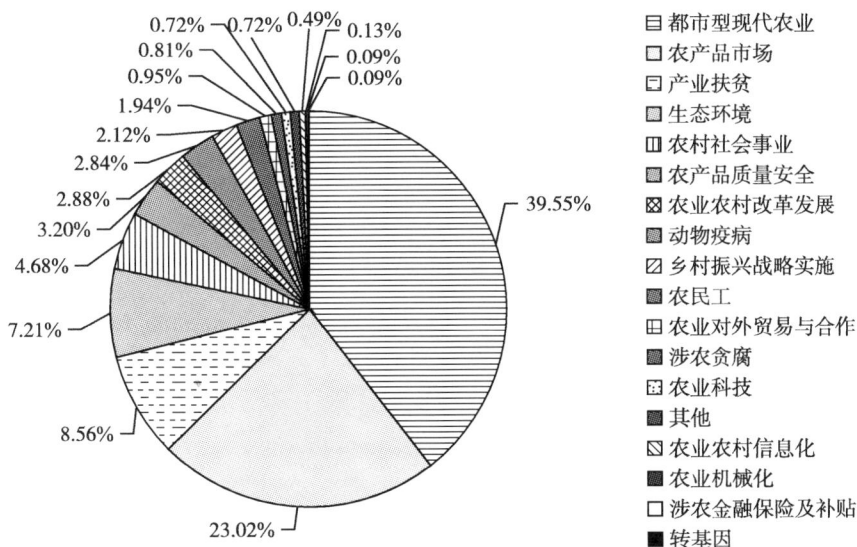

图5　10月北京"三农"微博舆情话题分类

微信方面，网民关注点主要集中在北京各区征迁、建设上，微信排行榜
TOP10 中有 7 条信息与之相关（表 3）。论坛方面，网民关注点主要集中在扶
贫方面，网帖排行榜 TOP10 中有 4 条信息与之相关（表 4）。

【热点排行】

表 1　10 月北京"三农"热点新闻 TOP10

排名	标题	来源	时间 （月-日）	转载
1	我省品牌农产品北京热销　京津冀产销对接现场签约 1.92 亿元	《河北经济日报》	10-24	63
2	"桃桃"是啥？2020 平谷世界休闲大会吉祥物今日 亮相	《新京报》	10-25	63
3	2018 年北京各区水污染防治考核均合格	《北京商报》	10-16	51
4	9 月份北京 CPI 同比上涨 2.4%　猪肉价格涨幅扩大	中国新闻网	10-16	43
5	河北崇礼滞销农产品获北京"爱心订单"	中国新闻网	10-21	38
6	第三届中国（北京）休闲大会将于 10 月 25 日在平谷 开幕	津云新闻	10-15	33
7	2020 北京·平谷世界休闲大会主会场、主场馆已封顶	中国新闻网	10-15	30
8	密云晚熟桃"元春"今年首迎采摘季	《北京晚报》	10-24	24
9	第二届北京种业扶贫大会召开　60 余家企业捐赠价值 500 余万元扶贫种子	中国新闻网	10-18	24
10	2019 年前三季度北京市农产品生产者价格指数同比上 涨 5.8%	国家统计局	10-23	20

表 2　10 月北京"三农"热点微博 TOP10

排名	标题	账号	时间 （月-日）	转发	评论
1	房山坡峰岭红叶今日开始慢慢进入最佳观 赏期　准备好来打卡了吗？	谢徐疯子	10-19	1 344	896
2	房山张坊镇已经变成了拥有万亩葡萄园、 美丽红酒酒庄以及酒庄风景大道的新农村	凌子看世界	10-28	927	274
3	没想到房山有个可爱的小村庄，民宿里还 有阿姨做饭	澄澄 ok 的	10-25	380	1 002

（续）

排名	标题	账号	时间（月-日）	转发	评论
4	在秋意渐浓的房山坡峰岭山脚下，隐藏在大山中的民宿	Coco 胡波	10-17	365	236
5	北京房山霞云岭乡三流水大滩村有个避世的梨花小院	情绪丹细胞	10-12	308	378
6	大桃子吃起来！国庆假期，平谷"国桃"领衔亮相侨福芳草地	食遇姚瑶	10-5	294	284
7	北京最美的乡村，最美的乡间小路	凌子看世界	10-23	176	312
8	中午冒雨来到房山大滩村，这两年，很多驴友喜欢上了大滩村	凌子看世界	10-12	160	210
9	第三届中国（北京）休闲大会今天开幕	新京报	10-25	143	123
10	应季水果柿子你吃对了吗？磨盘柿之乡的柿子熟了，教你如何吃柿子	凌子看世界	10-24	123	215

表3　10月北京"三农"热点微信 TOP10

排名	标题	公众号	时间（月-日）	阅读量	点赞
1	北京这儿新开两家菜市场，品种又多又便宜又新鲜！	最爱大北京	10-19	38 245	91
2	拆拆拆！通州这 32 个村要拆迁了，拆完要干这件事！	通州八通网	10-14	31 122	124
3	涉 32 村腾退拆迁！通州这个镇明年又有大动作！	通州小兵	10-14	24 405	148
4	延庆这个村要整体搬迁，位置已定！	延庆在线	10-29	23 555	28
5	涉拆迁！这项投资 7 个亿大工程将使通州 60 多村获益！	通州小兵	10-26	23 434	104
6	拆！通州这 3 个村约 301 亩将征收，涉住宅！补偿公示已发布！	通州小兵	10-16	20 927	108
7	房山区低收入农户扶贫专场招聘会	房山区公共就业服务中心	10-15	20 800	23

（续）

排名	标题	公众号	时间 （月-日）	阅读量	点赞
8	涉及延庆60个村！最高每户2.4万你领取了吗？	延庆在线	10-19	19 350	16
9	搬迁！昌平四镇1 100人即将搬迁	昌平青年	10-22	14 898	461
10	9月官方回复！涉及昌平拆迁、规划、煤改电……这15件回应看点十足！	家住昌平	10-8	12 547	22

表4　10月北京"三农"热点网帖TOP10

排名	标题	来源	时间 （月-日）	点击	回帖
1	怀柔副区长王建刚带队到喇叭沟门满族乡检查人居环境整治推进情况	京华论坛	10-14	20 828	0
2	建设美丽乡村，棚改估计是没戏了	顺义在线	10-19	18 307	13
3	怀柔北房镇"三融合"确保主题教育取得扎实效果	京华论坛	10-17	18 106	0
4	怀柔精准帮扶再发力惠民措施暖人心	京华论坛	10-17	15 308	0
5	朝阳专业社工将贫困村新鲜蔬菜送上市民餐桌	京华论坛	10-17	14 621	0
6	让扶贫的种子落地开花结果	京华论坛	10-20	14 408	0
7	架起生态桥　富民又环保	京华论坛	10-14	13 862	0
8	北京种子大会召开　54个对口帮扶地区获捐500万元"扶贫种子"	京华论坛	10-20	12 244	0
9	鸡蛋价格已进入季节性下降区间	股吧	10-2	7 126	2
10	北京的菜价，胡萝卜一元一斤、莴苣1.5元一根、大白菜1元一斤	滨海网	10-22	4 926	4

【热点分析】

第三届中国（北京）休闲大会引人入胜

10月25日，由中国旅游协会、北京市文化和旅游局、平谷区政府主办的第三届中国（北京）休闲大会在平谷区开启，舆论对此积极关注。新华网、中国网等210家媒体发布及转载相关报道506篇，客户端文章1 072篇，微信信

息 116 条，微博消息 128 条，论坛博客帖文 31 条。26 日，《新京报》推出第三届中国（北京）休闲大会会刊，对休闲大会予以详细报道。从内容上看，舆论关注点主要集中在以下三方面：一是关注休闲大会的历史及相关活动。多家媒体发文对休闲大会的历史进行梳理。大会开幕式、主题论坛及 3 场主题分论坛，国际休闲产业博览会，首届中国传统智力游戏挑战赛等活动被舆论概括为"一会一展一活动"。开幕式上发布 2020 北京·平谷世界休闲大会吉祥物"桃桃"、"金叶奖"评选启动仪式、举办中国传统智力游戏挑战赛等内容被舆论积极关注。二是关注北京休闲旅游活动。"第二届金海湖红叶观赏季""平谷菊花美食节文化节"等休闲旅游活动被舆论重点关注。舆论指出，红叶观赏季的举办，将为 2020 世界休闲大会进行预热，积攒丰厚经验，迎接 2020 年大会的正式到来。观红叶、赏菊花、品尝农家饭、入住特色民宿等特色休闲体验获舆论点赞。舆论称，平谷成了新的网红打卡地。三是肯定举办休闲大会、发展休闲产业的积极意义。"休闲产业驱动城市发展""展示中国休闲'范儿'""赋能平谷休闲产业发展"等语句广泛出现在报道标题中。北京大学中文系教授张颐武称："我们进入了休闲大爆发的时代。"舆论认为，世界休闲大会的举办是一件有利于北京市、有利于平谷区发展的大事、好事，借助世界休闲大会打造北京市休闲品牌，对北京休闲产业转型升级有示范意义，更好地向世界展示中国休闲文化魅力。网民也纷纷发表评论，表达对休闲生活的向往。网民"新京报旅游公社"说："最好的休闲方式，可以远离尘器，伴着山林小鸟虫鸣声，进入甜美的梦乡，美美地睡上一觉。或者，伴着美妙的'郎朗'琴声与心爱的人在山顶看星星。"网民"linda12016"说："带娃休闲撒欢儿去。"网民"崇文米其林弟弟"说："北京最美的季节就要来啦！休闲模式开启。"

北京·昌平第十六届苹果文化节拉开序幕
2019 北京·房山国际葡萄酒大赛如约而至

10 月 19 日，由北京市园林绿化局和昌平区人民政府联合主办的北京·昌平第十六届苹果文化节在中日友好观光果园拉开帷幕，受到新闻媒体和社交媒体的积极关注。北京市新引进的"信浓金""红色之爱"等 8 个国内外优新苹果品种的上市、"苹果擂台赛""摄影采风大赛""苹果主题嘉年华"等系列主题活动以及昌平推出的 4 条摘苹果赏美景线路成为舆论关注的焦点。"15 度甜的苹果红了""又是一年苹果红""红染枝头""不仅是香甜""为北京市民添口福"等语句彰显舆论对昌平苹果的喜爱。"昌平全区苹果种植面积达到 2.5 万亩""预计总产量将达到 1 500 万公斤左右""全市将有超过 15 万亩的优质苹果成熟上市"等数字信息也被舆论集中关注。此外，昌平区园林绿化局产业主管部门引进各种电商和物流等合作平台，促进苹果的销售也是舆论关注的重点。"'互联网＋现代农业'的办会方式""打造'真实味'昌平苹果网络销售专属交易平台""利用邮政快递物流系统，搭建和完善供应商与终端客户的直接对接平台"等销售方式、举措获舆论点赞。舆论称，线上线下齐发力，销售渠道多样化。

10 月 16～19 日，由北京市房山区人民政府指导，由生命湖健康产业集团主办的 2019 北京·房山国际葡萄酒大赛在北京生命湖酒店举行。新华网、中国网、《北京日报》等媒体对葡萄酒大赛的主题、房山发展葡萄酒产业的天然优势、房山葡萄种植面积及品种等内容予以关注。舆论还总结了葡萄酒大赛"葡萄酒＋中国菜（粤菜），发掘无限可能""国际葡萄酒组织深度合作支持""品鉴会免费对外开放，30 多个国家，1 000 多款美酒尽情挑选""6 000 亩湖畔与大师品酒＋房山酒庄行"等六大亮点。《北京日报》称，大赛的举办，不仅吸引了市民来参观品鉴，带动了旅游发展，也推动了房山区内的绿色转型，一批规模型酒庄在房山建成，生态效益、环保效益、经济效益、社会效益逐步显现。

北京种子大会成功举办
第二届北京市扶贫协作论坛获舆论关注

10 月 18 日，第二十七届北京种子大会和第二届种业扶贫大会在河北省廊坊市开幕，数百家种子企业、涉农企业等参会。人民网、中国新闻网等多家央级媒体发文关注。腾讯视频、优酷视频等多家视频平台发布现场情况。"人车爆满""盛况空前""人气火爆"等成为舆论报道的关键词。种子大会的历史、主题、5 个展区、系列精准扶贫专题活动、帮扶成果等内容被舆论积极转载。"60 多家参展种子企业""对口帮扶内蒙古、河北 54 个地区""捐赠了 196 个品种种子""预计种植面积 16 000 亩""54 个贫困旗县区将直接受益""日均高峰客流 3.6 万人""会期累计客流 8 万人次"等数字信息被舆论集中关注。舆论总结了种子大会的四大特色亮点：一是顺势而为，扎实布局，发动企业参与，发挥了种业会展在扶贫攻坚中的催化和引擎作用；二是打造鲜明主题活动，创新高质量论坛，体现了北京种子大会的传承、巩固和发展；三是发挥品牌会展的影响力、号召力和带动作用，立足北京，面向全国和世界，提升了北京种子大会在打造北京种业之都中的平台作用；四是坚持正确的办会方向，不忘初心，牢记使命，团结协作，为成员和参展企业谋发展，彰显北京种子大会

的服务功能。舆论称，让扶贫的种子落地开花结果。

10月16日，第二届北京市扶贫协作论坛举行，人民网、中国网、中国新闻网等中央媒体以及《北京日报》《北京商报》、京报网、千龙网等北京市属媒体发文关注。舆论点赞北京市扶贫协作论坛书写扶贫支援首善答卷。从内容上看，舆论关注点主要集中在以下三个方面：一是关注北京消费扶贫工作成果。"2019上半年北京消费扶贫总额达57亿余元""消费扶贫资金总额达2.66亿元""惠及69万贫困人口脱贫""北京16区已建立9个消费扶贫分中心""消费扶贫爱心卡办卡超20万张"等扶贫成果获舆论肯定。舆论援引北京市委常委、常务副市长林克庆的话称，北京将以更大的决心、更精准的举措、更过硬的作风，继续加大消费扶贫的力度，抓好宣传推广，拓宽销售渠道。二是关注京东上线北京对口支援消费扶贫平台。在北京市扶贫支援办指导下，京东面向北京市对口支援贫困县的消费扶贫平台上线，舆论对京东集团的帮扶举措、成果等内容进行梳理。舆论称，京东进一步夯实了北京市对口帮扶贫困地区农产品上行主渠道的地位。三是关注《中国全面小康发展报告·北京扶贫协作样本》正式首发。舆论对该书的主编、出版社、内容等情况予以介绍。多家媒体以《"北京扶贫协作样本"在京首发》为题对此进行报道。

舆论关注第四届京津冀品牌农产品产销对接活动
前三季度北京市农产品生产者价格指数发布

10月21日，第四届京津冀品牌农产品产销对接活动在北京新发地举办，新华网、光明网、北京青年网、河北新闻网等媒体对此予以关注。"35个县（市、区）的83家品牌农产品企业""全国各地的200多家采购商""河北参会农业企业大部分来自全省贫困地区""旨在贯彻落实京津冀协同发展战略，发挥品牌引领作用"等基本情况被舆论积极报道。舆论关注点主要集中在活动取得的成绩上。"活动现场签约超3亿元""河北品牌农产品现场签约1.92亿元"等签约成果广泛出现在报道标题中。舆论点赞第四届京津冀品牌农产品产销对接活动让京津冀贫困地区品牌农产品实现大流通。

10月，国家统计局发布2019年前三季度北京市农产品生产者价格指数，中国新闻网、新京报网以及《证券日报》等多家财经类媒体对此予以关注。"生产者价格指数同比上涨5.8%""种植业产品生产者价格指数为98.4，同比下降1.6%""畜牧业产品生产者价格指数为113.8""生猪价格同比上涨27.6%"等数字信息被舆论广泛转载。其中，生猪价格上涨是舆论关注的焦点。舆论指出,生猪价格上涨是拉动畜牧业产品价格指数上涨的主要因素。10
月15日,央视《经济信息联播》栏目以《北京:猪肉价格高位运行 上市量
降至5年最低》为题对此进行播报。中国金融商报网10月25日发文《北京猪
肉价格涨幅继续扩大?网友:不如吃海参!》称,北京的普通猪肉已经涨到了
30元左右一斤,壹号土猪、精气神等品牌黑猪肉更是高达70元左右一斤。以
前大家开玩笑说财富自由的标志是"车厘子自由""苹果自由",现在又变成
"猪肉自由",一句句调侃背后却是普通老百姓对于当前猪肉价格的无奈。不
过,冻猪肉投放和猪肉进口增加应该会抑制猪肉价格过快上涨。

【全国热点】

2019年10月热点新闻TOP10见表5。

表5 10月热点新闻TOP10

排名	标题	来源	时间 (月-日)	转载
1	坚持人才下沉科技下乡服务"三农" 用科技助力脱贫攻坚和乡村振兴	新华网	10-21	1 248
2	我国成功发射高分十号卫星 用于国土普查、防灾减灾等领域	新华网	10-5	732
3	农业农村部:力争今年冬小麦稳定在3.3亿亩以上	中国新闻网	10-8	451
4	"菜篮子"价格追踪:猪肉价稳了 蔬菜水果都降了	中国新闻网	10-11	409
5	贫病有依靠 健康奔小康——医疗资源下沉为贫困群众筑牢"健康长城"	新华网	10-30	325
6	《中国的粮食安全》白皮书发表 我国粮食产量连续4年稳超6.5亿吨	央视网	10-15	291
7	甘肃省定西市岷县发生非洲猪瘟疫情	农业农村新闻办公室	10-13	289
8	多部门联合打击恶意欠薪犯罪 千方百计保障农民工拿到工资	《人民日报》	10-31	267
9	国务院新闻办发表《中国的粮食安全》白皮书	新华网	10-14	260
10	国务院扶贫办六大举措确保如期打赢脱贫攻坚战	新华网	10-24	242

国庆假期美丽乡村受热捧
舆论期待乡村游趁"热"升级

国庆假期乡村游受到热捧。多地媒体用"订单爆满""接待人数再创新高"

"乡村民宿房难求"等语句描述当地的旺盛人气,还有舆论感慨国庆乡村游"怎一个火字了得!"。

从关注情况看,热点内容主要集中在两个方面。一是全面介绍乡村游的特色和亮点。各地乡村绿色游、丰收游、文化游成为报道重点。如画的风景、农趣十足的丰收节活动、革命圣地中的红色乡情、底蕴深厚的乡村古镇等成为吸睛亮点。媒体对此发出大量报道,如"丰收游"成新疆秋季旅游爆款、河南新县田铺大湾古村落成"网红"打卡地、四川成都战旗村"我与祖国同框"拍照点人气爆棚、广东珠海斗门乡村振兴示范点成为游客"新宠"、浙江乡村"一村一景""一户一特"吸引越来越多的外国游人。舆论表示,农村人居环境整治带来了乡村蝶变,旅游发展与绿化美化相结合,进一步促进了美丽资源向美丽经济的转化,如今的乡村,不仅是古老土地的乡村情境和美好意蕴,更有沉淀在骨子里的、浓厚的农耕文明和精神,乡村旅游已成了文化之旅、探秘之旅和风情之旅,乡村的秀美山川、风味美食、悠久文化、特色风情,已经成为全球游客了解中国的新窗口。二是客观展示乡村游带来的发展红利。乡村游推动了"民宿潮",带热了土特产销售,在助力农民增收致富方面的积极效应受到关注。各地媒体纷纷列举数据,客观展示国庆期间乡村游带来的发展红利。如《河南商报》称,河南新县农副产品、旅游商品销售额达 2.26 亿元,农家乐、民宿营业额逾 4 亿元,2 万多名建档立卡贫困群众从中受益,人均增收 2 000多元;中国甘肃网称,甘肃康县生态旅游和乡村旅游火爆升温,"揽金"1.1亿多元;《新京报》称,北京密云乡村旅游实现收入 8 168.27 万元,增长5.58%;《南方日报》称,广东美丽乡村精品线路吸金超 5 000 万元。

总体看,乡村游呈现的良好态势引发积极评价和期待。新华社等媒体点赞乡村游"鼓了口袋乐了百姓",让农村变美、令农民致富、促农业发展,激发了乡村振兴新动能。在第十三届联合国世界旅游组织/亚太旅游协会旅游趋势与展望国际论坛上,与会代表称赞中国"乡村游"为世界旅游业提供了可借鉴经验。还有舆论建议乡村游趁"热"升级,既要充分挖掘自身特色,也要充分保留农村特色,通过专业分工、错位经营,让更多绿水青山变成金山银山,不断激发乡村旅游的新活力。

执笔人:张琳 张珊 刘海潮

11月"三农"网络舆情分析报告

【舆情概况】

据监测，2019年11月北京"三农"网络舆情信息量共计22 981条，较10月增加4 537条。其中微博消息7 324条，占舆情总量的31.87%，涉及的主要微博账号有央视财经、新浪财经、界面新闻等；微信舆情信息量5 852条，占25.46%，涉及的微信公众号有通州小兵、顺义百事通、延庆在线等；客户端文章4 873条，占21.21%；新闻媒体舆情信息量3 805条，占16.56%，涉及的网络媒体有人民网、新华网、光明网等，涉及的报刊媒体包括《农民日报》《北京日报》《北京青年报》等，涉及的电视媒体包括北京卫视《北京您早》等；论坛帖文1 083条，占4.71%；博客帖文44条，占0.19%（图1）。

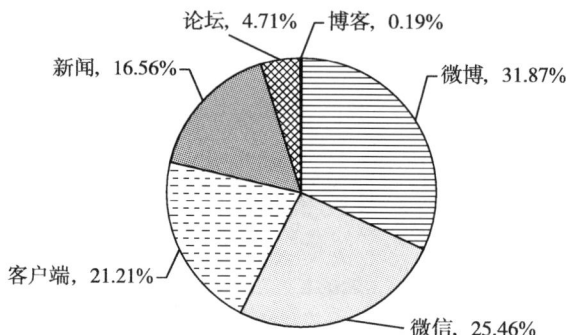

图1　11月北京"三农"舆情传播渠道

新闻舆情方面，11月舆情走势起伏明显，舆情峰值出现在11月30日，当日新闻舆情信息量达220条（图2）。北京猪肉价格回落、《北京市进一步加快推进城乡水环境治理工作三年行动方案（2019年7月—2022年6月）》发布等内容被舆论广泛转载，成为影响舆情走势的主要因素。当日转载较多的新闻有《北京市启动新一轮污水治理三年行动计划》《北京猪肉价格降到一月以来最低点，后期下降空间有限》等。在各大主题领域中，有关"生态环境"的新闻数量最多，占比达24.57%（图3），主要新闻有《北京首个标准化"美丽乡村"诞生　助力乡村产业发展》《北京累计完成13.1万户农村户厕改造》等。

从全月新闻媒体报道内容看，舆论关注点主要集中在猪肉价格波动上，新闻排行榜 TOP10 中有 3 条信息与之相关。此外，房山区张坊镇大峪沟村成为首个标准化"美丽乡村"等内容也被舆论重点关注（表 1）。

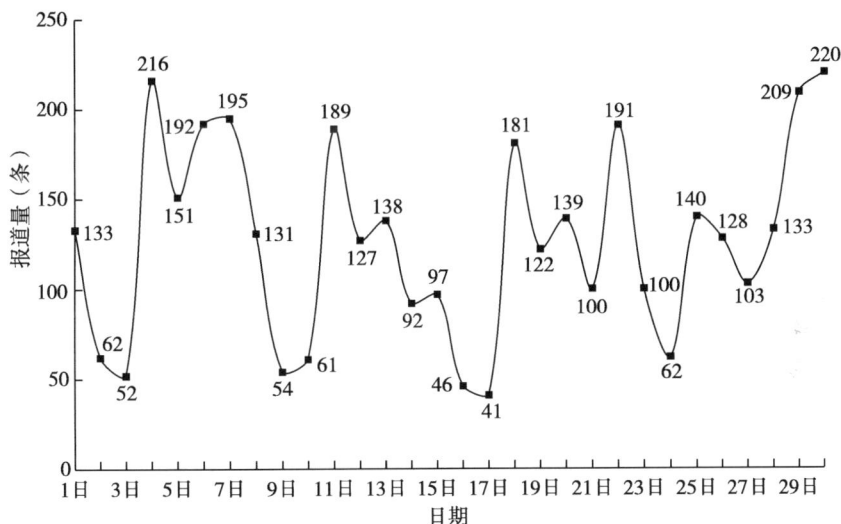

图 2　11 月北京"三农"新闻舆情走势

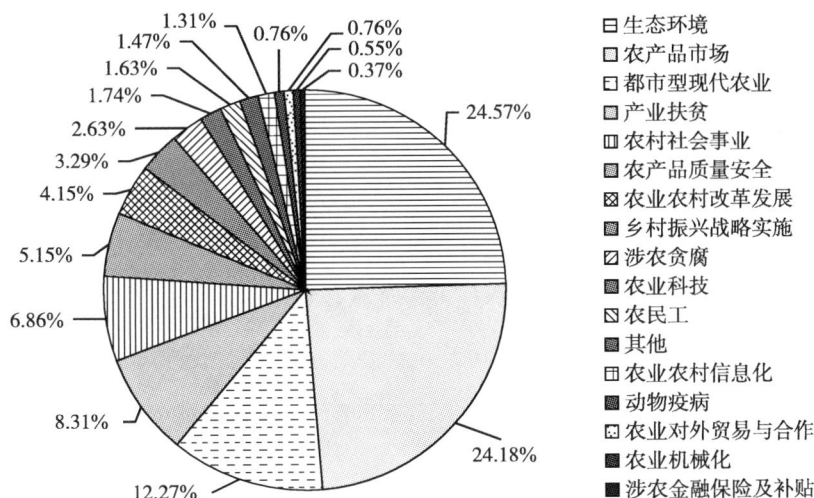

图 3　11 月北京"三农"新闻舆情话题分类

微博方面，11 月舆情走势整体波动较大，舆情峰值出现在 11 月 18 日，当日微博信息量达 723 条（图 4）。主要微博主题有《北京市 3 254 个村庄实现干净整洁有序》《扶贫先扶志"1＋1 智慧帮扶"助力贫困妇女实现居家就业新方式！》等。

各大主题领域中，有关"农产品市场"领域微博数量最多，占比达 29.41%（图5）。主要微博主题有《全国猪肉批发价进入 11 月以来首次连续 5 日下降》《北京猪肉批发价回落　批发均价 20 天下降逾 7 元/斤》《猪肉批发价回落　降了一成多 明年有望基本恢复到正常水平》等。从内容上看，京郊旅游、休闲民宿等内容是微博网民关注的重点，微博排行榜 TOP10 中有 5 条信息与之相关。此外，大蒜价格上涨、猪肉价格下降等农产品市场信息也被微博网民关注（表2）。

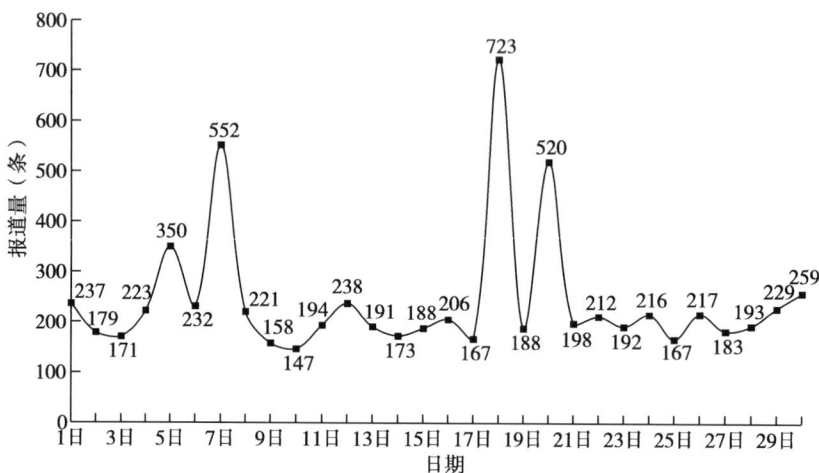

图 4　11 月北京"三农"微博舆情走势

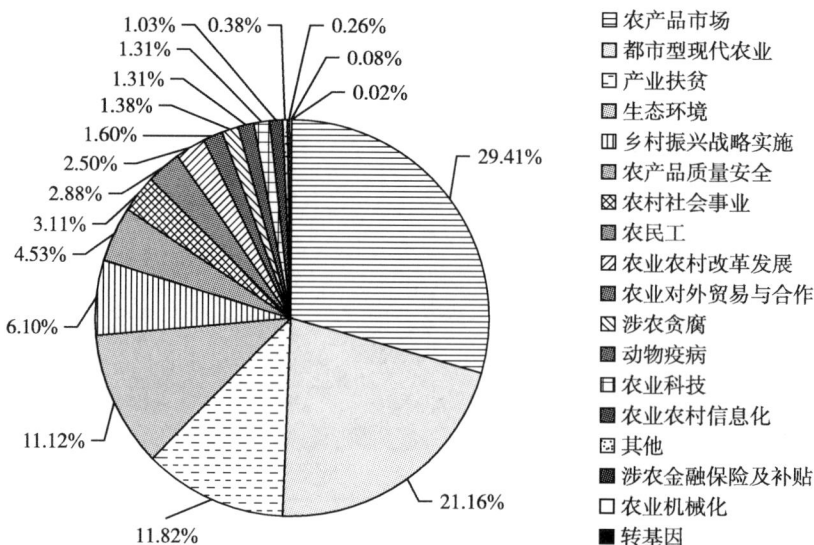

图 5　11 月北京"三农"微博舆情话题分类

　　微信方面，网民关注点主要集中在北京各区征迁、建设上，微信排行榜TOP10中有3条信息与之相关（表3）。论坛方面，网民关注点较为广泛，涉及农产品价格变动、扶贫工作、农村人居环境整治等多个方面（表4）。

【热点排行】

表1　11月北京"三农"热点新闻TOP10

排名	标题	来源	时间 （月-日）	转载
1	北京首个标准化"美丽乡村"诞生　助力乡村产业发展	中国新闻网	11-6	83
2	北京市首个"美丽乡村"标准化试点通过考核验收	《中国消费者报》	11-7	65
3	北京猪肉迎来降价　明年上半年可能将更低	央视网	11-22	49
4	新发地：猪肉供应能力逐渐恢复　肉价降至近1个月最低	新京报网	11-30	49
5	10月北京CPI同比上涨2.3%　猪肉价格同比上涨89.8%	中国新闻网	11-11	43
6	北京发布水环境治理行动方案　2022污水处理率97%	新京报网	11-29	41
7	租赁合约到期　3 000只鸭鹅限期撤离	《北京青年报》	11-28	41
8	北京将新建再生水厂14座　修复老化排水管155公里	《新京报》	11-29	32
9	研究《北京市生活垃圾管理条例修正案（草案）》等事项	《北京日报》	11-13	26
10	北京累计完成13.1万户农村户厕改造	中国新闻网	11-26	24

表2　11月北京"三农"热点微博TOP10

排名	标题	账号	时间 （月-日）	转发	评论
1	新蒜价格坐"过山车"，创三年新高	界面新闻	11-5	367	1 587
2	到房山秋季游　领略中国最美乡村	情绪丹细胞	11-5	266	349
3	北京延庆下雪了，明天周末去百里乡居民宿玩雪吧！	凌子看世界	11-29	220	232
4	苏宁菜场在北京正式上线	互联网俊明说	11-1	178	378

（续）

排名	标题	账号	时间（月-日）	转发	评论
5	房山第三空间民宿，沿途黄栌枫叶都红了	鲨丁鱼先生	11-2	113	166
6	在北京最美的秋天，来到位于房山区一个清代古村里的民宿小院	小小小苔藓	11-12	105	98
7	京郊民宿｜去清代古村的小院觅秋赏红叶	小小小苔藓	11-5	100	96
8	北京猪肉批发价回落　批发均价20天下降逾7元/斤	新浪财经	11-18	47	113
9	肉多了！价降了！北京猪肉批发价每斤降5元	央视财经	11-22	44	57
10	北京猪肉价降到一个月以来最低点　后期下降空间有限	新浪财经	11-30	32	49

表3　11月北京"三农"热点微信TOP10

排名	标题	公众号	时间（月-日）	阅读量	点赞
1	涉拆迁！通州这个镇又有大动作，这29村未来将有大变化！	通州小兵	11-23	29 723	135
2	帮帮他们！顺义龙湾屯大量苹果滞销，果农急坏了	顺义百事通	11-22	28 624	67
3	延庆又有两个村确定拆迁了，实施时间却是……	延庆在线	11-20	20 518	60
4	延庆各村"煤改气"的都看看吧，关乎你的生命安全	延庆在线	11-17	19 017	24
5	特大消息！通州猪肉降价了！降了这么多！年底前将会……	通州八通网	11-17	17 914	29
6	通州这个菜市场豪华大提升，水果蔬菜肉类物美价廉，添停车场	通州国	11-24	17 742	45
7	延庆这个村要火！	延庆	11-21	17 681	32
8	北京怀柔：现任村主任不满举报，砍伤前任	法人杂志	11-28	15 507	92
9	在房山，有一座挂在悬崖上的小村，人称"北京郭亮"	北京文化	11-3	12 565	182
10	顺义这镇开始了涉及17个村的大计划，其他18个镇呢？	顺义社区网	11-27	12 393	12

表4 11月北京"三农"热点网帖TOP10

排名	标题	来源	时间 (月-日)	点击	回帖
1	北京市第一个农村党支部党史新馆开馆	浙江论坛	11-16	42 055	0
2	顺义区李桥镇拆除违建	顺义在线	11-8	39 235	18
3	北京猪肉价格降至近一个月最低	股吧	11-29	34 751	4
4	通州区农业农村局加强农产品质量安全领域相关工作培训	京华论坛	11-28	22 627	0
5	顺义:多措并举助力消费扶贫	京华论坛	11-29	18 142	0
6	北房镇到怀安县第三堡乡开展对口帮扶工作	京华论坛	11-7	17 095	0
7	北京市通州区一周市场情况(11.04—11.10)	京华论坛	11-13	15 674	0
8	区委常委、政法委书记刘久刚到琉璃庙镇督导农村人居环境整治工作	京华论坛	11-29	15 138	0
9	房山大峪沟的磨盘柿	京华论坛	11-4	13 338	5
10	通州区农业农村局开展生猪屠宰专项整治行动	京华论坛	11-25	12 790	0

【热点分析】

北京美丽乡村建设取得成效
煤改工作温暖百姓心窝

　　11月26日,北京市十五届人大常委会第十六次会议召开,副市长卢彦做关于"统筹规划着力改善人居环境,扎实推进美丽乡村建设"议案办理暨相关专项工作情况的报告。会上提出的"全市53.4%的村庄已完成规划编制""到2020年年底,将基本实现本市村庄规划'应编尽编'"等内容被《北京晚报》等媒体积极关注。6日,首个标准化"美丽乡村"——房山区张坊镇大峪沟村通过考核验收,《北京日报》《北京青年报》《新京报》等多家北京市属媒体发文关注。舆论对大峪沟村3年来在农村基础设施建设、农村生活环境治理以及产业化经营等各方面的美丽乡村标准化建设成果进行报道。"完善1 000亩特色采摘区""改造水冲式厕所达700余户""安装太阳能路灯60盏"等数字信息被舆论频频报道。舆论称,这标志着本市首个符合农村综合改革标准化试点建设要求的"美丽乡村"诞生。对促进都市型现代农业、推动绿色经济发展、提高农民收入等方面都起到了积极作用。此外,"通州区召开美丽乡村工作推进会""延庆区召开美丽乡村风景线务虚会""西集明年重点打造6个市级'美丽示范村'"等内容也被舆论关注。

11月迎来供暖季,北京农村地区煤改清洁能源工作受到舆论关注。"北京农村地区'煤改电'客户达85万户""京津冀清洁取暖率达到72%""全天监测客户报修情况""工作人员进行供暖故障抢修到达郊区不超45分钟""包村干部上门解忧"等工作成果及管护措施被舆论积极报道。多家媒体还进村入户,采访了通州区耿楼村、延庆区张山营镇及大榆树镇宗家营村的供暖情况。"温暖""清洁"成为舆论报道的关键词。新华网称,清洁取暖,要温暖也要蓝天。此外,《北京日报》11月29日还关注了延庆镇部分城中村供暖工程仍未完工,家家户户四处找煤的问题。报道认为,供暖民生工程只有早动手、备预案才能真正暖人心。

京郊村庄实现干净宜人"高颜值"
多村试点农村垃圾分类新模式

近两年来,北京市通过农村人居环境整治,围绕公厕管护、垃圾整治、污水治理、清理私搭乱建等为重点开展"颜值提升"行动,取得积极成效。拆违增绿、清脏治乱、建章立制、聘请第三方打分考核等措施多管齐发,促使北京3254个村庄实现干净整洁有序"。中国新闻网、《北京日报》《新京报》等多家媒体聚焦大兴、门头沟、平谷、海淀、房山等地的人居环境整治成果。"环境好了,特色民宿火了""争当环境整治'最美农户'""擦亮美丽乡村名片""展现新国门新形象"等语句彰显了舆论对北京农村人居环境整治工作的认可。27日,国务院农村人居环境整治大检查第一检查组到北京市通州区于家务乡满庄村进行检查。央广网以《江苏、北京农村人居环境整治形成行之有效的办法机制》为题对北京农村人居环境整治成果进行报道。"北京839座农村公厕达标改造任务已全部完成""截至11月,北京市累计完成农村无害化卫生户厕改造13.5万户""农村无害化卫生户厕覆盖率达到96.2%"等成果获舆论点赞。《北京日报》称,北京农村人居环境发生了由表及里、由量到质的变化,绿了、美了、颜值提升了,百姓的生活品质显著提高了。11月9日,北京市人民政府还发布了《北京市进一步加快推进城乡水环境治理工作三年行动方案(2019年7月—2022年6月)》,"建立农村污水处理费收费标准""市级财政对农村地区污水处理厂运营经费按不同比例给予补贴""推进畜禽养殖污染防治""三

年解决 900 个左右村庄的生活污水治理问题""到 2022 年年底农村地区生活污水处理设施覆盖率达到 55％以上"等农村污水防治的举措及目标被舆论集中关注。

随着全国垃圾分类工作的展开,京郊村民也积极参与到垃圾分类中来,各村镇涌现了一批垃圾分类新尝试。综合媒体报道称,门头沟区王平镇建立了垃圾分类全过程规范管理链条,形成了可复制推广的"垃圾不落地,定时定点上门收集"的王平模式,通过设立"垃圾分类合格小票",有价回收奖励垃圾分类。顺义区牛栏山镇将垃圾分类制度与"两创评一建设"相融合,建立奖励机制,让环保理念深入人心,目前顺义超 7 成农村倡导垃圾分类。大兴庞各庄镇采用门前分类、移动收集,从源头治理的办法进行垃圾分类。韩家铺村还为每户村民在门前安装了有二维码的厨余垃圾桶和其他垃圾桶,鼓励居民在家中就将垃圾分类好。延庆珍珠泉乡部署"大手拉小手"垃圾分类专项行动,目前已为珍珠泉乡小学配置大型分类桶 6 个、小型分类桶 16 个。《北京日报》11 月 4日发文《净菜进京是最大的源头垃圾分类》称,净菜进京是最大的源头垃圾减量、是有效的前置垃圾分类。建议应大力开展净菜进饭店、餐馆、食堂的行动。

北京名优农产品农交会上受追捧
都市型现代农业亮点频出

11 月 15～18 日,第十七届中国国际农产品交易会在江西南昌绿地国际博览中心举办。北京市以高标准、严要求的准入原则,遴选 54 家有较强影响力和区域代表性企业(专业合作社),携各家"拳头产品"盛装亮相,舆论对此高度聚焦。"总展出产品近 500 种""参展总面积为 571.5 米^2""在 4 个市场化展区展示果蔬、畜禽、数字农业农村、都市农业、农业服务和投入品共 6 个主题""达成贸易总额 3.63 亿元"等数字信息被舆论集中关注。平谷大桃、怀柔板栗、房山磨盘柿子、百年栗园油鸡、富硒鸽蛋等北京特色产品吸引舆论眼球。舆论点赞北京市名优特新农业精品,产品亮点和创新点众多。15 日下午召开的"2019 年北京农业好品牌"现场发布仪式也是舆论关注的重点。"凯达恒业""金粟丰润""琦彩鸿"等 26 个新晋北京农业好品牌,以及"老栗树""颐寿园"等 74 个老品牌上台宣传推介被舆论积极报道。人民网称,在品牌引领下,越来越多的资源优势转化为市场优势,充实着农民的钱袋子,丰富着消费者的选择,更改变着北京农业的风貌。千龙网称,通过本届中国国际农产品交易会，各地观众不仅观看到北京都市型现代农业发展成就、特质和特点，还能感受到首都特有的历史和文化底蕴，通过重点展示北京农业科技、种业以及农业品牌发展成果，展现北京市深入贯彻"创新、协调、绿色、开放、共享"的发展理念，推动北京都市现代农业高质量发展。此外，北京农业休闲领域优质品牌参加11月19日于南京举行的全国新农民新技术创业创新博览会也被舆论关注。

近年来，北京市农业农村局以标准化为抓手，以北京市优质农产品产销服务站等单位为依托，统筹领导深入各区实施农业标准化战略，广泛开展"标准化＋"行动，在助力产业升级、保障产品安全、促进乡村振兴等方面取得了显著成效。"标准化＋现代农业""标准化＋全程管控""标准化＋信息化"等模式被《农民日报》等媒体积极报道。本月，密云大棚蔬菜、穆家峪镇300亩晚熟桃及延庆区金秋苹果等农作物进入采摘期也被舆论关注。其中，顺义区北小营镇水稻收割最受舆论瞩目。为庆祝水稻收割，该镇还举办了水稻收割节系列文化活动。《农民日报》《北京青年报》等媒体发文关注。"丰收""喜悦"等成为舆论报道的关键词。舆论称，割稻收"贡米"，分享"农耕"乐。

舆论关注北京猪肉价格回落

11月，北京猪肉价格回落明显，《经济日报》、央视网、《北京日报》《新京报》等媒体对北京新发地市场、水屯市场、部分超市的猪肉价格情况进行报道。"快速回落""批发价趋稳定""零售降价更明显""降至近一个月最低""降了一成多""重回20元以下""回落3～5元/斤"等降价信息广泛出现在报道标题中。《北京日报》称，进入11月以来肉价的下降是"真摔"而不是"假摔"。综合各媒体报道，猪肉价格下降主要有以下五点原因：一是政府出台的一系列保供稳价措施逐渐显现政策效力；二是进口冻猪肉和国内商品冻猪肉库存量增加；三是产能逐渐恢复，毛猪的出栏量增加，对过高的预期明显降温；四是前期过高的肉价对需求的抑制作用明显显现，肉价逐渐回归理性；五是前期惜售、压栏的毛猪体型过大，肉质偏肥，已经到了不得不出栏的地步。舆论认为，由于消费的季节性，猪肉价格未来还有上涨空间，总体以稳定为主。在政策保障和市场提振之下，年底前生猪产能有望实现探底回升，2020年有望基本恢复到正常水平。中国农业科学院农业信息研究所副研究员朱增勇分析，本轮猪肉价格下降尚不代表拐点的到来，真正的拐点或在2020年下半年。

此外，《新京报》《北京日报》等媒体还关注了大蒜价格上涨及菜价出现小

幅上涨等情况。新发地市场相关负责人指出，2018 年大蒜的低价是大面积扩种增产滞销的结果，2019 年的价格同比上涨则是正常现象；目前正处于蔬菜生产的换季过程，实际上是由秋季模式向冬季模式的转换，部分蔬菜品种出现短缺，价格会有明显上涨。

北京多措并举助力低收入村美丽"蝶变"
科技特派员制度推动京郊农民增收致富

11 月 12 日，北京市委农工委、北京市农业农村局举办"'在那里'北京低收入特色农产品推介会"，为低收入地区搭建产销对接平台，展示低收入产业帮扶成果。新华网、《新京报》等媒体对此积极关注。门头沟区马各庄村高山稻、房山区二站村蛋白桑茶等来自全市 8 个区的 14 种低收入地区特色农产品推介情况以及"2016—2019 年，市级财政共安排 9.6 亿元帮扶资金""共支持产业项目 725 个""惠及全市 3 万低收入农户"等帮扶成果是舆论关注的重点。舆论指出，"在那里"推介会是北京市低收入产业帮扶系列宣传推介活动之一，主题为特色农产品。近期还将举办以高端休闲民宿、专业合作社等为主题的系列推介会。此外，新华网、《首都建设报》《新京报》《延庆报》等媒体还报道了"房山王家磨村发展旅游业退出低收入村序列""市管企业结对 54 个低收入村预计年底前脱低摘帽""北京密云供销合作社为农产品谋销路促民增收 150 万""延庆低收入农户预计年底全部脱低"等帮扶成果、帮扶举措。舆论认为，这是低收入村的美丽"蝶变"。

10 月 29 日，北京市科学技术委员会组织召开了北京市落实国家科技特派员制度推行 20 周年总结会议精神座谈会，人民网、《北京青年报》等多家媒体在 11 月对此进行关注。北京推行科技特派员制度所取得的成果是舆论关注的重点。"现有科技特派员队伍近万名""北京科技特派员在线平台服务农民 500多万人次""解决农业生产中的需求近 4 000 个""推动京郊 234 个低收入村农民增收致富""与 38 个国家级贫困地区开展科技扶贫协作""带动 368 个贫困村近 53 000 户贫困农民脱贫增收致富"等数字信息被舆论积极报道。《首都建设报》称，北京科技特派员工作在服务科技成果惠及民生、服务京郊一二三产融合发展、服务乡村振兴战略实施等方面发挥了重要作用。《科技日报》称，北京市科技特派员制度是授之以渔的生动实践。舆论援引北京市科学技术委员会党组书记许强的话称，下一步将结合北京实际，细化政策措施，努力把科技特派员工作打造成实施乡村振兴战略的重要抓手，形成新时代首都发展的生动实践。

【全国热点】

2019 年 11 月热点新闻 TOP10 见表 5。

表 5 11 月热点新闻 TOP10

排名	标题	来源	时间 (月-日)	转载
1	中共中央 国务院关于保持土地承包关系稳定并长久不变的意见	新华网	11-26	1 642
2	农业农村部召开九省区市生猪生产调度会 要求全力推动生产恢复	新华网	11-17	1 322
3	粮食生产能否保持后劲？	《人民日报》	11-18	1 002
4	中央纪委国家监委公布第二批专项整治漠视侵害群众利益问题工作成果	新华网	11-10	727
5	农业农村部：全力恢复生猪生产 努力促进猪肉替代品生产	中国新闻网	11-12	639
6	猪肉价啥时再降 疫苗啥时能出 最新消息来了！	经济日报（微信公众号）	11-22	631
7	山水林田湖草 调查知多少？第三次全国国土调查最新进展来了！	央视新闻客户端	11-22	590
8	精准施策提升财政资金支农效能	《经济日报》	11-29	582
9	农业农村部：生猪生产进入止降回升转折期	中国新闻网	11-22	552
10	2022 年我国将建成 10 亿亩高标准农田 稳定粮食产能约占全国产量八成	新华网	11-25	549

礼赞七十华诞展示中国"三农"智慧
第十七届农交会圆满交卷

11 月 15～18 日，以"礼赞七十华诞，做强农业品牌，助力乡村振兴"为主题的第十七届中国国际农产品交易会（以下简称农交会）在江西南昌举办。在全媒体报道方式和短视频、5G 直播等传播技术的推动下，舆论对农交会的关注热情持续高涨。截至 11 月 19 日 14 时，农交会相关新闻报道 5 586 篇，相关微话题阅读量共计 1 458.2 万次。新农人"@华农兄弟"以微博直播的方式逛农交会，吸引大量网民在线观看，播放量达 51 万次。

关注热点主要集中在以下四方面：一是农交会在促进贸易方面的作用成最大看点。农交会首次面向市场专业化招展、首次设置"特大企业馆"、首次按照产品大类和专业行业布展等创新举措成为报道重点。"2.3 万家中外采购商到会""展销涉农产品超过 5 万种""达成贸易交易总额 381 亿元"等数据被大量援引。法国作为主宾国率领 110 多位客商组成的欧洲团参展成为瞩目的焦点。二是品牌成为农交会上最亮眼的关键词。农交会的 15 项重大活动中，与品牌相关的主题活动最多，引发持续关注。农交会首次发布中国农业品牌目录名单，微话题"300 个特色农产品区域公用品牌发布"的阅读量突破 1 300 万。三是农交会对全产业链展示的布局受到肯定。农交会首次以编年史形式设立农业农村综合成就展区、首次设立农村人居环境整治展馆、首次展示"农遗良品"等新元素受到肯定。媒体表示，农交会向世界展示了中国"三农"新形象，发出中国"三农"新声音。四是农交会呈现的农业农村数字化前景受到期待。有舆论用"不可计数"评价农交会上展出的智慧农业成果，称从中看到了互联网加速农业数字化转型的广阔前景。还有舆论关注了数字农业农村发展论坛以及《中国数字乡村发展报告（2019）》，对中国数字农业农村发展的美好未来表示期待。

"双新双创"博览会答题新时代"三农"之问
农村创业创新活力四射

11 月 19～21 日，全国新农民新技术创业创新博览会（以下简称博览会）在江苏南京举办，舆论对此积极关注。从传播情况看，新闻媒体成为博览会报道主力。央级媒体和各地媒体通过官网和"两微一端"大量发文，引数据、晒成果、推典型，全面展示博览会上的新技术、新业态、新农民，集中宣传"双新双创"的积极态势和相关保障政策，不断激发社交媒体和商业门户网站对博览会的传播动力。截至 11 月 22 日 14 时，相关新闻报道 1 340 篇，新浪微博相关微话题阅读量共计 83.1 万次。

从关注情况看，农业农村部韩长赋部长在博览会开幕论坛上的讲话受到聚焦。其中公布的"返乡入乡创业创新人员达 850 万人""社会资本下乡主体超过 15 万家"等数据被《人民日报》等媒体重点设置在新闻标题中。农村创业创新焕发出的勃勃生机振奋舆论，"农村创业创新正当时"成为核心表达。此外，韩长赋部长还详细介绍了社会资本下乡的支持举措，在应对"人地钱"瓶颈方面的针对性解读成为关注重点。《经济参考报》等媒体就此发出了"多部门酝酿出台一揽子新政""农村一二三产业融合用地政策正抓紧完成""乡村人才振兴意见有望出台"等报道。新华社称,韩长赋部长全面解读乡村投资兴业形势和相关政策,为社会资本提供了下乡指南。

同时,博览会凸显的"双新双创"成就也备受瞩目。博览会上,5G农业数字化联盟、"区块链+生猪养殖"、兰考农业大数据之苹果电商决策支持平台、安化黑茶产业大数据指挥舱等悉数亮相,引发舆论赞叹连连。《农民日报》称博览会上科技产品云集,树立了农村创业创新"航向标"。博览会期间举办了全国新农民新技术创业创新论坛、全国农村创业创新大赛等多场实用、接地气的活动,"田秀才""土专家""乡创客"大展身手,将展会推向新高潮。此外,博览会上发布的《2019数字农业农村新技术新产品新模式推介名录》也广受关注,其中展示的"土流网大数据体系""数字化蛋鸡养殖技术集成与推广""智慧蜂场管理系统"等优秀项目被积极传播。

执笔人:蔺育华

12 月 "三农" 网络舆情分析报告

【舆情概况】

据监测，2019 年 12 月北京"三农"网络舆情信息量共计 20 767 条，较 11 月减少 2 214 条。其中微信舆情信息量 6 229 条，占舆情总量的 29.99%，涉及的微信公众号有延庆在线、密云头条、房山记忆等；微博消息 5 920 条，占 28.51%，涉及的主要微博账号有新浪财经、21 世纪经济报道、每日经济新闻等；客户端文章 4 133 条，占 19.90%；新闻媒体舆情信息量 3 571 条，占 17.20%，涉及的网络媒体有人民网、新华网、中国网等，涉及的报刊媒体包括《农民日报》《北京日报》《北京青年报》等，涉及的电视媒体包括北京卫视《北京您早》等；论坛帖文 891 条，占 4.29%；博客帖文 23 条，占 0.11%（图 1）。

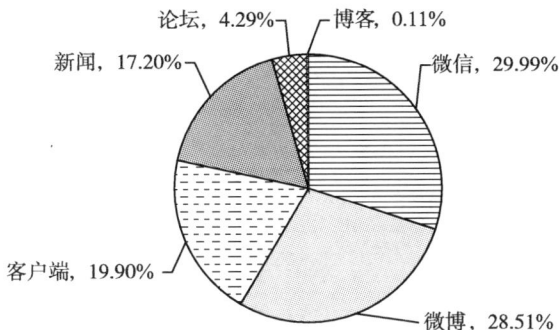

图 1 12 月北京"三农"舆情传播渠道

新闻舆情方面，12 月舆情走势起伏明显，舆情峰值出现在 12 月 27 日，当日新闻舆情信息量达 311 条（图 2）。《关于促进乡村民宿发展的指导意见》《京郊精品酒店建设试点工作推进方案》印发被舆论广泛关注，成为影响舆情走势的主要因素。当日转载较多的新闻有：《提质升级"京郊游" 民宿有了"身份证"——北京出台乡村民宿指导意见剑指行业痛点》《北京出台新政推动乡村旅游 乡村民宿喜获"住宿业"身份》等。在各大主题领域中，有关"都市型现代农业"的新闻数量最多，占比达 33.04%（图 3）。主要新闻有《北京门头沟区盘活闲置农宅 推出民宿精品旅游线路》《门头沟区将举行北京精品民宿推介会》

等。从全月新闻媒体报道内容看,舆论关注点较为广泛,涉及猪肉价格下降、农村人居环境整治、昌平草莓上市、北京美丽乡村等多个方面(表1)。

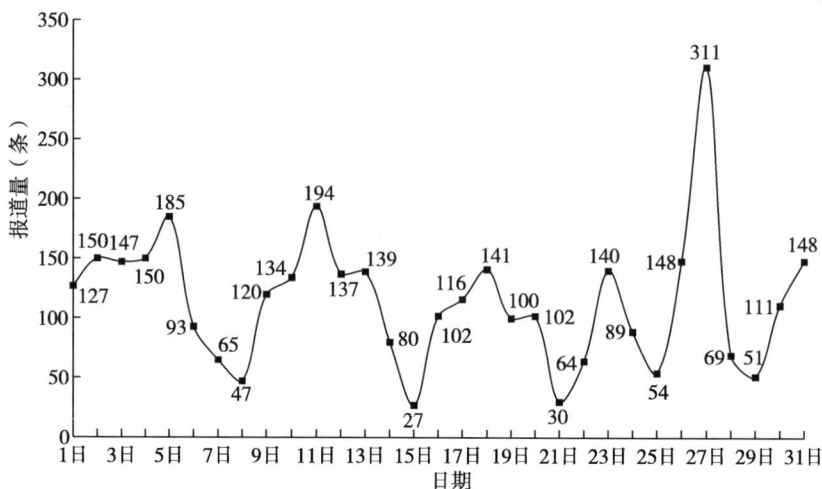

图2 12月北京"三农"新闻舆情走势

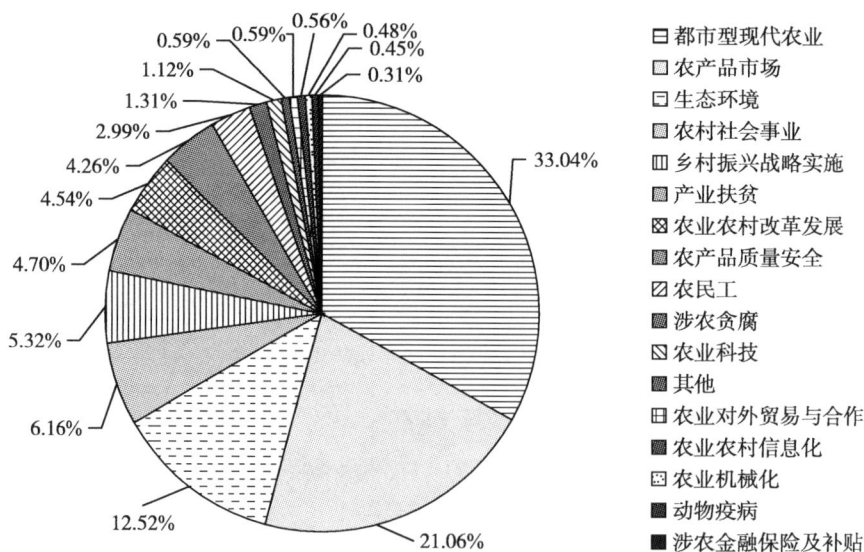

图3 12月北京"三农"新闻舆情话题分类

微博方面,12月舆情走势整体较为平稳,舆情峰值出现在12月14日,当日微博信息量达499条(图4)。主要微博主题有《以初心凝聚使命担当,用行动践行志愿精神,精准扶贫有你、有我、有他》《门头沟推出七条精品旅游线路》《丰台环境整治绘出京南靓丽新图景》等。各大主题领域中，有关"都市型现代农业"领域微博数量最多，占比达 26.89%（图 5）。主要微博主题有《北京农业"标准化＋"行动取得显著成效》《想去门头沟玩儿的，请收好这份攻略》《冬日大棚草莓红》等。从内容上看，农产品价格变动是微博网民关注的重点，微博排行榜 TOP10 中有 5 条信息与之相关。此外，京郊民宿、农村大集等内容也被微博网民关注（表 2）。

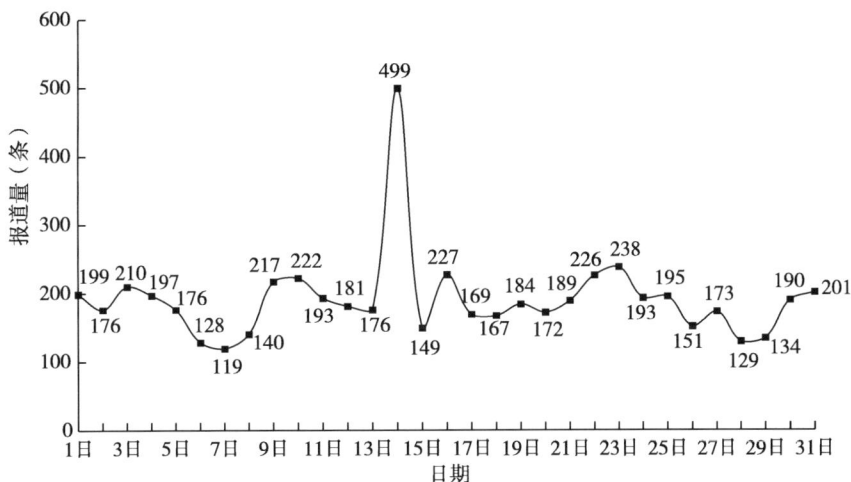

图 4 12 月北京"三农"微博舆情走势

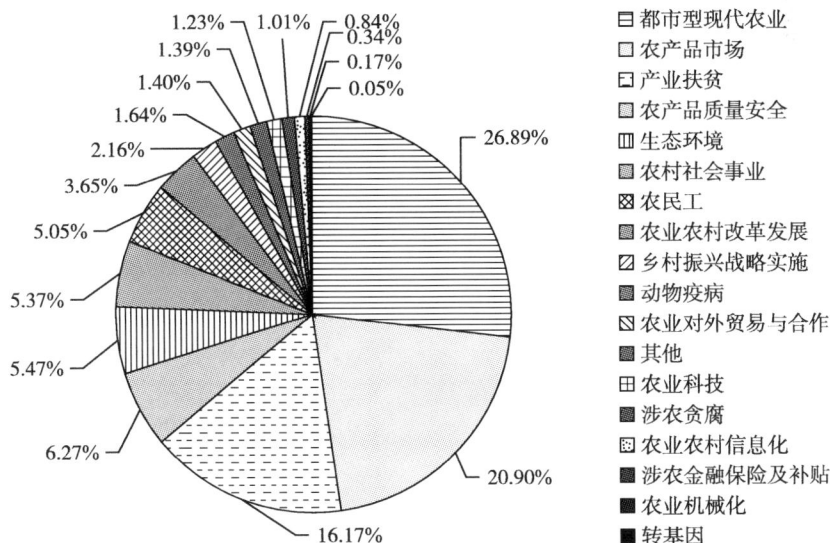

图 5 12 月北京"三农"微博舆情话题分类

微信方面,网民关注点主要集中在北京各区征迁建设上,微信排行榜 TOP10 中有 7 条信息与之相关(表 3)。论坛方面,网民关注点较为广泛,涉及农产品价格变动、农村"厕所革命"等多个方面(表 4)。

【热点排行】

表 1　12 月北京"三农"热点新闻 TOP10

排名	标题	来源	时间 (月-日)	转载
1	北京猪肉价格降至近一个月最低	《新京报》	12-1	120
2	海淀"高""新"推进村庄环境整治	《北京日报》	12-11	46
3	首批昌平草莓提早上市	《北京日报》	12-7	29
4	兴寿草莓周日开集　吸引市民采摘品尝	《北京日报》	12-23	28
5	北京将解决 900 个村庄的生活污水治理问题	《人民日报》	12-3	26
6	看美丽乡村　庆 70 华诞｜北京市延庆区大庄科乡沙塘沟村	新华社	12-31	24
7	延庆低收入户年底全"脱低"	《北京日报》	12-18	22
8	看美丽乡村　庆 70 华诞｜北京市怀柔区渤海镇北沟村	新华社	12-31	22
9	115 个县(市、区)入选乡村治理体系建设首批试点单位	中国新闻网	12-18	17
10	平谷农村列"小微权力清单"	《北京日报》	12-10	16

表 2　12 月北京"三农"热点微博 TOP10

排名	标题	账号	时间 (月-日)	转发	评论
1	这周去游览了秋日的野鸭湖、体验了北京郊区的民宿	我是冯皓	12-17	560	1 164
2	这次来到延庆的百里乡居,却被那一顿顿特色美食所折服	karenluna 在路上	12-13	194	307
3	水峪中幡:百年古村中不落的旌旗	杨建国	12-5	101	100
4	都说去农村赶集,北京农村的大集,大家赶过吗?	杨建国	12-19	100	103

（续）

排名	标题	账号	时间（月-日）	转发	评论
5	北京猪肉价格降至近一个月最低 蛋价还有下降空间	新浪财经	12-1	43	147
6	一线调研 32 家北京餐馆：受房租、猪肉上涨影响，超 3 成生意下滑	21 世纪经济报道	12-27	42	37
7	北京部分猪肉回 20 元以下 散装鲜蛋回落至 6 元以下	新浪财经	12-2	42	98
8	北京猪肉鸡蛋价格持续下降	每日经济新闻	12-2	37	56
9	鸡蛋价格快速下降 近期还会小幅回调	新浪财经	12-9	33	69
10	投资 120 亿！京郊 10 区将打造这些旅游精品项目	北京发布	12-4	14	2

表 3 12 月北京"三农"热点微信 TOP10

排名	标题	公众号	时间（月-日）	阅读量	点赞
1	所有延庆人，求你帮帮这位延庆老农，1 万多斤国光滞销，只要 1 块 1 斤！	延庆在线	12-1	54 778	379
2	想在延庆村里盖房的速看，宅基地新政来了！	延庆	12-24	24 826	40
3	延庆这处村委会竟是乡镇内最大违建，已被依法强制拆除！	延庆在线	12-14	23 723	56
4	重磅！密云 355 个村庄，将局部或整体迁建！大动作！有你家吗？	密云头条	12-6	23 708	207
5	房山这 185 个村庄，将局部或整体迁建	房山记忆	12-2	22 598	97
6	定了！昌平这些住户明年搬迁！待拆村也将煤改电！	家住昌平	12-7	21 687	52
7	连批 5 村！昌平再发征地公告！旧村改造和一级开发都有下文了！	家住昌平	12-3	16 991	30
8	昌平人快看！北京将试点推进撤村建居 农民变居民！	昌平那些事儿	12-28	15 832	223
9	昌平这些地方是否拆迁？官方有答复了！	昌平那些事儿	12-20	14 946	46
10	平谷这 5 个村拆 公布拆迁补偿：两套房＋现金	平谷资讯	12-4	14 008	20

表4　12月北京"三农"热点网帖TOP10

排名	标题	来源	时间 （月-日）	点击	回帖
1	昌平回龙观北四村打着棚改旗号　骗百姓自主腾退谋取利益	天涯论坛	12-2	144 201	114
2	北京猪肉价格降至近一个月最低	股吧	12-1	34 849	4
3	兴寿草莓周日开集　吸引市民采摘品尝	望京社区	12-23	33 172	1
4	通州区农业农村局检查农药经营门店情况	京华论坛	12-3	23 451	0
5	通州区农业农村局2019年度强化执法监督和农业农村普法工作开展情况	京华论坛	12-24	20 661	0
6	小微权力清单　规范村干用权	京华论坛	12-10	18 600	0
7	推进"厕所革命"，建设美丽乡村	京华论坛	12-2	15 084	0
8	通州区农业技术推广站积极推广测土配方施肥技术	京华论坛	12-20	12 528	0
9	北京蔬菜价格提前进入节前上涨区间	股吧	12-17	3 606	0
10	猪肉批发价17.25元　降至近30天最低点	股吧	12-1	3 165	18

【热点分析】

北京乡村民宿、精品酒店有了"辅导书"
门头沟民宿蓬勃发展

12月，北京市文化和旅游局会同有关部门联合印发《关于促进乡村民宿发展的指导意见》和《京郊精品酒店建设试点工作推进方案》，并于26日举办新闻发布会，对两个文件进行解读。人民网、新华网、中国网等众多中央媒体发文关注。"乡村民宿喜获'住宿业'身份""京郊民宿可办'身份证'""提质升级'京郊游'"等语句广泛出现在报道标题中。"明确北京乡村民宿的设立条件与审批流程""将乡村民宿界定为乡村旅游发展的一种新业态""乡村民宿既要'明码标价'还要'垃圾分类'""明确了郊区精品酒店的开发模式""鼓励利用老旧设施改造精品酒店"等内容成为舆论关注的重点。舆论点赞文件是"辅导书""身份证"，认为其剑指行业痛点，有利于民宿突破发展瓶颈。《北京日报》称，两个文件重点解决了乡村民宿经营合法性和审批监管等难题，让曾经因证照难办而游走于灰色地带的乡村民宿有了"身份证"，同时首次明确了

京郊精品酒店项目开发模式，为乡村旅游提质增效，为消费升级奠定了基础。

12月13日，由北京市文化和旅游局和门头沟区共同主办的北京精品民宿推介会暨"门头沟小院"——美宿路演仪式在门头沟区举行，舆论对此积极关注。"门头沟精品民宿增至32家""盘活闲置农宅300余套""接待能力超2000人次""发布7条旅游线路""推出5条'小院'精品民宿旅游线路""发布三大品牌LOGO"等数字信息广泛出现在报道标题中。门头沟多措并举打造精品民宿成为舆论关注的重点。"推出'10＋1＋N'《精品民宿政策服务包》""区相关部门努力搭建村企合作平台""国资公司和清水镇梁家庄村共同打造'创艺乡居'项目"等举措被舆论积极报道。舆论称，门头沟区打造精品民宿初见成效。

北京推出43个冬季休闲"打卡地"
京郊旅游投融资服务平台盘活京郊旅游资源

为了给市民游客提供一份京郊冬季游指南，市农业农村局开展"不猫冬——2019京郊冬季乡村休闲项目"推介活动，各区农业农村局精心挑选了蓝调庄园、九渡地休闲农场、海华蜗牛小镇等43个冬季乡村休闲目的地。《北京日报》、新京报网、千龙网等多家北京市属媒体发文关注。"不猫冬，去京郊""来看京郊这43个'打卡地'""官方推荐指南来了""这是'无猫冬季'指南"等语句频频出现在报道标题中。"小小红军亲子一日游""重走长征路""冰雪嘉年华"等活动被舆论广泛报道。微信公众号"北京休闲农业"连续发布《京郊不猫冬——京郊冬季特色休闲农业推介》系列报道，介绍各地民俗活动、农事体验活动、特色民宿等内容。舆论称这是一份"不猫冬"指南。

12月4日，2020年京郊旅游重点投融资项目推介会在北京产权交易所举行，舆论对此积极关注。"推出10个区35个重点旅游投融资项目""6个项目进行了现场推介""涵盖京郊精品酒店、旅游休闲度假等七种类型""项目投资总额达120亿元""实现现场签约金额近10亿元"等数字信息被舆论集中关注。在本次推介会上，以京郊高端民宿、精品酒店等旅游新业态为重点的"京郊旅游投融资服务平台"正式上线成为舆论关注的重点，舆论肯定了平台的重要意义。《北京青年报》称，"京郊旅游投融资服务平台"的上线运营，将为旅游投融资双方提供专业化、系统化、精细化服务，进一步推动京郊旅游资源与社会资本的有效对接，更好地为京郊旅游企业发展和项目建设提供服务保障。凤凰网称，京郊旅游投融资专属服务平台进一步推动京郊旅游资源与社会资本的有效对接,吸引知名企业及民间资本参与旅游开发建设,使京郊旅游成为社会投资的热点和重点。此外,"北京市共有乡村旅游特色业态 710 家""乡村精品民宿 500 余家""星级民俗旅游户 5 595 户""星级民俗旅游村 263 个""特色旅游村镇 100 个"等北京乡村旅游情况也被舆论关注。舆论称,京郊旅游呈现蓬勃发展的良好态势,正在成为北京旅游投资的新蓝海。

人居环境整治绘出京郊靓丽新图景

12 月,北京大力推进农村人居环境整治,着力打造生态宜居环境,促进人与自然和谐共生,人民网、《北京日报》、新京报网等媒体对此予以关注。"顺义区从'七个度'入手推进人居环境整治""海淀区聚焦'厕所、污水、垃圾'三大革命""门头沟山区公厕加装热水设备""密云深入开展清脏治乱、拆违、增绿行动""昌平聘请第三方核查公司"等各区人居环境整治的典型做法被舆论积极报道。"扮靓""展新颜""美丽'蝶变'""乡村更靓丽""村庄新貌秀出来""赢百姓点赞""村民获'福利'"等语句彰显舆论对北京农村人居环境整治成果的肯定。《北京日报》称,一批"美丽乡村"在乡镇间涌现出来,干净整洁又有文化韵味的村庄,不仅赢得百姓点赞,也彰显了京郊乡村的新时代风貌。

此外,北京卫视《北京您早》栏目还连续发布《发现"美丽乡村风景线"》系列报道,关注昌平长陵村、怀柔九渡河镇、房山赵各庄村、房山霞云岭乡等地的美丽乡村风景。新华社发布《"看美丽乡村 庆 70 华诞"》系列视频报道,关注延庆区大庄科乡沙塘沟村、怀柔区渤海镇北沟村的美丽乡村建设情况。

北京对外扶贫交出亮眼成绩单

2019 年,在北京市委市政府的坚强领导下,北京市各级各部门深入贯彻习近平总书记扶贫工作重要论述,认真落实中央决策部署,高质高效完成各项任务,交出亮眼成绩单。"助力 39 个旗县 47.2 万人脱贫""北京国企在 73 个国家级贫困县实现投资 229 亿元""带动 2 万贫困人口脱贫""密云帮扶蔚县惠及近 4 万贫困人口""北京消费扶贫总额已达 177 亿元"等成绩被《经济日报》、人民网、《北京日报》等多家媒体积极报道。"成效明显""效果显著"等成为舆论报道的关键词。"率先建立'1+16+3+N'的消费扶贫模式""以'金融+消费扶贫'模式,推出全国第一张消费扶贫爱心卡""首推'直播消费扶贫'模式""开发'我在张北有亩地'藜麦认养模式"等扶贫模式创新也被

舆论积极关注。舆论点赞北京一批批优秀干部人才奔赴脱贫攻坚一线,用心用情用力投入,形成了前方冲锋陷阵、后方鼎力支援,全社会奉献爱心、共同参与的感人局面,展现出了"大爱北京"的家国情怀。

此外,《农民日报》《北京日报》《顺义时讯》等媒体还关注了北京帮扶低收入农户的举措及成效。"北石槽镇企业收购低收入农户柿子四百公斤""朝阳区区属国有企业助力密云区低收入村'脱低'攻坚""北京畜环站对接延庆区永宁镇西关村开展科技帮扶工作""延庆低收入户年底全'脱低'"等内容被舆论报道。

【全国热点】

2019 年 12 月热点新闻 TOP10 见表 5。

表 5 12 月热点新闻 TOP10

排名	标题	来源	时间 (月-日)	转载
1	今年将建成八千万亩高标准农田	《人民日报》	12-8	1 209
2	奋力完成"三农"任务　决胜全面小康	新华网	12-21	1 186
3	农业农村部:元旦春节肉食品供应有保障	新华网	12-17	1 034
4	农业农村部提出 2020 年粮食总产量稳定在 1.3 万亿斤以上	新华网	12-22	846
5	稳住农业这个基本盘	《经济日报》	12-22	758
6	打赢脱贫攻坚战　决胜全面小康	央视网	12-22	753
7	中央宣传部等15部委部署开展 2020 年文化科技卫生"三下乡"活动	新华网	12-19	680
8	生猪生产恢复势头明显　分区防控不会推动猪价上涨——农业农村部有关负责人谈生猪生产和非洲猪瘟防控	新华网	12-4	665
9	农业农村部:11月份全国生猪生产全面向好	中国新闻网	12-17	607
10	今年95%左右贫困人口将脱贫	《人民日报》	12-12	602

舆论积极关注中央农村工作会议召开

2019 年 12 月 20～21 日,中央农村工作会议在北京召开。会议分析了当前"三农"工作面临的形势和任务,围绕全面建成小康社会和打赢脱贫攻坚战,研究部署 2020 年"三农"工作。12 月 22 日,全国农业农村厅局长会议在北京召开,总结 2019 年工作,部署 2020 年重点任务。对此,舆论予以高度关注。《人民日报》微博账号发布《人民日报社论:奋力完成"三农"任务 决胜全面小康》,阅读量近 150 万次。新华社、《人民日报》等微信公众号发布文章《中央农村工作会议在京召开,习近平对做好"三农"工作做出重要指示》,累计阅读量超过 72 万次。22 日,新华社、《经济日报》等媒体分别发表评论员文章和社论,引发媒体积极转载,将舆情推向峰值。业内专家围绕建设小康社会、农民增收、农村改革、脱贫攻坚、农产品供给等多个方面,对会议精神进行解读,圈画"干货"和"亮点",也引发舆论热传。

新闻媒体关注点主要集中在以下 3 个方面。一是聚焦习近平总书记对做好"三农"工作做出的重要指示。"习近平总书记对做好'三农'工作做出重要指示""习近平总书记这样论述'三农'问题""小康不小康 关键看老乡"等语句多次出现在报道标题中。针对"小康成色要看明年'三农'工作成效"的指示,舆论表示,补上"三农"短板,完成好"三农"任务,事关脱贫质量与小康成色。用"三农"工作实效铺陈小康成色,不仅能够促进农业基础稳固、农村和谐稳定、农民安居乐业,更能为"十四五"发展和实现第二个百年奋斗目标打好基础,为实现民族复兴注入澎湃动力。二是关注会议的重要意义。舆论称,中央农村工作会议是关乎 9 亿农民的重磅会议,部署 16 件大事,"三农"政策利好将集中释放!《人民日报》12 月 21 日评论《奋力完成"三农"任务 决胜全面小康》称,这次会议对标对表全面建成小康社会目标,部署 2020 年"三农"领域重点工作,这对于统一思想、坚定信心,确保全面打赢脱贫攻坚战、实现全面建成小康社会圆满收官具有十分重要的意义。新华社 12 月 22 日评论《补上"三农"短板,决胜全面小康——学习贯彻中央农村工作会议精神》称,中央农村工作会议为如期完成脱贫攻坚任务、补上全面小康"三农"领域短板提供了重要遵循。三是关注农业农村部积极落实会议精神。12 月 22 日,农业农村部召开全国农业农村厅局长会议,会议部署 2020 年 10 项重点任务,提出"千方百计促进生猪生产恢复"等内容引发媒体广泛报道。同日,韩长赋部长就中央农村工作会议精神的落实接受新华社、《经济日报》等媒体专访。韩部长就做好 2020 年农业农村工作提出的"保障重要农产品有效供给""补上全面小康'三农'短板""抓好农村重点改革任务"等成为媒体报道的热门话题。

执笔人:张琳 刘文硕 马妍

第三章　专题分析报告

"北京世园会百蔬园"舆情专题分析报告

一、事件概述

百蔬园作为 2019 北京世园会（2019 年中国北京世界园艺博览会）重要组成部分，是世园会史上首次将蔬菜园艺作物设立为独立展园，也是北京农业面临的一项全新的挑战。

4 月 13 日，2019 北京世园会迎来试运营期的第一次压力测试，近 30 000 名观众到北京世园会园区入园参观；4 月 29 日，是百蔬园开园首日，当天举办了 4 场活动，吸引了众多游客驻足参与；10 月 9 日，2019 北京世园会顺利闭幕，会期 162 天，迎客 38 万余人次，最高单日游客超过 10 000 人次，服务零投诉，满意度达到 100%。

百蔬园总占地面积 54 亩，分户外和室内展区两部分。其中，户外 47 亩，室内部分 4 500 米²。百蔬园户外展区从 17 亩的森林和沼泽，到近 15 亩的荒漠和草原，再到 8 亩的朴素田园庭院，最后走进象征现代城市的乐享家园，演绎了人类从多样性的自然环境中发现和认知蔬菜的历程，堪称一部"万年蔬菜史"。

百蔬园还加入了互动体验内容，共策划了 103 场活动，让游客通过多维度、互动性、艺术化的体验内容，进一步了解蔬菜的历史、现在与未来，感受蔬菜产业的科技成果。

4 月 5 日至 10 月 20 日，涉及百蔬园的信息累计 4 761 条，其中电视 40 条、报纸 112 条、网络 2 185 条、微博 1 054 条、微信 306 条、移动客户端 887 条、论坛 101 条、博客 1 条、视频网站 51 条、广播 22 条、外媒 2 条。

二、新闻报道统计

（一）舆情整体呈波浪状走势

解析：舆情走势呈先增后减的趋势，5 月 3 日达到舆论高峰，峰值为 341

条。5月3日,《人民日报》刊文《北京世园会正式开园 展现世园之旅的奇妙和魅力》、《经济日报》刊文《北京世园会迎来游园高峰 5月2日游客超过10万人》,央广网、中国网、新浪网、腾讯网、搜狐等媒体进行大量转载;5月19日,《新京报》刊文《世园会开园19天迎客破百万》,中国网、中国青年网、千龙网等媒体进行大量转载,促使舆情量达到次峰值179条(图1)。

舆情传播走势

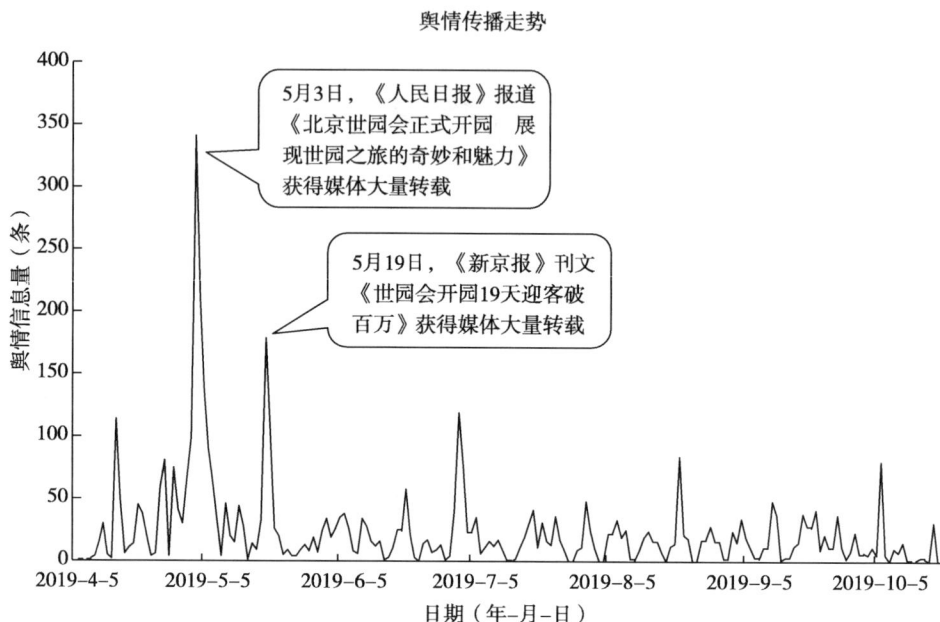

图1 舆情传播走势

舆情走势——重要节点

4月15日,《农民日报》刊文《北京世园会"百蔬园"加紧布展》;《新京报》网发表《首批26万盆延庆蔬菜移栽北京世园会百蔬园》备受关注。4月13日,2019北京世园会迎来试运营期的第一次压力测试。

5月3日,《人民日报》刊文《北京世园会正式开园 展现世园之旅的奇妙和魅力》。北京世园会是"百园之园",其中"百蔬园"占地54亩,是世园会历史上首次将蔬菜独立成园展示。展区有户外和温室两部分,在此可以看到70多类、130多个品种的蔬菜。

5月5日,《北京青年报》刊文《起早贪黑迎八方客 引经据典讲三百园》被网络媒体转载报道。在百蔬园,北京农学院学生王伟力也已经为游客们准备好了"无土栽培"的解说词,他希望通过他的介绍,游客们可以了解到现代农

业的发展趋势与发展前景。

5月19日，《新京报》刊文《世园会开园19天迎客破百万》，北京世园局游客服务与票务管理部工作人员提示游客朋友，提前两天以上，在官方的App渠道，或者线上代理商购票，可以享受9折优惠。输入身份证号，当天就可以持身份证直接刷证入园。

5月20日，《北京日报》刊文《百蔬园：5万余盆羽衣甘蓝华美亮相》。彩色羽衣甘蓝的花语是"华美"，正在展出的世园会百蔬园中，以其为材料设计的蔬菜景观正华美绽放。

6月20日，《新京报》报道《世园会百蔬园里来了一群创意"小画家"》，迎来了一群前来绘画写生的孩子们，中关村外国语学校初一年级的孩子们在百蔬园开启了蔬菜科技与艺术的创意之旅。

7月2日，新华社、《北京日报》刊文《世园会百蔬园迎夏季大换装》。随着春夏季节转换，世园会百蔬园也迎来了"换装"，以春季耐寒甘蓝为主的叶菜逐渐退场，以番茄、茄子、辣椒等"耐晒"的茄果类蔬菜登台亮相。

8月14日，《北京日报》刊文《百蔬园"换装"之谜》。在162天的会期内，张宏元带领着一个50余人的"换装队伍"，负责整个百蔬园18 000米^{2}地块的品种更换工作，他们把发黄、发蔫的蔬菜替换掉，将需要换新的地块栽种上新品种。百蔬园又呈现出一片新的艺术景象。

9月21日，《北京日报》刊文《百蔬园迎来南瓜主题日 北京南瓜种植面积有2 000亩》。此次主题活动，向游客介绍南瓜知识，带游客体验南瓜雕刻的乐趣。

9月30日，《北京日报》刊文《百蔬为媒 演绎蔬菜园艺好戏》。从4月29日至10月7日，百蔬园内共展出了200多个品种的蔬菜，向世界展现出我国蔬菜园艺的高水平和现代农业的发展脉络。以"创艺农场，乐享家园"为主题，将蔬菜与园林、文化、艺术、产业完美结合，表达出了"让园艺融入自然、让自然感动心灵"的办展理念。

10月7日，央视《朝闻天下》报道《北京世园会 世园换新装 金秋植物登场》。随着世园会闭幕的临近，百蔬园迎来了秋日新换装，番茄、茄子、辣椒等耐晒的夏季结果类主打蔬菜逐渐退场，取而代之的是秋季耐寒的甜菜、紫苏、生菜等叶类蔬菜。

10月18日，《北京日报》刊文《百蔬园魅力"蔬菜之旅"圆满落幕》。10月9日，2019中国北京世界园艺博览会顺利闭幕。在整个会期，作为北京世园会三大特色展园之一的百蔬园多维度展现了北京蔬菜园艺、产业创新发展成果。

（二）媒体类型以网络、客户端和微博为主

解析：总体看，传统媒体相较于新媒体新闻发布量占比较高。在传统媒体中，网络为主要传播渠道。其中，4月21日，央视网报道《魅力世园会："三百园"之百蔬园　展现蔬菜发展史》，报道经中国网、中国日报网、京报网、北京时间、新浪网等媒体参与转载共计130条；5月3日，《人民日报》刊文《北京世园会正式开园　展现世园之旅的奇妙和魅力》，文章经中国日报网、中国新闻网、北青网、新浪网、搜狐、网易等媒体参与转载，共计261条（图2）。

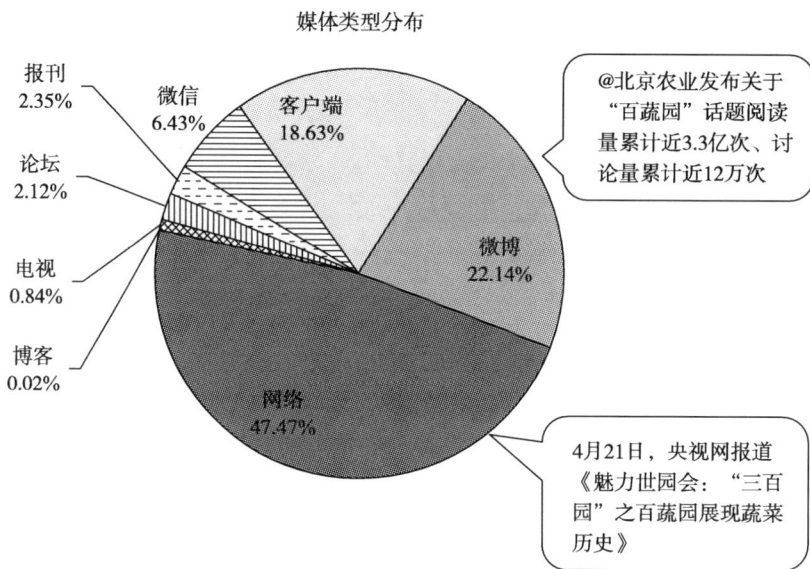

图 2　媒体类型分布图

新媒体方面，新浪微博占比较高。北京农业官方微博发布两篇关于百蔬园开幕前准备及故事累计阅读量近 6.7 万次；百蔬园话题阅读量累计近 3.3 亿次、讨论量累计近 12 万次。

解析：从舆情信息来源看，传统媒体共监测到 2 412 条，占比 51%，其中包括电视、报刊、网络、广播、视频网站、外媒；新媒体共监测到 2 349 条，占比 49%，其中包括微信、微博、论坛、博客及移动客户端（图3）。综合来看，传统媒体发布的信息量略高于新媒体。

媒体分类对比

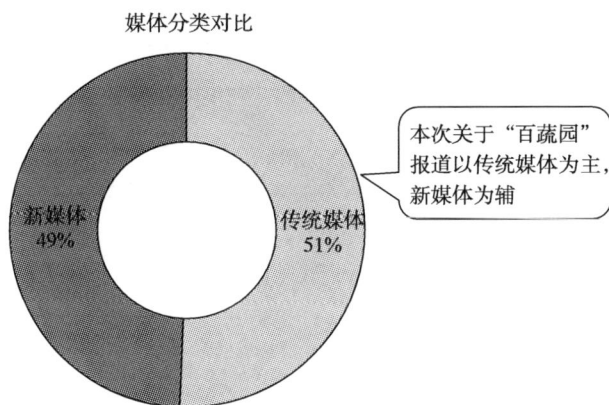

新媒体
49%

传统媒体
51%

本次关于"百蔬园"报道以传统媒体为主，新媒体为辅

图3 媒体分类对比图

（三）各月舆情总量分布情况

解析： 从各月舆情信息总量对比图中可以看出，百蔬园的相关新闻报道总量相差较大，其中5月报道量最大，共计1 663条，因百蔬园在4月初步开园，5月各级媒体对其展开多维度报道，促使舆情信息量高；10月舆情信息量最小共计189条，因北京世园会完美落幕，而百蔬园作为其中一个特色园区也将结束。

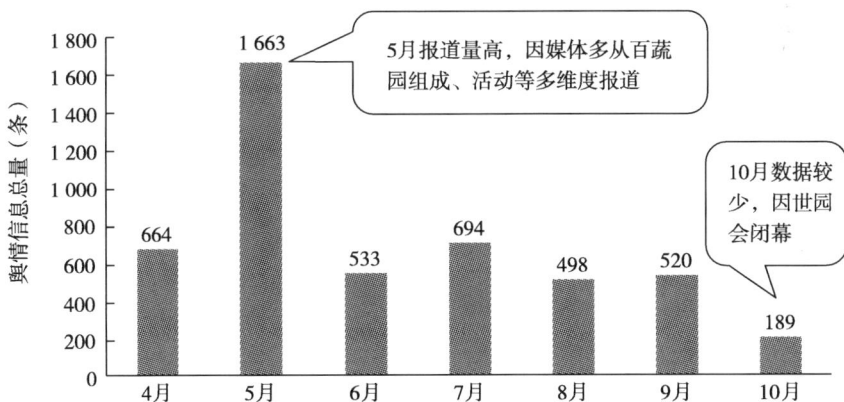

5月报道量高，因媒体多从百蔬园组成、活动等多维度报道

10月数据较少，因世园会闭幕

图4 各月舆情信息总量对比图

（四）媒体报道及转载量排行（TOP10）

解析： 如图5所示，对百蔬园报道频次较高的媒体，主要集中在搜狐网、

新浪网、腾讯网、网易等门户网站。其中,搜狐网多以转发报道为主,主要从百蔬园受众群体、园区介绍、园区特色、园区组成等几个方面进行转发,如《北京世园会正式开园 展现世园之旅的奇妙和魅力》《世园会开园 19 天迎客破百万》《百蔬园美图欣赏》《世园会史上首个以蔬菜为景观的展园将亮相北京》《扎根世园百余天 志愿服务多硕果》等。人民网、凤凰网、千龙网等主流媒体参与新闻转载;北青网、北京时间地方媒体亦参与报道。

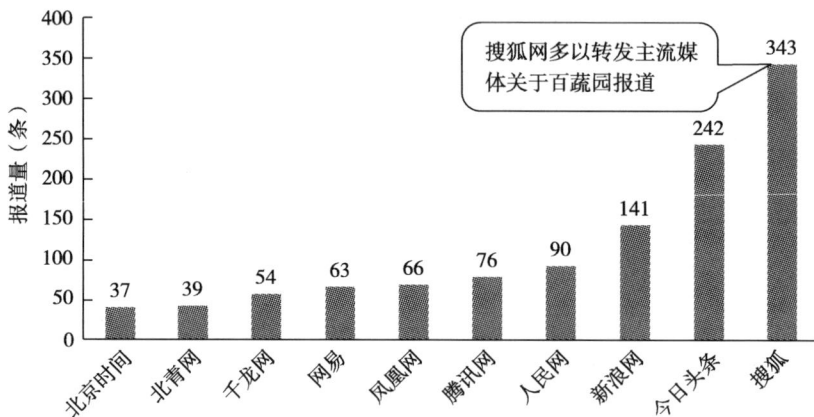

图 5 媒体报道及转载报道量

三、舆情分析

(一)"百蔬园"领导动态

2019 年 4 月 12 日 14:00,北京市委常委、常务副市长林克庆、北京世园局常务副局长周剑平等一行到世园会视察百蔬园项目,领导对百蔬园的整体布局与科技展示效果表示肯定,同时也提出,展示出来的蔬菜知识要注重科普性,要以通俗易懂的形式呈现给游客。

北京市农业农村局百蔬园项目负责人阎晓军说:"蔬菜既是美味,也有动人颜容。""我们将蔬菜与科技、艺术巧妙融合,让众多蔬菜伙伴进入了园艺景观大家庭。从土地到餐桌,诠释着蔬菜和人类文明的关系。在历时 162 天的展览时间里,这里将给观众带来多维度、互动性、艺术化的体验,展现蔬菜与生活的紧密联系。"

百蔬园建设运营办公室副主任赵景文说:"百蔬园展区展示我们2018年列入农业农村部农业主推技术之一,露地甘蓝全程机械化生产。我们国内蔬菜机械化生产处于起步阶段,这项技术在向全国推广。从一粒种子到洋白菜的产出、到餐桌上,那么不仅仅有我们农民在做贡献,有我们科学家,方方面面的经营人员和管理人员、技术人员在为一棵蔬菜在做贡献。"他还表示:百蔬园展区主要展示的是全人工控制环境下蔬菜生长的模式,从光照到水分到营养,人类已经对蔬菜的整个生产过程有一个深入的了解,将来可能未必需要具备土壤,不管是高山,还是海洋,只要能够有承载物,我们就可以进行蔬菜生产。游客可以观赏千姿百态的蔬菜,听到科普知识,亲手制作蔬菜手工版画,尝到不同蔬菜的味道。通过看、听、摸、尝等方式更好地体验世园会。

百蔬园专班建设运营办公室负责人王艺中说:"蔬菜是人类技术进步的结晶,百蔬园向世界展示了我国飞速提升的蔬菜生产技术,是美丽乡村建设的缩影,更新了人们对蔬菜产业、农业科技和绿色发展的认知。"

北京市农业机械试验鉴定推广站工作人员李治国说:"传统以人工作业为主的生产方式很难在短时间内保证如此大批量、高标准的盆栽蔬菜供应,所以我们探索出了盆栽蔬菜全程机械化生产方案,不仅保障了百蔬园盆栽蔬菜生产供应,还在整个过程中节约了成本,降低了能耗,呼应了绿色世园的口号。"他还表示:"不同于传统基质搅拌设备旋桨式设计,这类基质搅拌机能最大限度减少对泥炭土中纤维的破坏,更好满足盆栽蔬菜生产使用要求,平均每10分钟处理量为1 000升"。

(二)百蔬园活动解读

世园会百蔬园首场专题宣传活动:2019北京世界园艺博览会——百蔬园专题宣传的首场活动"新老农人共话蔬菜产业发展研讨会"于北京市农业农村局圆满召开,结合"百蔬园"的创建,对北京蔬菜产业进行广泛而深入地宣传,把更健康更完美的生活方式传递给大众,让市民对首都的农业农村建设成果有新的认识、新的理解。

端午节到百蔬园:趁端午假期来临之际,百蔬园也特意准备了端午节活动,包括蔬菜采摘、品艾草茶、送艾草以及西瓜展览。

百蔬大课堂:6月5日,通过"蔬菜拼图大赛"、蔬菜之"轻食DIY"、蔬菜农耕体验等一系列有趣、有料、可体验的活动,40余位小朋友在"DIY"中,品味美食、感受蔬菜的艺术魅力。

番茄主题日:一年一度的国际儿童节,世园会的百蔬园展馆里举办了一场名为"火红番茄 柿柿如意"的番茄日活动,不少小朋友在家长的陪伴下来到百蔬园,听番茄讲座、动手摘番茄、品尝不同品种的番茄。

科普欢乐多:6月19日,世园会百蔬园里,迎来了一群前来绘画写生的孩子们,中关村外国语学校初一年级的孩子们在百蔬园开启了蔬菜科技与艺术的创意之旅。

蔬菜采摘和送蔬菜活动:百蔬园成熟季开始啦!里面的蔬菜都已经陆续成熟了,欢迎大家来百蔬园与蔬菜来一场亲密接触。

"西甜瓜主题日"活动:6月7日,在世园会百蔬园里,欢声笑语,快乐不断。这里正在举办一场以西甜瓜为主题的科普宣传活动。

食育中国·菜行天下:8月21日,北京市农业农村局宣传教育中心开展百蔬园第八场专题活动,以"食育中国·菜行天下"为主题,组织北京市社区居民代表、媒体新闻记者共计50多人走进百蔬园,邀请北京烹饪协会副秘书长王云面对面与北京市民交流蔬菜的美食文化,为广大市民解读蔬菜的烹饪"密码"。

"蔬菜派对":9月21日,在北京世园会百蔬园里,一场名为"南瓜主题日——南瓜丰收了"的主题活动吸引了众多游客的参与,此次活动发挥世园会百蔬园的特点与创造性,举办的百蔬园主题宣传活动。

丰收节:9月23日是"中国农民丰收节",北京市农业农村局以此次节日为契机,发挥百蔬园的特点,组织民俗文化、农时农事体验活动,为市民打开一扇奇妙农耕体验之门,分享丰收的快乐。

(三)百蔬园参观人群解读

摄影爱好者:5月10日,由北京市农业农村局举办的"我眼中的百蔬园"活动在北京世园会举行。20余名摄影爱好者走进百蔬园,用镜头记录百蔬园的蔬菜之美和科技之魅。

小学生:国际盛宴,百蔬园以其独特的个性,在众多园艺展示中独树一帜,吸引了众多小学生。6月19日,世园会百蔬园里迎来了一群中关村外国语学校初一年级"小画家",他们在百蔬园开启了蔬菜科技与艺术的创意之旅;7月18日,来自中关村外国语学校的30名中学生充当"小记者",在百蔬园里开启了一场农业科技采访之旅;9月11日,北京市农业农村局宣教中心以科普教育为出发点,践行"不忘初心·牢记使命"主题教育,开展百蔬园专题

宣传活动，以"我是小小观察员"为主题，组织 20 余名小朋友走进百蔬园，在蔬菜的海洋中认识和发现身边的科学。

志愿者：为期 162 天的世园会共招募了 2 万名志愿者，他们来自 47 所高校、16 个区和 60 余个企业组织。他们坚守在北京世园会的各个岗位上，为前来参观的中外游客提供咨询、指引等服务，每名志愿者的服务时间不少于 7 天。

受众人群：2019 年 10 月 9 日，2019 中国北京世界园艺博览会顺利闭幕。截至闭幕，百蔬园共接待游客 38 万余人次，最高单日游客超过 10 000 人次，服务零投诉，满意度达到 100%，创造了"巨型菜篮"、蔬菜墙等 10 余个游客喜爱的网红拍照地。

（四）百蔬园传播媒介分析

北京电视台《北京新闻》《北京您早》等电视栏目和广播媒体持续报道，部分栏目黄金时段开播反响强烈

电视频道方面，4 月 21 日，中央电视台社会与法频道（CCTV‐12）播发《北京魅力世园会"三百园"之百蔬园展现蔬菜发展史　展现人类驯化蔬菜的过程　展现全人工控制环境进行蔬菜生产》，当日中央电视台新闻频道（CCTV‐13）《新闻直播间》播放两次，后续中央电视台财经频道（CCTV‐2）中国财经报跟进报道《北京世园会："三百园"之百蔬园　展现蔬菜发展史》。北京卫视《北京您早》报道《百草园：赏百草园艺　品健康生活　百蔬园：创"艺"农场　乐享家园　百果园：硕果的海洋》、北京电视台财经频道《首都经济》报道播发《魅力"三百园"景观独特人气旺》等北京本地电视台持续报道扩大世园会百蔬园知名度。广播方面，4 月 16 日，北京交通台《新闻早报》播放相关报道；随后，中央人民广播电台中国之声《新闻和报纸摘要》、中央人民广播电台中国之声《直播中国》、北京新闻台《整点快报》22点档、北京新闻台《资讯早八点》等亦参加相关新闻报道。

《人民日报》《经济日报》《新京报》等多家报刊头版要闻刊发，助力"百蔬园亮相 2019 北京世园会"宣传

参与报道的报刊还有《北京青年报》《北京日报》《北京晚报》《农民日报》《农业科技报》《中国食品报》《劳动午报》《科技日报》等，多从蔬菜故事，展示百蔬园特色、蔬菜产业成果以及北京"三农"新形象展开报道。如《百蔬园里一窥"万年蔬菜史"》《百蔬园：26 万盆蔬菜入园迎客》《"百蔬园"唤起舌尖上"北京记忆"》《世园会百蔬园呈现"三百"特色》《走进百蔬园探索盆栽蔬菜科技世界》《北京世园会"百蔬园"加紧布展》《世园会百蔬园迎来夏季"大换装"》《绿色蔬菜科普体验》等相关报道,提升舆论导向能力,为百蔬园亮相 2019 北京世园会营造浓郁氛围。

央级网媒、地方媒体及行业媒体齐发力,进一步扩大宣传影响力

新华网、人民网、中国新闻网等央级网媒;腾讯网、新浪网、搜狐网、网易四大门户网站;新京报网、东方网、陕西网、中国西藏网及中国农业新闻网、中金在线、中国食品安全网等行业媒体参与报道,扩大报道影响力。具体来看,4 月 15 日,新华网报道《北京世园会"百蔬园"加紧布展》;4 月 20 日,人民网报道《世园会百蔬园:26 万盆蔬菜入园迎客》;5 月 3 日,中国新闻网报道《北京世园会正式开园 展现世园之旅的奇妙和魅力》;6 月 6 日,北青网报道《北京世园会百蔬园,挺好玩儿》;7 月 8 日,央视网报道《魅力世园会:百蔬园夏季"换装"耐晒蔬菜登场》;8 月 8 日,中国农业网报道《北京百蔬园盆栽蔬菜里的"生态经"》;9 月 11 日,新京报网报道《生物防治 保障世园会中百种蔬菜安全》;10 月 11 日,千龙网报道《百蔬为媒 演绎蔬菜园艺好戏》等;参与报道媒体还有今日头条、百家号、千龙网、凤凰网等。

新媒体助力高效传播,宣传效果显著

7 月 6 日,微信"北京世园会"推文《百蔬园举办蔬菜采摘和送蔬菜活动》,阅读量 1.2 万次;7 月 11 日,微信"北京世园会"推文《多期活动暑假来百蔬园能和蔬菜亲密接触哦》,阅读量 1.0 万次;9 月 11 日,微信"北京世园会"推文《活动预告｜百蔬园丰收季,邀您共享"秋田乐事"》,阅读量 9 197 次;6 月 4 日,微信"北京世园会"推文《活动预告｜端午节到百蔬园,一起来发现蔬菜的乐趣吧!》,阅读量 9 180 次。

新浪微博中关于百蔬园信息共计 1 054 条,微博话题"2019 北京世园会",阅读量 3.3 亿次,讨论量 7.5 万条;"世园会'百蔬园'",阅读量173.3 万次,讨论量 767 条;"世园会百蔬园",阅读量 23 万次,讨论量66 次;"百蔬园",阅读量 3.8 万次,讨论量 23 次。百蔬园简介、蔬菜故事、直播探索百蔬园 3 种不同主题最吸引网友眼球,促使其推上热门微博。

4 月 16 日,微博"北京农业"发长文称,距离 2019 北京世园会开幕仅剩十几天时间,位于园区 6 号门附近的百蔬园内,目前各类蔬菜入园移栽基本完成,工作人员已将盆栽生菜、白菜、油菜、羽衣甘蓝等蔬菜,按顺序依次移栽

到对应的区域中。（阅读量 3.9 万次）

5月3日，@CGTN（中国国际电视台官方微博）发微博《直播：世园会百蔬园探馆》，称 "For the first time ever, the International Horticultural Expo is displaying vegetables. Join CGTN reporter Wu Guoxiu on a tour to the Vegetable Garden." （图6）（转发量17次、评论量19条、点赞量235）

图6 CGTN 发文

5月6日，北京世园会官方微博发表文章《从"三百园"识人间味》，称古往今来人类与草木相互选择、相互驯服，一起走过万年岁月。营养丰富的蔬菜、甜美多汁的水果、苦口祛病的良药，都与百姓生活密不可分。2019北京世园会，首次把园艺拓展到本草、蔬菜、果树领域，开辟了百草园、百蔬园、百果园，即"三百园"。（阅读量 2.8 万次）

从新媒体传播内容看，关于百蔬园活动话题的阅读量与互动量颇高，如《来世园会百蔬园摘个番茄尝尝》《百蔬园举办蔬菜采摘和送蔬菜活动》等，标题新颖、内容可读性强，一定程度上提升了宣传效果。

（五）"百蔬园"引发网民热烈讨论

梳理网民评论发现，网民观点分布范围广泛，评论主要集中在新浪微博、微信和今日头条上。主要讨论内容有以下4个方面：

1. 认为百蔬园活动前期宣传亮点频频，期待活动正式开幕（17%）

@室内设计师——郝晓杨："太漂亮了，好期待去百蔬园看看。"

2. 表达对百蔬园整体布局、贴心服务、活动设置的高度赞扬（43%）

@优雅动作："百蔬园的活动太丰富了，非常开心又长知识，又有乐趣真是乐此不疲。"

@陶陶哇 i："百蔬园的蔬菜博物馆人最少，最喜欢。植物馆也很有感觉。"

@情绪丹细胞："看完百蔬园有种没见过世面，没吃过菜的感脚。"

@爱你-如陶："看了烹饪的活动，好想现场做两个菜，哈哈！"

3. 称赞百蔬园景色宜人，美不胜收；给予百蔬园"网红打卡地"的美誉（28%）

@心静无尘 017："太好了，人在画中游的感觉。"

@墨染流年之依然："世园会打卡。一园千景，美极了。"

@禁忌幻想火星翠："2019 北京世园会，景色很美。一个百蔬园就连接起了科技、文明、生态，更连接起了过去与未来。据了解，百蔬园是世界园艺博览会展览史上第一个将蔬菜作为景观素材的独立展园，和大家看过的农业观光园不同，百蔬园是一道纯蔬菜打造的风景。展区有户外和温室内两部分。"

4. 对"千姿百态"的蔬菜倍感兴趣，对蔬菜的历史一探究竟（12%）

@春山啼鸟："北京世园会的百蔬园，葫芦、瓠瓜、南瓜、冬瓜、甜菜、茄子，这茄子长在盆里，不知道能不能吃。"

@小上嘻嘻："北京世园会百蔬园里的藿香很好看！图一、二、三。可是在园艺小镇看到的藿香，图四至九，形态跟图一、二、三的藿香很不一样，牌子上也写着藿香。求教@木华园林和@下蜀系 hefeibg 以及知晓的朋友们。"

@L 南阳晨 L："好喜欢那个蔬菜墙。"

四、舆情总结

监测时段内，百蔬园亮相北京世园会取得的成果受到媒体和大众的集中关注，其中电视和报刊的传播以央级媒体为主，网络媒体中，央级媒体、地方媒体及行业媒体积极参与促使舆情热度逐步升温。其中，BTV（北京电视台）生活频道《奇趣百蔬园》以由 BTV 知名主持人参与、农业专家解说、热心观众体验的形式，讲述百蔬园展示的中国蔬菜文化、高科技植物工厂、蔬菜园艺

之美等丰富内容，将百蔬园中的农业知识、农业科技、蔬菜的百姓生活、北京农业发展历程等一一展现，助力 2019 年北京世园会，推动百蔬园的宣传工作。此外，新媒体以图片、视频等多种宣传形式对百蔬园活动进行跟踪报道，让广大群众真切地感受到百蔬园的魅力。从网民反馈来看，网民的正面积极评论也侧面反映出百蔬园活动的精彩纷呈。

从媒体报道基调看，此次百蔬园是世界园艺博览会展览史上第一个将蔬菜作为景观素材的独立展园，场景化地展示历史长河与生态空间中蔬菜与人的故事，展示前瞻性的城市和家庭农场，展示以蔬菜为载体的新的生活方式，更新人们对于蔬菜产业、农业科技、绿色发展和绿色生活的认知。各级媒体以积极的态度报道，以百蔬园为核心，园区布局、蔬菜历史、活动话题等内容提升正面形象与社会影响力，赢得群众一致好评，赞不绝口。

五、重要新闻摘录

1. 2019 年中国北京世界园艺博览会开幕式

日期：2019 - 04 - 28 新闻来源：新华网

链接：http：//www. xinhuanet. com/fortune/2019syhkms/index. htm

本届世园会主题：绿色生活 美丽家园。

由中国政府主办、北京市政府承办的 2019 年北京世界园艺博览会于 4 月 28 日晚间隆重开幕。这是继昆明世园会、上海世博会和首届中国国际进口博览会之后，我国举办的级别最高、规模最大的国际性博览会。

2. 北京世园会"百蔬园"加紧布展

日期：2019 - 04 - 15 新闻来源：《农民日报》

链接：http：// szb. farmer. com. cn/2019/20190415/20190415 - 002/2019 0415 - 002 - 2. htm

4 月 13 日，2019 北京世园会迎来试运营期的第一次压力测试。当天，记者在世园会园区内的百蔬园看到，工人们正在加紧布展，室外展区的露地蔬菜按照规划栽种、摆放有序，室内展区的各功能分区布展进度良好，部分展区已基本完成进度。

3. 百蔬园：26 万盆蔬菜入园迎客

日期：2019 - 04 - 20 新闻来源：《北京日报》

链接：http：// bjrb. bjd. com. cn/html/2019 - 04/20/content _ 11879434. htm

2019 北京世园会即将开幕，作为世园会历史上首个蔬菜独立展示园区，百蔬园已经基本完成布展工作，123 个蔬菜品种 26.3 万盆的各色蔬菜均已移栽入园。北京世园会首次将蔬菜园艺独立成园，取名百蔬园。园区占地 54 亩，其中室外 47.25 亩、室内 6.75 亩，以"创艺农场，乐享家园"为主题，展示蔬菜的历史、现在和未来，覆盖自然、田园和城市，为游客提供多维度、互动性、艺术化的体验内容。

4. "三百园"之百蔬园展现蔬菜发展史

日期：2019-04-21　新闻来源：CCTV-13《朝闻天下》

链接：http：//una.uuwatch.com/info/56589016

由于室外展园众多，本届世园会又被称为"百园之园"。其中有一个展区叫作"三百园"，指的就是"百蔬园""百果园"和"百草园"，分别展示着数百种蔬菜、水果和中草药。其中，"百蔬园"占地 54 亩，是世园会历史上首次将蔬菜独立成园展示给游客。

5. 世园会史上首个以蔬菜为景观的展园将亮相北京

日期：2019-04-25　新闻来源：新华网

链接：http：//www.xinhuanet.com/2019-04/25/c_1124416803.htm

记者 25 日从北京市农业农村局获悉，世界园艺博览会史上首个以蔬菜为景观的展园——百蔬园将亮相 2019 北京世园会。

据介绍，百蔬园总占地面积 54 亩，有户外和室内展区两部分。户外面积 47 亩，分为森林与沼泽、荒漠与草原、田园庭院、乐享家园 4 个区域；室内面积 4 500 米²，分为蔬艺生活区、百蔬科技区、蔬菜博物馆、蔬菜剧场 4 个区域。截至目前，已有 123 个蔬菜品种 26.3 万盆各色蔬菜移栽入园。

6. 百蔬园：创"艺"农场　乐享家园

日期：2019-04-29　新闻来源：BTV-1《北京您早》

链接：http：//una.uuwatch.com/info/56618230

百蔬园是世园会展览史上第一个将蔬菜作为景观素材的独立展区，全园占地 54 亩，其中户外部分占地面积 47 亩。由于百种蔬菜将在气温起伏较大的延庆山区露天展示，种植是向高难挑战。所以百蔬园主打时令牌，对 300 多个蔬菜品种逐一进行测试，最终选取了羽衣甘蓝、盆栽油菜等耐寒且观赏效果好的蔬菜品种进行栽种，来应对过山车式的气候。

7. 展现世园之旅的奇妙和魅力

日期：2019-05-03　新闻来源：《人民日报》

链接：http：//paper.people.com.cn/rmrb/html/2019-05/03/nw.D110000 renmrb_20190503_1-06.htm

北京世园会是"百园之园"，有 100 多个各具特色的展园。其中百蔬园占地 54 亩，是世园会历史上首次将蔬菜独立成园展示。首批 26 万盆蔬菜已经完成入园移栽。

百蔬园是一道由纯蔬菜打造的风景。展区有户外和温室两部分。户外是菜的花园，是主体，共有 47 亩，分为森林与沼泽、荒漠与草原、田园庭院、乐享家园 4 个区域；室内部分 4 500 米^2，分为蔬艺生活区、百蔬科技区、蔬菜博物馆、蔬菜剧场 4 个展区。漫步百蔬园，我们可以看到 70 多类 130 多个品种的蔬菜。

8. 相约世园会：百蔬园里欣赏蔬菜之美

日期：2019-05-18 新闻来源：BTV-1《北京新闻》

链接：http：//una.uuwatch.com/info/56688706

世园会自 4 月 29 日开园以来深受人的喜爱，昨天世园会人数突破 100 万，在世园会当中有很多特色园区，比如百蔬园，这儿的蔬菜不仅可以饱口福，更能饱眼福。

百蔬园是世园会历史上首次将蔬菜独立成园展示给大众，百蔬园紧挨世园会的 6 号门，进入园区室外展区，映入眼帘的是蔬菜中的牡丹花、羽衣甘蓝，淡红、紫红、白黄等五彩斑斓，吸引了不少游人的目光。

9. 世园会百蔬园里的高科技栽培

日期：2019-05-19 新闻来源：BTV-1《北京您早》

链接：http：//una.uuwatch.com/info/56690374

正在进行的还有世界园艺博览会，北京世园会自开园以来，受到社会各界的广泛关注。17 日，参观人数已经破了 100 万人次，中国馆、国际馆、植物馆 3 个展馆是最火爆的展馆，通常都需要排队进入。园内还有很多独具特色的展园，百蔬园就是这样的一个展园，这里的蔬菜长得比花还漂亮。

百蔬园展区临近世园会园区的 6 号门，东侧为新建温室，西侧为雨水花园景观区，园区占地 54 亩，分为室内和室外两个展区，室外展区包括位于园区中心的乐享家园以及环布于四周的森林、沼泽、荒漠、草原、蔬菜布景和形态多样的田园庭院，演绎出人类从多样性自然环境中发现和认知蔬菜的过程，尽显人与自然和谐相处之道。

10. "京味"西甜瓜香飘百蔬园

日期：2019 - 06 - 18　新闻来源：《农民日报》

链接：http：// szb. farmer. com. cn/2019/20190618/20190618 - 008/201906 18 - 008 - 2. htm

炎炎夏日，正是吃瓜季节。而刚刚过去的端午节小长假，不少市民在北京世园会里就体验到了一场西甜瓜的饕餮盛宴。6 月 7 日，世园会百蔬园里欢声笑语，这里正在举办一场以西甜瓜为主题的科普宣传活动，大型及盆栽西瓜展、西甜瓜品鉴、特色演出等一系列活动，让游客在可看、可赏、可吃的活动中体会北京西甜瓜的韵味。市民品尝着来自大兴、房山和延庆共 6 家西甜瓜种植企业的小型西瓜和网纹甜瓜，"超越梦想""京颖""伯格""维密"……一个个品质好、颜值高的西甜瓜让市民大呼过瘾、流连忘返。

11. 北京魅力世园会　百蔬园夏季"换装"　耐晒蔬菜登场

日期：2019 - 07 - 06　新闻来源：CCTV - 1《朝闻天下》

链接：http：// una. uuwatch. com/info/56866548

正在北京延庆妫水河畔举行的 2019 中国北京世界园艺博览会，首次以蔬菜为展示主题的百蔬园近日迎来了夏季大换装。甘蓝类蔬菜逐渐退场，取而代之的是番茄、茄子、辣椒等耐晒的茄果类蔬菜。各式各样的茄果类蔬菜构成了红、橙、黄、绿、白、紫六大色彩体系，形状各异的观赏蔬菜通过色彩、栽培模式的融合拼接组成艺术字、色系条带、花坛等造型。

12. 多种高科技设施为蔬菜提供"营养配餐"

日期：2019 - 07 - 31　新闻来源：《北京日报》

链接：http：// bjrb. bjd. com. cn/html/2019 - 07/31/content _ 11919085. htm

走进百蔬园室内展区，只见番茄和彩椒色彩鲜艳。各种叶菜装点成的蔬菜墙青翠欲滴。无土栽培的番茄树，"树冠"达到了 200 多米^2……据北京市农业农村局的专家介绍，百蔬园里的蔬菜享受的可谓五星级待遇，自动化的环境调控系统、水肥一体化系统、人工智能光源补光等，这些充满了科技感的栽培设施，为蔬菜提供了专属"营养配餐"，保证它们能够健康绿色苗壮成长。

13. 走进百蔬园　探索盆栽蔬菜科技世界

日期：2019 - 08 - 07　新闻来源：《北京日报》

链接：http：// bjrb. bjd. com. cn/html/2019 - 08/07/content _ 12002255. htm

利用人工智能光源调节蔬菜生长，磁悬浮技术让观赏盆栽飞起来……在北京世园会上，全部以"蔬菜"作为景观素材的百蔬园，让市民看到了蔬菜的华丽转身。原来这些餐桌上的美食不仅好吃，还这么好看。这是北京市农业农村局的专家们运用了多种现代科技手段，帮助各种盆栽蔬菜实现了美丽变身。据了解，市民在百蔬园看到的紫油菜、叶甜菜、生菜等盆栽蔬菜，都可以在家中种植。

14. 我在百蔬园　百蔬园盆栽蔬菜里的"生态经"

日期：2019 - 08 - 21　新闻来源：《北京日报》

链接：http：// bjrb. bjd. com. cn/html/2019 - 08/21/content _ 12161051. htm

2019 年北京世园会百蔬园内，盆栽蔬菜是展示的亮点之一。上百个蔬菜品种，数万盆盆栽蔬菜，涉及蔬菜种类多、茬次多、批量大、数量大，且标准化和一致性程度要求高。在这数万盆盆栽蔬菜的背后，有一本"生态经"。

15. 百蔬园里的"蔬菜大王"

日期：2019 - 09 - 18　新闻来源：《北京日报》

链接：http：// bjrb. bjd. com. cn/html/2019 - 09/18/content _ 12418653. htm

在百蔬园里，有两株"蔬菜大王"：它们个头大，两株蔬菜覆盖了 200 多米² 的空间；它们结果多，世园会期间，总共能结出 1 万多个果实。这两株蔬菜就是位于室内展区中心位置的番茄树。

走进百蔬园室内展区，很多游客都会选择在番茄树下休憩一番。坐着舒适的椅子，抬头看到满眼红彤彤的小番茄，像一个个小红灯笼，这样别致的景观可不是轻易能够观赏到的。

16. 北京世园会百蔬园举办南瓜主题日活动

日期：2019 - 9 - 23　新闻来源：《农民日报》

链接：http：// szb. farmer. com. cn/2019/20190923/20190923 _ 003/20190923 _ 003 _ 3. htm

9 月 21 日，在北京世园会百蔬园里，一场名为"南瓜主题日——南瓜丰收了"的主题活动吸引了众多游客的参与。据了解，这是北京市农业农村局宣传教育中心为迎接 2019 年"中国农民丰收节"，结合北京市民俗文化、农时农事，发挥世园会百蔬园的特点与创造性，举办的百蔬园主题宣传活动。

17. 10 场专题活动串起世园会"蔬菜派对"

日期：2019 - 9 - 26　新闻来源：《北京日报》

链接：http：// bjrb. bjd. com. cn/html/2019 - 09/26/content _ 12420368. htm

2019北京世界园艺博览会上,北京市农业农村局结合百蔬园的展览,举办了10场专题宣传活动,讲述蔬菜故事,展示百蔬园特色、蔬菜产业成果以及北京"三农"新形象,更新人们对于蔬菜产业、农业科技、绿色发展和绿色生活的认知,充分展示百蔬园科技性、艺术性、体验性。

"蔬菜派对"以9月21日的"南瓜主题日——丰收节的喜悦"专题活动圆满收官。9月23日是"中国农民丰收节",北京市农业农村局以此次节日为契机,发挥百蔬园的特点,组织民俗文化、农时农事体验活动,为市民打开一扇奇妙的农耕体验之门,分享丰收的快乐。

18. 百蔬为媒　演绎蔬菜园艺好戏

日期:2019-9-30　新闻来源:《北京日报》

链接:http://bjrb.bjd.com.cn/html/2019-09/30/content_12421010.htm

2019北京世园会特别推出了三大特色展园,百蔬园就是其中之一。从4月29日至10月7日,百蔬园内共展出了200多个品种的蔬菜,向世界展现出我国蔬菜园艺的高水平和现代农业的发展脉络。以百蔬为媒,北京市农业农村局演绎了蔬菜园艺的"一出好戏"。

由北京市农业农村局组织设计和建设的百蔬园升级了蔬菜办展理念。以"创艺农场,乐享家园"为主题,将蔬菜与园林、文化、艺术、产业完美结合,表达出了"让园艺融入自然、让自然感动心灵"的办展理念。

19. 扎根世园百余天　志愿服务多硕果

日期:2019-10-6　新闻来源:《北京青年报》

链接:http://epaper.ynet.com/html/2019-10/06/content_338647.htm?div=-1

北京世园会即将接近尾声,世园会志愿者的服务也即将画上句号。为期162天的世园会共招募了2万名志愿者,他们来自47所高校、16个区和60余个企业组织。他们坚守在北京世园会的各个岗位上,为前来参观的中外游客提供咨询、指引等服务,每名志愿者的服务时间不少于7天。

专业技能篇——百蔬园里见真知。来自北京农学院的志愿者王悦讲述自己通过在百蔬园当讲解员,学到了很多相关的专业知识。她表示:"不仅能够为游客讲述与我的专业相关的知识,使来参观的游客对园艺、对农业的现景有更加充分的了解,更充实了我的生活,希望以后还能有这样的机会!"

20. 百蔬园魅力"蔬菜之旅"圆满落幕

日期:2019-10-18　新闻来源:《北京日报》

链接：http：//bjrb.bjd.com.cn/html/2019-10/18/content_12423659.htm

10月9日，2019中国北京世界园艺博览会顺利闭幕。在整个会期，作为北京世园会三大特色展园之一的百蔬园多维度展现了北京蔬菜园艺、产业创新发展成果。截至北京世园会闭幕，百蔬园共接待游客38万余人次，最高单日游客超过10 000人次，服务零投诉，满意度达到100％，创造了"巨型菜篮"、蔬菜墙等10余个游客喜爱的网红拍照地。

执笔人：韩姣

"北京市农民丰收节"舆情专题分析报告

一、事件概述

9月4日，农业农村部新闻办公室举行新闻发布会，介绍2019年"中国农民丰收节"有关活动安排，发布会对本届农民丰收节的举办时间、活动主题、活动清单、活动意义等进行了全面解读。新华网、人民网、中国新闻网等央级媒引领报道，"新京报"等北京地区媒体跟进报道。

9月23日，第二个"中国农民丰收节"在全国各地如期举行，北京市以"庆祝丰收、弘扬文化、振兴乡村"为宗旨，充分发挥农民主体作用，充分调动社会各界力量，充分结合乡村全面振兴，紧密结合实际特别是传统节日文化，紧紧围绕"礼赞丰收·致敬农民·祝福祖国"的主题，严格按照"农民主体、因地制宜、政府引导、节俭热烈"的原则，以基层庆祝活动为主体、以农民广泛参与为导向、以农民满意为目标组织开展系列庆祝活动。北京市举办的"中国农民丰收节"获得各层级媒体及网民的关注。

9月16日至10月31日，共监测到有关北京市农民丰收节的舆情共计3 688篇。其中，电视报道39篇、报刊报道77篇、网络报道1 648篇、微博315篇、微信757篇、移动客户端740篇、论坛87篇、博客2篇、广播12篇、视频网站9篇；外媒2篇。

二、舆情走势

（一）媒体聚焦农民丰收节活动

解析： 2019年"中国农民丰收节"舆情传播量呈现先增后减的趋势，9月23日"中国农民丰收节"开幕，舆情传播量较9月22日大幅上升，9月24日达到舆情传播峰值，当日舆情信息量907篇。9月25日后舆情信息量逐渐下降，但仍有小幅波动。具体看，2019年"中国农民丰收节"舆情传播可分为

4 个阶段：

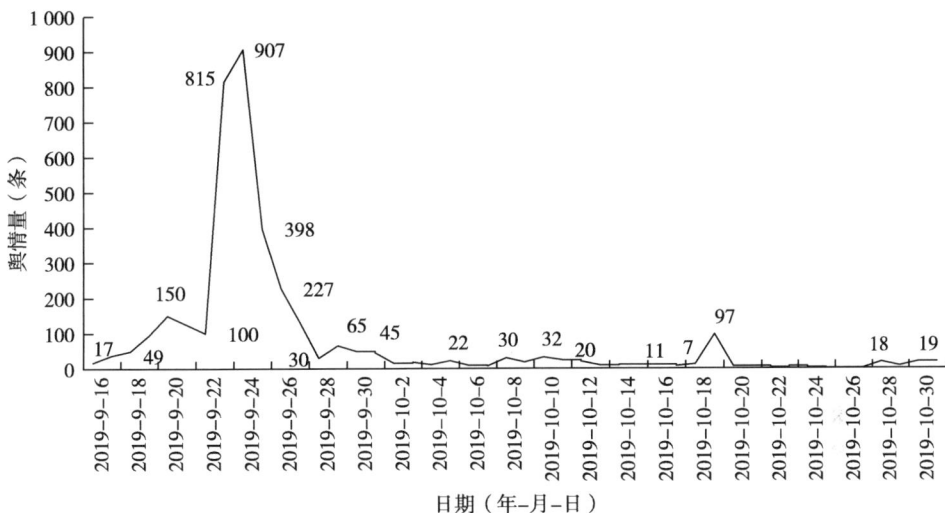

图 1　舆情走势图

第一阶段：舆情预热期（9 月 16～22 日）

各级媒体报道"中国农民丰收节"动态，引发社会公众对即将举行的精彩活动充满期待。9 月 18 日，《人民日报》、人民网、中国网等登载"100 个乡村文化活动名单"，北京市顺义区杨镇菊花文化节等入选；9 月 20 日，《农民日报》、中国网、千龙网等媒体集中报道"中国农民丰收文化展在京开幕"；9 月 21～22 日，新华网、中央电视台、《北京日报》《北京晚报》《北京青年报》《北京晨报》《农民日报》《京郊日报》、中国广播网等纷纷对北京首届"中国农民丰收节"系列活动的启动进行报道。其中，9 月 22 日，"中国农民丰收节"组织指导委员会办公室发布 2019 年"中国农民丰收节"公益宣传片《丰收节来了》，宣传片以独特视角和维度，通过不同场景、不同年龄、不同人群，共庆丰收、分享喜悦，将"三农"与整个中国紧密相连，该视频被央视、央视网、新华网、人民网、中新网等央级媒体引领宣传发布，新浪微博、搜狐等网络视频平台等同步转发，获得大量点击。该公益宣传片的发布在全社会营造了重农、强农的浓厚舆论氛围。

第二阶段：舆情高峰期（9 月 23～26 日）

9 月 23 日，第二个"中国农民丰收节"正式举行，中央电视台农业农村频道正式开播。当日，国家主席习近平通过中央电视台农业农村频道，向全国广大农民和工作在"三农"一线的同志们表示诚挚的问候，并热烈祝贺央视农业农村频道正式开播。上午，全国各地人民欢庆丰收的热闹景象和良好的节日氛围由"人民视频"向全国、全球进行网络直播，这也是本届农民丰收节的亮点之一。京郊各地广大农民争相庆丰收的景象被中央电视台、北京电视台、《北京日报》《北京晚报》、新华网、人民网、中国新闻网等主流媒体报道。

9月23日晚，央视农业农村频道《丰收中国》的2019年"中国农民丰收节"晚会开播，其中UNINE组合表演了歌曲《赞赞新时代》，传达了积极向上，充满了丰收的喜悦之感。@综艺影视咖（粉丝2 007 321人）发布微博后，转发469次，评论812次。明星效用带动全民对农民丰收节的关注热情。

9月24日，北京各区丰收节活动相应启动，顺义丰收节、房山秋收节、通州农民丰收节和艺术节、昌平丰收节、延庆丰收节等共有33项特色活动，中央电视台、北京电视台、《农民日报》《光明日报》《经济日报》《经济参考报》、新华网、人民网、中国新闻网等多家有影响力的媒体报道并转载，当日舆情信息量攀升到达峰值，当日信息量共计907篇。

9月25～26日，舆情信息量较24日下降，媒体着重对北京各区农民丰收节进行多方位的解读报道，如《京郊秋游好去处　大美延庆欢迎您》《丰收的锣，敲响了！顺义丰收节活动持续至10月7日》等，其中北京时间发布《诗情画增收　金秋密云　2019北京密云举办首届密云文化和旅游节》，阅读量达9 427次。《中国财经报》称，北京市以"礼赞丰收、致敬农民、祝福祖国"为主题，陆续举办了40余场庆祝活动。各区通过实物展览、技艺展示、农事体验等形式，集中展示民俗传统文化。同时，为助力农民增收，海淀、大兴等区还举办了农产品采摘及展销活动。

第三阶段：舆情回落期（9月27日至10月10日）

本时段，舆情信息量已大幅回落，但国庆假期与农民丰收节相遇，结合迎国庆主题的相关活动仍然吸引舆论持续关注农民丰收节相关话题，媒体报道方向有"庆丰收活动助力国庆长假乡村游"等，人民网、中国网、中国文明网、千龙网、北京电视台、《北京日报》《北京晚报》《首都建设报》《新京报》等媒体积极发稿，凤凰网、搜狐网、网易、腾讯网等门户网纷纷进行转载报道。《新京报》称，北京郊区丰收活动国庆节期间持续进行，多彩的活动不仅是全民参与享丰收的契机，也成为城市居民与农民共庆节日、到农村休闲度假的金秋好时光。

第四阶段：舆情沉淀期（10 月 11～31 日）

本时段，随国庆假期结束和农民丰收节活动接近尾声，媒体报道量维持平稳态势，总结性报道占据舆论主基调。光明网报道《北京市房山区，打造良乡优品，让群众钱袋子鼓起来》，搜狐网旗下搜狐号"@北京美丽乡村"报道《品美食　赏美景　享丰收——海淀区 2019"中国农民丰收节"精彩纷呈》等。微信报道有《丰收时节看农业　知识产权助增收》《庆祝丰收　献礼国庆　古北口镇成功举办丰收节活动》等。

值得一提的是，10 月 19 日，文艺志愿者在密云古北口镇等地开展农民丰收节主题活动引发丰收节尾声期的舆论小高峰。央视网发布原创报道，光明网、国际在线、网易、搜狐等媒体进行转载报道。

（二）媒体传播以网络、微信和客户端为主

解析：媒体分布图显示，有关"中国农民丰收节"的传播中，网络媒体的新闻量占比居首位，为 44.69%，其次为客户端和微信（图 2）。电视和报刊作为传统媒体，虽然新闻量占比较低，但由于其权威性高，受众集中，在舆情传播中也具有独特的优势。

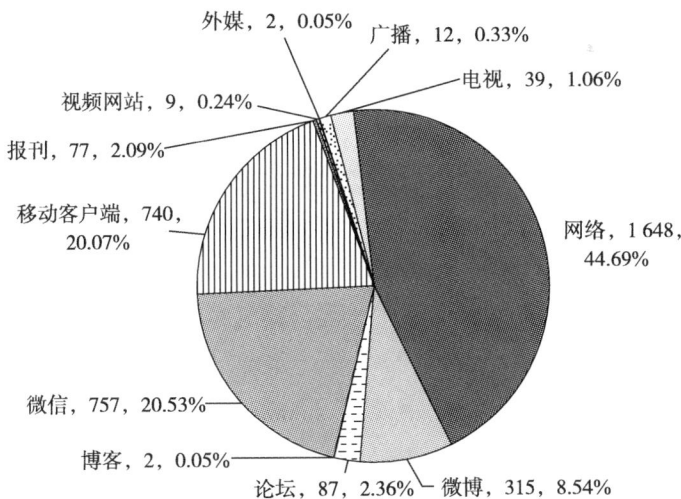

图 2　媒体分布图

（三）词云图

解析：词云分布图显示，"农民""农业""丰收""活动"为网络传播热词,北京地区举办丰富多彩的活动来庆祝农民丰收节,突出"丰收"这一主题。"农产品""乡村""联欢""文化"等热词也突显本届农民丰收节"庆祝丰收、弘扬文化、振兴乡村"的宗旨。

图 3　词云图

三、舆情分析

(一)媒体传播分析

电视媒体以央视和北京电视台为主,即时传递农民丰收节的动态信息。电视媒体受众面广、视听合一、即视感强,有力传播丰收节的现场动态。具体看央视 CCTV-13 报道 19 篇,北京电视台 BTV-1 报道 6 篇,央视 CCTV-1 报道 5 篇,CCTV-2、BTV-9 各报道 3 篇。9 月 23 日,CCTV-1《晚间新闻》报道《胡春华出席中国农民丰收节庆祝活动》,CCTV-13《新闻直播间》报道《今天是中国农民丰收节　全国农民喜庆中国农民丰收节》,BTV-1《北京新闻》报道《京郊大地欢天喜地庆丰收》等。

《农民日报》《北京青年报》等报刊类媒体专版或头版要闻刊发农民丰收节的新闻。具体看,9 月 23 日,《北京晚报》和《光明日报》均推出专版深度报道农民丰收节,内容有"昌平真顺村　依恋田园共享丰收""丰台郭庄子'农时荟'感恩土地"等。9 月 24 日,《农民日报》头版要闻刊发《胡春华强调充分调动亿万农民重农务农的积极性、主动性、创造性》称,胡春华到北京市顺义区赵全营镇,先后参观了活动现场的丰收场景、农机展和中国农民丰收文化

展等"丰收中国"系列展览，与农民群众一起观看欢庆丰收的歌舞表演和视频；《北京青年报》第一版刊发《采藕收稻 乐享丰收》称，在海淀区"中国农民丰收节"暨金秋田园体验季活动现场，记者了解到海淀区将陆续举办10场农事体验活动。

央级网媒、北京地区媒体及公众新闻媒体齐发力，进一步扩大农民丰收节的影响力。新华网、人民网、中国新闻网、央视网、中国文明网、光明网等央级网媒，北青网、新京报网、千龙网、北晚新视觉等北京地区网媒及腾讯网、新浪网、搜狐网、网易等门户网站及公众新闻媒体合力报道"中国农民丰收节"。具体来看，9月23日，人民网报道《礼赞丰收 北京乡村共庆"中国农民丰收节"》，新华网报道《"京"彩纷呈！感受第二个"中国农民丰收节"的"土味"和"潮味"》，光明网报道《北京市平谷区举办"2019中国农民丰收节"庆祝活动》；9月24日，新华网报道《"千企万品助增收"活动在京举行》；9月25日，北青网报道《丰台郭庄子：百姓齐聚农时荟喜庆丰收节》；10月1日，新京报网报道《北京郊区丰收活动国庆节期间持续进行》等。报道频次较高的媒体还有今日头条、北京时间、东方头条及行业类媒体中国农业信息网等。

微信舆论宣传力逐渐成长，宣传效果显著。监测时段内，共监测到微信号发布的信息757篇。以北京区域类的微信公众号和农业行业类微信公众号为主。微信内容传播形式丰富，图片、视频、文字相结合，有力提升公众的阅读兴趣。传播方面，分享式传播即时、快捷，有利于信息快速抵达受众群。9月20日，微观三农推文《550个村庄入选"千村万寨展新颜"展示活动》，阅读量3.5万次；9月21日，怀柔说推文《我想邀你和栗子君来个约会！》，阅读量906次；9月23日，北京农业推文《快来！快来！在北京，一起庆祝"中国农民丰收节"》，阅读量1 398次。

微博舆论场声量逐渐显现，新浪微博话题热度高，官方微博高频次发布信息，点燃社会公众对农民丰收节的关注热情，微博高粉丝量博主的舆论引导力强，助推话题传播热度上升。截至目前，新浪微博话题♯中国农民丰收节♯，阅读量3.6亿次，讨论量22.6万次。监测时段内，@北京农业微博（粉丝188 748）共计发布26篇信息，对北京各区举办的农民丰收节进行动态播报，有力展现北京新农业的发展成就。

9月23日，@人民日报发布微博，网友转发4 596次，网友评论1 702次，点赞14 389次（图4）。媒体官方账号粉丝量高，影响力强，为农民丰收节话题传播起到助推作用。

图 4　@人民日报发布微博

9 月 25 日，@北京头条大事件微博（粉丝 208 万）：北京近郊又一新晋网红打卡地！2019 中国农民丰收节顺义庆祝活动在北京兴农天力农业园举行。在这里可观赏壮观的向日葵花海、紫色海洋般的马鞭草迷宫，350 亩大型农作物景观配上周杰伦的一曲《稻香》，美得刚刚好！（转发 403 次，评论 541 次，点赞 934 次）

（二）媒体观点

国家领导高度重视"中国农民丰收节"。9 月 23 日，中共中央政治局委员、国务院副总理胡春华节前赴北京市出席"中国农民丰收节"庆祝活动。他指出，习近平总书记始终关心关爱广大农民，在丰收节来临之际向全国农民祝贺节日。我们要深入学习贯彻习近平总书记关于"三农"工作的重要论述，进一步提振农民精气神，充分调动亿万农民重农务农的积极性、主动性、创造性。央视、新华社、人民网、《人民日报》、中国新闻网等央媒和门户网站对胡

春华副总理出席"中国农民丰收节"活动进行报道。

中国农民与全球分享"我的丰收我的节"。9月23日,人民网称,2019年,在新中国成立70周年之际,在打赢脱贫攻坚战和实施乡村振兴战略的重要历史交汇期,2019年的"中国农民丰收节"有着特殊的意义。"中国农民丰收节"是农民的节日,也是全国人民分享喜悦的日子。2019年的丰收节通过城乡联动、网络联动,让全国人民深入新农村、了解新农村,让记得住的乡愁滋润心田。

北京市城乡共庆农民丰收节。9月24日,《北京日报》称,全市系列庆祝活动将从即日起到10月7日集中举办,市级活动主要包括世园会百蔬园主题活动、第30届北京农民艺术节启动仪式、"畅游京郊"金秋旅游季暨精品民宿旅游文化节、"九九重阳"登山大会、乡村体育健身季系列赛事等,基层活动主要包括顺义丰收节、房山秋收节、通州农民丰收节和艺术节、昌平丰收节、延庆丰收节、平谷东高村镇"欧李"采摘节、京西稻开镰节、郭庄子农时荟等33项特色活动,其他相关区、镇、乡、村及农业园区等也将开展丰富多彩的庆祝丰收活动。

农民丰收节展现乡村全面振兴。9月24日,千龙网报道称,2019年是新中国成立70周年,70年来,北京农业从传统生产走向现代农业,农业结构从单纯注重生产功能转向注重生态、生活、生产多种功能,城乡一体的新型城乡关系逐步完善,2018年农村居民人均可支配收入达到26 490元,北京农民从温饱不足迈进全面小康。农业更精了、农村更美了、农民更富了,乡村全面振兴的美丽画卷正在京郊大地上铺展开来。

(三)网民观点

梳理网民评论发现,网民观点分布范围广泛,"中国农民丰收节"相关评论主要集中在新浪微博、微信、今日头条、网易客户端。

网民点赞中国农民丰收节所设活动丰富、多彩

@一个肥包包:"可以放松心情感受一下乡村生活的美好。"

@墙角一株花:"这样的生活感觉特别惬意,很舒服。"

@勤俭持家的番茄酱:"国庆节带着孩子们去感受一下田园的生活,也感受一下农民的丰收,真的很棒!"

网民感叹农业发展迅速,对农业科技成果表达惊叹之情

@夏浅浅沙:"现在的农业发展迅速,好多农产品以前都没见到呢!"

@浅暮流殇莘："现在的农产品种类繁多。"

@嘴角那抹苦涩喻："琳琅满目的优质农产品让人挑花了眼！"

@动了情伤了心："越来越绿色，越来越丰富。"

网友致敬中国农民并表达感谢、祝福

@小诺 2 兔子南："祝福中国农民！金秋九月谁知盘中餐，粒粒皆辛苦，希望我们可以好好珍惜。辛苦了！"

@我的 id 南倒我了："祝福中国农民！金秋九月辛苦了！"

@员力鹿宝贝："颗粒归仓，感恩每一位辛勤劳作的农民！"

四、北京地区农民丰收节活动分析

2019 年"中国农民丰收节"，在 9 月 23 日至 10 月 7 日期间，北京市举办以"礼赞丰收、致敬农民、祝福祖国"为主题的 40 余场庆祝活动，活动既有海淀区的植保无人机、智能温室及房山区的 5G 无人驾驶汽车、云端智能机器人等高科技产品展示，也有平谷大桃、玉露香梨等地方特色农产品展示。本届农民丰收节庆祝活动基层覆盖率扩大，充分发挥农民的主体作用，广泛调动社会各界力量参与，实现城乡共庆的火热局面。媒体称，70 年来，北京农业从传统生产走向现代农业，农业结构从单纯注重生产功能转向注重生态、生活、生产多种功能，城乡一体的新型城乡关系逐步完善。

（一）海淀：丰收海淀，祝福祖国

海淀区"中国农民丰收节"传播特点如下：

前期预热宣传提升全民参与热情。9 月 21 日、22 日，2019 年海淀区"中国农民丰收节"暨第十八届金秋田园体验季的预热活动在主会场、分会场同时举行。媒体以《今晚 8 点！海淀丰收节准时抢票！你准备好了吗?》《海淀好吃又好玩的丰收节即将开幕，活动具体信息看这边》为题发布报道助力活动宣传，为农民丰收节活动预热。

主题定位清晰，央媒助力宣传。央广网称，活动以"丰收海淀　祝福祖国"为主题，通过全民参与的方式，表达海淀人民对祖国的热爱、对丰收的喜悦。

市民给予评价高。海淀举办的活动中，市民表示："今天这个体验活动我也感受到祖辈们的辛苦，然后也能在这里体验一下收割的快乐，我也能感受到

科技的发展给我们这个新农村建设带来日新月异的变化。"

（二）昌平：依恋田园、共享丰收

9月16～22日，昌平"农民丰收节"舆情信息量在预热期逐步上升，9月23日，农民丰收节开幕，媒体集中报道。10月1～3日，受国庆节假日因素影响，舆情信息量有小幅上升。

"栗竿见影"采摘活动引流用户助推预热宣传，让更多人了解农民丰收节。9月22日，区融媒体中心以"中国农民丰收节"为背景，依托"北京昌平"移动客户端，在延寿镇黑山寨村举办"昌平丰收节，北京昌平——'栗'竿见影"全民采摘活动，邀请市民到山中采摘板栗，感受农家生活的乐趣。活动主办方负责人表示，该活动旨在通过线上宣传、招募和线下组织采摘的形式，将线上用户引流到线下，让更多人了解农民丰收节，也希望通过活动打造昌平特色农产品的"金名片"，实实在在助力昌平农业发展、农民增收。

（三）平谷：农民是主角

9月16至10月31日，以"平谷区农民丰收节"为关键词，共有网络信息758篇。舆情集中传播时段为9月23～25日。9月26日起，舆情逐渐进入沉淀期。

预热期新闻传播集中在微信和客户端。9月16～22日，约85%的舆情来源于微信和客户端。腾讯客户端、搜狐客户端、天天快报客户端、网易客户端及微信公众号"东高乐谷"等对活动进行前期造势宣传，如《我市这个村，入选了"千村万寨展新颜"展示活动！》《全国550个村庄入选"千村万寨展新颜"展示活动》等新闻的刊载频次较高。

平谷特色农产品展示是农民丰收节的亮点。《劳动午报》称，平谷的农民兄弟将秋日丰收的优质农产品带到了现场如平谷大桃、玉露香梨、佛见喜梨、四座楼文玩核桃、精品蔬菜、京红1号鸡苗、正大鸡蛋……农民代表、农业企业代表纷纷走上台来，分享一年里丰收的喜悦。《新京报》刊文《北京市33项活动庆贺农民丰收节》称，现场最吸引人的是平谷特色农产品（乡创产品）展示区，在这里，各乡镇、村组及农户的特色农产品、农副加工商品、旅游产品等应有尽有。《北京商报》刊文《平谷庆祝"2019中国农民丰收节"》，中国日报网刊文《平谷区举办"2019中国农民丰收节"庆祝活动》，进行报道。

（四）丰台："郭庄子""农时荟"感恩土地

监测期间，以"丰台农民丰收节"为关键词，共搜集到网络信息 434 篇，网络媒体和客户端媒体对丰台农民丰收节的报道频次较高，其中网络媒体占比 49％、客户端媒体占比 26％。丰台区农民丰收节的舆情集中传播时段为 9 月 22～26 日。

媒体关注"丰台区郭庄子村热火朝天庆丰收"。9 月 23 日，《北京日报》称，"京西田园百果趴"魏各庄农民丰收节在丰台王佐镇开启，丰收节的庆祝活动将一直持续到 10 月 7 日，邀请市民分享农民丰收的喜悦。《北京晚报》称，新鲜的花生堆成堆，金灿灿的玉米垛成垛，火红的辣椒和黄澄澄的小米组成一面鲜艳的五星红旗，这是丰台农民对祖国的祝福……丰台区卢沟桥乡郭庄子"农时荟"丰收节专场恰逢国庆前夕，农民们带着"五谷六畜"参加社稷礼，感恩这片土地。

丰台农民丰收节着重农时体验和传统文化传播。人民网称，郭庄子"农时荟"以传统二十四节气为时间节点，已经连续举办了两年，丰富的农时体验活动和浓郁的传统文化氛围不断吸引着周边居民前来参与。本次"农时荟"举办"中国农民丰收节"专场活动，以"庆祝丰收、祝福祖国、弘扬文化、体验农事"为主题，旨在让更多的人了解农时文化，体验农耕乐趣，感恩黄土地，留住乡情村愁。

（五）房山：多姿多彩

以"房山农民丰收节"为关键词，共搜集到相关信息 930 篇，房山农民丰收节的舆情传播量集中在 9 月 22～25 日。

多样农事体验庆丰收。9 月 23 日，CCTV－13《新闻直播间》称，今天，北京房山开启了为期一个多月的农事体验和乡村旅游活动庆祝"中国农民丰收节"。

房山"秋收节"主打美景美食高科技。9 月 25 日，《劳动午报》称，9 月 23 日 5G 自动驾驶汽车、云端智能机器人、无人机等这些北京高端制造业基地的"宠儿们"集体亮相 2019 年中国农民丰收节系列活动北京房山"秋收节"开幕式现场，让现场充满未来感和科幻感。

房山"秋收节"是农业农村部确定的全国 70 地庆丰收全媒体直播活动地之一。活动以"庆祝丰收、弘扬文化、振兴乡村"为主题，以"迎国庆、庆丰

收、多增收"为主线，采用"1＋N"的形式，即 1 个主会场加 4 个同步分会场再加 11 个非同步分会场联动开展。

活动丰富多彩。从 9 月 23 日至 10 月 31 日，在近 40 天的时间里，有房山农业特色、文化属性和地道品味的"丰收节盛宴"逐一上场。其中"国庆七天农游房山""我和农遗来相会""渔乐金秋"等系列活动，呈现出房山农业新业态，全方位展示房山都市型现代农业风采和"一区一城"建设新风貌。

"中国农民丰收节"的开幕式上，5G 自动驾驶汽车、云端智能机器人、无人机等高端科技产品亮相 2019"中国农民丰收节"的开幕式上。

（六）延庆：京津冀协同发展新动力

以"延庆农民丰收节"为关键词，共监测到相关信息 1 671 篇，9 月 16～22 日为舆情预热期，财经网、中国经济网、中国网等有影响力的媒体刊文《2019　京张优质农产品推介会即将于延庆盛大开幕　三天福利活动等你来约》引领报道，宣传延庆农民丰收节活动。中国农村网、凤凰网、今日头条等跟进报道。9 月 23～26 日为舆情集中传播期，人民网、中国文明网、中工网等央媒及北京地区《北京日报》《北京青年报》《北京晚报》、北晚新视觉等媒体集中报道延庆举办的农民丰收节活动，其中 9 月 23 日北京时间发布《延庆正式发布农产品区域公用品牌"妫水农耕"》，阅读量 629 次。活动亮点如下：

延庆发布北京首个农产品区域品牌"妫水农耕"被集中报道。9 月 23 日，《北京青年报》称，延庆发布"妫水农耕"区域公共品牌，将加速推动优质农产品跨区域流通，大幅提升优质农产品的上市能力。9 月 26 日，北京电视台BTV-1《北京您早》栏目报道称，围绕"妫水农耕"这一品牌，延庆构建了以蔬菜、园艺花卉、果品、杂粮、畜牧产品为核心的产业体系。围绕"妫水农耕健康之源"的品牌内涵，《21 世纪经济报道》称，这一区域公用品牌将实施严格的质量管控溯源，并制定完善的进入退出机制。

延庆农民丰收节吸引万名观众到场参与。北方网称，展会唱响了"中国农民丰收节"落地延庆的欢歌胜景，本次展会的圆满落幕，传承演绎了"中国农民丰收节""庆祝丰收、弘扬文化、振兴乡村"的主旨，掀起"中国农民丰收节"落地区域的小高潮。展会极大促进了京津冀产业一体化，充分将延庆特色和优秀传统民俗文化资源优势结合，促进延庆农民丰收节与传统庆丰收活动的融合发展，在妫水河畔奏响京韵农耕文化与乡村振兴融合发展的新篇章。

（七）通州：体现农业与艺术的邂逅

以"通州农民丰收节"为关键词，共搜集到信息1 081篇。9月24日，通州区农民丰收节系列活动、农民艺术节将在北京国际都市农业科技园启动，第30届北京农民艺术节开幕、"美丽乡村·筑梦有我"专场活动同时举办。通州区人民政府、潞城镇人民政府、北京中农富通园艺有限公司及全市13个涉农区的相关领导出席。

国际在线报道称，2019年的活动中，将突出"三农"特色、通州特色、丰收特色，整体风格坚持农民主体、展示农业成果、突出农村特色。通过举办这一活动，更好地展示农业特色风采、农业新品种新技术风采、农民幸福生活风采等发展成果。同时，突出展现全区科技强农新成果、产业发展新成就、乡村振兴新面貌。

（八）顺义：庆祝丰收，亮点纷呈

以"顺义农民丰收节"为关键词，共搜集到相关信息2 247篇。9月23日，2019年"中国农民丰收节"在北京市顺义区兴农天力农业园盛大开幕，为期15天。兴农天力农业园将以更优质的资源、更丰富的内容、更细节的体验、更贴心的服务为广大农民朋友和市民游客奉献一场"赏大地盛宴、享金秋硕果"的精彩之旅。

媒体对顺义农民丰收节的活动内容、形式、亮点进行多角度报道，9月23日，《北京日报》称，作为全市基层庆祝丰收节的亮点活动之一，顺义区赵全营镇兴农天力农业园的庆丰收活动内容丰富、形式多样，主要包括"庆丰收·农民的喜悦""晒丰收·农民的自豪""享丰收·农民的收获"三大板块，紧紧围绕庆祝农民丰收开展的各类特色活动，营造出了浓郁的节日喜庆氛围。新华网称，北京顺义区赵全营镇的兴农天力农业园处处洋溢着丰收的气息，这里不仅有新鲜地道的土味农产品，更有潮味十足的高科技农业设施。人民网称，本次活动亮点绚丽夺目，将重点开展产品展示品鉴、品牌农产品推介、发布最受市场欢迎的农产品品牌等内容。

五、2019年"中国农民丰收节"获得舆论高度认可

第二个"中国农民丰收节"，全国多地的农民为了庆祝丰收节大丰收，都

举办了丰富多彩的庆祝活动。

（一）国家领导高度重视农民丰收节

新华社称，9 月 23 日是秋分日，我国迎来第二个"中国农民丰收节"。中共中央总书记、国家主席、中央军委主席习近平通过中央电视台农业农村频道，向全国广大农民和工作在"三农"一线的同志们表示诚挚的问候，并热烈祝贺中央电视台农业农村频道正式开播。习近平指出，春种秋收，天道酬勤，农业根基稳，发展底气足，"三农"领域的成就是全党全国上下共同努力的结果，也是广大农民和农业战线工作者辛勤劳作的结果，在此向全国广大农民和工作在"三农"一线的同志们表示诚挚的问候。

（二）媒体高度赞扬农民丰收节

丰收，是亿万农民最美的寄托。9 月 23 日，《人民日报》称，又到瓜果飘香、稻黍收成的时节，从丘陵到平原，一派忙碌的景象。在 2019 年"中国农民丰收节"到来之际，亿万农民在"三秋"生产中欢快地忙碌着。农民的主体性，表现在丰收节坚持重心下沉，提高广大乡村的参与度，推进乡村振兴。提升节日的影响力，激发基层和新型经营主体办好节日的内生动力。

"中国农民丰收节"插上"5G 翅膀"。9 月 23 日，人民网称，9 月 23 日上午，"我的丰收我的节——70 地庆丰收全媒体联动直播"活动在人民网一号演播厅成功举行，全国各地人民欢庆丰收的热闹景象和良好的节日氛围由人民视频向全国全球进行网络直播。同时，在直播活动的圆桌论坛环节，多位业内人士表示，我国现代农业也发生了很大变化，未来应更多借助信息化等新技术新手段展示农业发展成果和我国古老的农耕文明。

不忘本、不忘恩，不忘其初。9 月 23 日，新华网称，不忘本，就是不忘粮食这个生存的根本；不忘恩，就是不忘种粮的农民及其土地；不忘其初，就是不要忘了农耕文化中天道酬勤这个精髓。今天，在世界最大规模的工业化、城市化进程中，在摩天大楼与人工智能的时代，"中国农民丰收节提醒"我们与农村、农民、农业的血肉联系。我们要在全社会营造关注农业、关心农村、关爱农民的浓厚氛围，稳固大国农业根基，铆足中国发展底气。

"中国农民丰收节"不仅属于农村也应属于城市。9 月 24 日，中国青年网称，今年的丰收节，全国 70 个地方组织了一场全媒体联动，伴着江南水乡沉甸甸的稻穗，伴着东北平原上黄澄澄的大豆，伴着黄土高原上红彤彤的苹果，伴着沿海渔场肥嘟嘟的鱼虾，一场由天南海北的中国农民组成的"丰收之约"，在中国大地上次第展开，丰收的喜悦洋溢在农民的脸上，也滋润在农民的心田。

丰产又丰收　农民有奔头。9月24日，《经济日报》称，9月23日是我国第二个农民丰收节。今年丰收节活动的主题设计与新中国成立70周年、乡村振兴战略、脱贫攻坚战这三大主题紧密结合，活动重心进一步下沉到县、乡、村，且更为遵循现代节日规律，为广大农民以及各类市场主体搭建平台，充分调动起社会和市场的积极性。

农民丰收节，奏响"三农"的时代赞歌。10月14日，千龙网称，为农民点赞，为丰收喝彩，为致富助力，在全国各地如火如荼举办的农民丰收节，唱响了乡村振兴的时代之歌。通过农民丰收节传递"庆祝丰收、弘扬文化、振兴乡村"的主旨，我们看到了广大农民依靠勤劳的双手赢得丰收的喜悦，用奋斗之举脱贫致富、奔向小康的幸福。

（三）重要人士观点

农业农村部部长韩长赋：经过各方努力，"中国农民丰收节"必将成为一个既体现悠久农耕文化传承、又蕴含新时代精神的全国性民俗节日。既要全面理解"中国农民丰收节"的历史文化内涵，又要尊重现代节日规律，在拉动乡村产业、繁荣乡村文化、增加农民收入、实现乡村多元价值上下功夫，让"中国农民丰收节"在社会和市场的土壤之中扎根，助力乡村全面振兴。

农业农村部副部长于康震：节庆活动只有贴近生产生活，让农民有更强的获得感，才能得到更大的认同。因此，今年提出要深化实化丰收节庆内容，为广大农民搭建风采展示的舞台和干事创业的平台，提升丰收节的参与性和互动性。

农业农村部市场与信息化司司长唐珂：今年丰收节更注重利用市场化的手段，在去年庆丰收购物节基础上，结合"互联网＋"农产品出村进城工程、消费扶贫等内容，今年组织了"庆丰收·消费季"，进一步扩大了节日市场规模，吸引城镇的居民走进乡村，活跃农村消费市场。今后要持续培育节日市场，推动农产品消费升级，在拉动乡村产业、增加农民收入上下功夫，让丰收节在市场的土壤中扎根。

农业农村部中国农村杂志社总编辑雷刘功：今年的丰收节有诸多创新之处。"第一是文化和经济的融合，大家看到它展示的不仅仅是经济丰收的成果，还有农民崭新的精神风貌，还有历史悠久的农耕文明，同时还有传统和现代的融合。传统就是传统文化，现代就是市场与信息技术的手段。怎么能够把我们

几千年的农耕文明与现代社会融合，要通过先进的手段去传播、去展示、去弘扬，我觉得这是一个先进的特点。"

六、2019 年农民丰收节总结

2019 年我国第二个"中国农民丰收节"，与 2018 年相比，2019 年"中国农民丰收节"将重心下沉到了县、乡、村，各地以地域文化为基础，打造主题突出、特色鲜明的活动。本届"中国农民丰收节"的亮点精彩纷呈，多形式调动城市参与其中，实现城乡共庆丰收节，感受乡村振兴、农业科技进步的舆论氛围。有媒体称，"中国农民丰收节"相关活动充分展示了各地丰收农特产品，弘扬悠久深厚的农耕文化和客家乡风民俗，向广大市民、游客集中展示美食、特产，让其了解、品尝美食特产，有效提升了市民消费能力，促进各地美食特产文化交流。

2019 年"中国农民丰收节"通过举行 70 地庆丰收全媒体联动直播、农民丰收歌会、中国农民丰收文化展、"全国十佳农民"评选、全国农民手机应用技能培训等多形式活动将节日线上线下推广开来，受到舆论广泛的关注。中央电视台、新华网、人民网、中国新闻网、《人民日报》《光明日报》等中央级媒体起到引领报道，助力宣传效果。地方媒体、门户网站、行业性网站、公共新闻平台同步跟进对农民丰收节活动、亮点进行宣传。

2019 年的丰收节全面体现了信息化的元素，应用 5G 最新的信息化技术，在丰收节当天通过专线、"5G＋VR"、"5G＋无人机"等多种技术，立体式展示各地优秀灿烂的农耕文明、丰富多彩的民族风情、千姿百态的丰收美景。通过丰收节搭建的信息化平台，生产端与消费端、农民与市民得以通过网络实现"零距离"接触。

七、重要新闻摘录

表 1 重要新闻摘录

序号	频道	日期 （年-月-日）	标题	链接
1	中央电视台 CCTV-13	2019-9-23	今天是"中国农民丰收节"全国农民喜庆"中国农民丰收节"	http：// una. uuwatch.com/ info/57150670

（续）

序号	频道	日期（年-月-日）	标题	链接
2	中央电视台CCTV-13	2019-9-23	房山：多样农事体验 庆祝丰收节	http：// una. uuwatch. com/info/57150674
3	北京电视台BTV-1	2019-9-26	延庆发布北京首个农产品区域品牌"妫水农耕"	http：// una. uuwatch. com/info/57159578
4	《经济参考报》	2019-9-24	今年我国粮食有望再获丰收	http：// dz. jjckb. cn/www/pages/webpage2009/html/2019-09/24/contnt _ 57489. htm
5	《农民日报》	2019-9-20	2019年"中国农民丰收节"100个乡村文化活动发布	http：// szb. farmer. com. cn/2019/20190920/20190920 _ 003/20190920 _ 003 _ 1. htm
6	《农民日报》	2019-9-24	"千企万品助增收"活动在京举行	http：// szb. farmer. com. cn/2019/20190924/20190924 _ 003/20190924 _ 003 _ 1. htm
7	《新京报》	2019-9-24	北京市33项活动庆贺农民丰收节	http：// epaper. bjnews. com. cn/html/2019-09/24/content _ 766193. htm? div=-1
8	新华网	2019-9-23	胡春华强调 充分调动亿万农民重农务农的积极性、主动性、创造性	http：// www. xinhuanet. com/politics/leaders/2019-09/23/c _ 1125030271. htm
9	新华网	2019-9-23	"京"彩纷呈！感受第二个"中国农民丰收节"的"土味"和"潮味"	http：// www. xinhuanet. com/politics/2019-09/23/c _ 1210289848. htm
10	人民网	2019-9-25	第30届北京农民艺术节暨通州区农民艺术节开幕	http：// bj. people. com. cn/BIG5/n2/2019/0925/c82840-33388540. html

1. 今天是"中国农民丰收节" 全国农民喜庆"中国农民丰收节"

日期：2019-09-23 新闻来源：CCTV-13《新闻直播间》

链接：http：// una. uuwatch. com/info/57150670

在北京顺义的一个庆祝点，现场摆满了各地的优质农产品，北京的大桃、

新疆的石榴、寿光的蔬菜，各地著名的具有农产品地理标志的农产品纷纷登场。热闹的威风大鼓、传统的文艺表演，带来浓郁的喜庆气息。

今年的农民丰收节没有举办全国性的主会场和分会场活动，而是将节庆重心下沉到县、乡、村，让广大农民根据当地特色自主过节庆祝丰收，同时，2019 年"全国十佳农民"也在今天揭晓。"中国农民丰收节"系列活动将持续到 10 月中旬，陆续推出"庆丰收消费季"、十大农产品网络销售达人、十大乡土工匠等活动，吸引更多人与农民一起庆丰收、同过节。

2. 房山：多样农事体验　庆祝丰收节

日期：2019－09－23　新闻来源：CCTV－13《新闻直播间》

链接：http：//una. uuwatch. com/info/57150674

9 月 23 日，北京房山开启了为期一个多月的农事体验和乡村旅游活动，庆祝"中国农民丰收节"。在周口鉴真生态观光园农民们表演传统的周口店腰鼓，耍起寓意一帆风顺的风帆热闹庆丰收。现场展示了苹果、葡萄酒、柳条手工艺品等房山特产，还有从老式拖拉机到用于农林植物保护作业的多款无人机等设备，展示农业机械的发展变迁。现场最热火朝天的还是庄稼地，大家成群结队刨花生、挖白薯，干劲十足，亲身体验劳动的快乐和丰收的喜悦。北京房山区是国家级现代农业示范区，是休闲农业与乡村旅游示范区，从丰收节当天一直到今年 10 月底，房山区将持续开展农事体验和乡村旅游活动。

3. 延庆发布北京首个农产品区域品牌"妫水农耕"

日期：2019－09－24　新闻来源：BTV1－《北京您早》

链接：http：//una. uuwatch. com/info/57159578

9 月 23 日，延庆区举办了 2019 中国农民丰收节优质农产品推介会，正式对外发布北京首个农产品区域品牌"妫水农耕"。推介会以京津冀协同发展新动力为主题，来自京冀蒙三地的近 80 家企业合作社汇聚延庆，共话农产品交流合作。发布会上，5 家企业代表 40 家进入品牌体系企业和绿富隆公司签订绿色公约。

4. 今年我国粮食有望再获丰收

日期：2019－09－24　新闻来源：《经济参考报》

链接：http：// dz. jjckb. cn/www/pages/webpage2009/html/2019－09/24/content _ 57489. htm

在北京八达岭国际会展中心，第四届优质农产品推介会在"中国农民丰收节"活动中展开，近百家京、冀、蒙三地知名企业和合作商参展，展品达 600

余种,从果品到蔬菜,从畜牧到杂粮,引起众多游客驻足品尝采购。从南到北,从东到西,神州大地处处洋溢着收获的喜悦和节日的喜庆。农业农村部日前指出,全国秋粮已陆续开始收获,今年秋粮生产形势总体较好,如果后期不发生寒露风、台风等大的自然灾害,又将是一个丰收年。

5. 2019 年"中国农民丰收节"100 个乡村文化活动发布

日期:2019 - 09 - 20 新闻来源:《农民日报》

链接:http://szb.farmer.com.cn/2019/20190920/20190920 _ 003/2019 09 20 _ 003 _ 1. htm

9 月 18 日,由中国"农民丰收节"组织指导委员会办公室指导、农民日报社组织开展的 2019 年"中国农民丰收节"100 个乡村文化活动推选结果出炉。北京市顺义区杨镇菊花文化节、上海市崇明区绿华镇橘黄蟹肥稻米香旅游文化节等 100 个乡村文化活动入选。

6. "千企万品助增收"活动在京举行

日期:2019 - 09 - 24 新闻来源:《农民日报》

链接:http://szb.farmer.com.cn/2019/20190924/20190924 _ 003/2019 0924 _ 003 _ 1. htm

9 月 22 日,2019 年"中国农民丰收节"的"千企万品助增收"活动在北京顺义区赵全营镇兴农天力农业园举行,本次活动由"中国农民丰收节"组织指导委员会办公室指导,中国农产品市场协会、中国农村杂志社联合主办。现场不仅有品牌产品展示、品鉴、推介,还推选出 70 种最受市场欢迎名优农产品。

"千企万品助增收"活动作为 2019 年"中国农民丰收节"6 个"千万"系列活动之一,充分展示了党的十八大以来农业品牌建设的成果,更好地宣传推介农业品牌,提高消费认知度,强化产销对接,提高市场竞争力,促进广大农民增收致富,助力乡村振兴和农业高质量发展。

7. 北京市 33 项活动庆贺农民丰收节

日期:2019 - 09 - 24 新闻来源:《新京报》

链接:http://epaper.bjnews.com.cn/html/2019 - 09/24/content _ 7661 93. htm? div=- 1

丰收节期间,房山秋收节、通州农民丰收节和艺术节、京西稻开镰节、郭庄子农时荟等庆祝活动将陆续举办。据介绍,北京市将围绕"礼赞丰收、致敬农民、祝福祖国"的主题,以基层庆祝活动为主体、以农民广泛参与为导向、

以农民满意为目标组织开展系列庆祝活动。市级活动主要包括世园会百蔬园主题活动、第30届北京农民艺术节启动仪式等，基层活动主要包括顺义丰收节、房山秋收节、通州农民丰收节和艺术节、昌平丰收节、延庆丰收节等33项特色活动。

8. 胡春华强调　充分调动亿万农民重农务农的积极性、主动性、创造性

日期：2019－09－23　新闻来源：新华网

链接：http：//www. xinhuanet. com/politics/leaders/2019－09/23/c＿1125030271. htm

9月23日是2019年"中国农民丰收节"。中共中央政治局委员、国务院副总理胡春华节前赴北京市出席"中国农民丰收节"庆祝活动。他指出，习近平总书记始终关心关爱广大农民，在丰收节来临之际向全国农民祝贺节日。我们要深入学习贯彻习近平总书记关于"三农"工作的重要论述，进一步提振农民精气神，充分调动亿万农民重农务农的积极性、主动性、创造性。

胡春华来到北京市顺义区赵全营镇，先后参观了活动现场的丰收场景、农机展和中国农民丰收文化展等"丰收中国"系列展览，与农民群众一起观看欢庆丰收的歌舞表演和视频，并为2019年度"全国十佳农民"颁发证书。

9. "京"彩纷呈！感受第二个"中国农民丰收节"的"土味"和"潮味"

日期：2019－09－23　新闻来源：新华网

链接：http：//www. xinhuanet. com/politics/2019－09/23/c＿1210289848. htm

今年9月23日，我国迎来第二个"中国农民丰收节"。新华网记者22日来到北京顺义区赵全营镇的兴农天力农业园，感受处处洋溢着的丰收气息。这里不仅有新鲜地道的"土味"农产品，更有"潮味"十足的高科技农业设施。

走进园区，路南的"希望田野里"，金黄色的向日葵、饱满的红高粱、沉甸甸的谷穗以及生机勃勃的稻子、荞麦、黍子、黄豆、玉米等，与远处坡地上的"农民丰收、乡村振兴"8个大字相映成趣；路北的体验活动区内，有优质特色农产品现场品尝、农民丰收文化展、"乡村振兴有'京'彩"展览、农业科技和农业机械化展览展示等，可以深度了解和体验北京"三农"发展的丰硕成果。

10. 第30届北京农民艺术节暨通州区农民艺术节开幕

日期：2019－09－25　新闻来源：人民网

链接：http：//bj. people. com. cn/n2/2019/0925/c82840－33388540. html

9月24日下午，"美丽乡村　筑梦有我"专场活动"礼赞大地丰收　喜迎新中国华诞"——第30届北京农民艺术节暨通州区农民艺术节启动仪式、通州区农民丰收节主题活动在通州区举办。活动主办方通过多形式、高频率、全媒体宣传推广方式为现场观众及广大市民详细推介展示了通州区5条"美丽乡村风景线"。不仅突出了乡村振兴示范村和新时代文明实践中心等"亮点"连绵而成的"风景线",也集中展示通州的"外在美"和"内在美"。

执笔人:王晓丽